（第2辑）

法务会计研究

Research on Forensic Accounting

张苏彤 黎仁华 杨 良 主编

首都经济贸易大学出版社

Capital University of Economics and Business Press

·北京·

图书在版编目（CIP）数据

法务会计研究．第2辑/张苏彤，黎仁华，杨良主编．
--北京：首都经济贸易大学出版社，2023.10
ISBN 978-7-5638-3598-0

Ⅰ.①法… Ⅱ.①张… ②黎… ③杨… Ⅲ.①司法会
计学—文集 Ⅳ.①D918.95-53

中国国家版本馆CIP数据核字（2023）第188783号

法务会计研究（第2辑）
FAWU KUAIJI YANJIU
主编 张苏彤 黎仁华 杨 良

责任编辑	薛晓红	
封面设计	风得信·阿东 FondesyDesign	
出版发行	首都经济贸易大学出版社	
地　　址	北京市朝阳区红庙（邮编100026）	
电　　话	(010) 65976483　65065761　65071505（传真）	
网　　址	http://www.sjmcb.com	
E－mail	publish@ cueb.edu.cn	
经　　销	全国新华书店	
照　　排	北京砚祥志远激光照排技术有限公司	
印　　刷	北京建宏印刷有限公司	
成品尺寸	170毫米×240毫米　1/16	
字　　数	283千字	
印　　张	15.25	
版　　次	2023年10月第1版　2023年10月第1次印刷	
书　　号	ISBN 978-7-5638-3598-0	
定　　价	65.00元	

《法务会计研究》（第2辑）
编辑委员会

目　录

一、法务会计理论创新探讨

二、司法会计鉴定创新探讨

三、（非）诉讼支持的证据探讨

四、企业合规管理与反舞弊探讨

五、案例分析

一、法务会计理论创新探讨

法务会计的新领域：舞弊风险管理

张苏彤[1]

【内容摘要】舞弊风险管理被认为是从法务会计的非诉讼领域中衍生出来的一个新领域，是风险管理的一个重要的子系统。本文探讨了舞弊风险管理的含义及特征、舞弊风险管理的主要内容、舞弊风险管理的五项准则及 17 项原则、舞弊风险管理的策略框架等方面的内容，旨在帮助读者了解舞弊风险管理这一法务会计的新领域。

【关键词】舞弊　舞弊风险　舞弊风险管理

法务会计主要涉及五个方面，即调查会计、损失计量会计、诉讼支持、专家证人和舞弊风险管理，其中，诉讼支持和专家证人属法务会计的诉讼领域，调查会计、损失计量和舞弊风险管理属法务会计的非诉讼领域。舞弊风险管理被认为是从法务会计的非诉讼领域中衍生出来的一个新领域，是风险管理的一个重要的子系统。舞弊风险管理被认为是我国企业最需要加以改进的领域。只有进一步提升舞弊风险管理的相关知识与能力，建立完善的舞弊风险管理制度，才能从根本上降低舞弊风险，遏制舞弊蔓延的势头。国内学术刊物和各类媒体对舞弊风险管理的相关理论与实务问题鲜有涉猎，许多企业界人士甚至还未曾听说过"舞弊风险管理"这一词汇。鉴于此，本文将从舞弊风险管理的含义及特征、舞弊风险管理的主要内容、舞弊风险管理的准则、舞弊风险管理的策略框架等方面对舞弊风险管理这一法务会计的新领域给予简单介绍。

一、舞弊、舞弊风险与舞弊风险管理

舞弊是以非法占有他人财物为目的，采用欺骗、隐瞒、引诱等隐蔽的手法，倾尽其智慧、能力策划与实施，能够给受害人带来经济上的损失与精神上的伤害的一种故意的行为。舞弊的核心行为特征是"通过不诚实的手段剥夺他人的经济利益"。舞弊作为一种非法行为，与其他非法行为相比，有如下特征：

1　张苏彤：中国政法大学教授。

（1）舞弊是一种故意的行为；

（2）舞弊是靠人的智慧能力来策划实施的；

（3）舞弊通常采取欺骗、隐瞒、引诱等隐蔽的手法骗取信任；

（4）舞弊的后果是给受害人带来经济上的损失与精神上的伤害；

（5）舞弊的目的是非法占有他人财产或劳务。

舞弊风险指一个人或多个行为人实施能够给他人或组织带来损失的舞弊行为的可能性。只要有不诚实的人存在，舞弊可以发生在任何地方。所有的组织都不可避免地要面临舞弊风险。重大的舞弊行为会导致整个组织的垮台、巨大的投资损失、重大的法律费用、关键人员的监禁，并且会侵蚀资本市场的信心。公司高管舞弊行为的曝光会对组织的声誉、品牌以及形象造成严重的负面影响。舞弊风险是任何一家企业都不可避免要遇到的一类风险，如何规避和应对舞弊风险是每一个企业不得不面对的重大问题，是每一个有责任感的企业家必须面对的重要课题。

舞弊风险管理是指组织以降低舞弊风险以及减轻舞弊的负面结果为目的的一系列管理过程。换言之，舞弊风险管理是指组织减少舞弊风险的消极影响的一系列管理与决策过程。通过舞弊的预防、舞弊的识别、舞弊的风险评估、舞弊的调查和舞弊的应对等措施，并在此基础上选择与优化组合各种舞弊风险管理技术，对舞弊风险实施有效控制，妥善处理舞弊风险所导致的后果，从而以最小的成本降低舞弊发生的机会，减少舞弊带来的损失与负面影响。

相对于其他类型的风险管理，舞弊风险管理具有以下特征：

（1）舞弊风险管理的对象是舞弊风险；

（2）舞弊风险管理的主体是组织，包括营利性组织和非营利性组织；

（3）舞弊风险管理研究的主要内容包括舞弊的预防、舞弊的发现、舞弊风险的识别与评估、舞弊的调查、舞弊的应对以及舞弊风险管理效果的评估等；

（4）舞弊风险管理的基本目标是以最小的成本降低舞弊发生的机会或减少舞弊带来的损失与负面影响；

（5）舞弊风险管理是法务会计从其非诉讼领域中衍生出来的一个新领域，是风险管理的一个重要的子系统。

二、舞弊风险管理研究的主要内容

舞弊风险管理包括四项主要内容：舞弊的预防（Prevent）、舞弊风险评估（Assessment）、舞弊的发现（Detect）和舞弊的应对（Respond）。

舞弊的预防是指运用政策、程序、培训和交流手段等防止舞弊的发生。舞弊的预防是最为重要的舞弊风险管理手段，是最具成本-效益价值的一种风险管理方法。舞弊的预防包括反舞弊治理（Anti-Fraud Governance）和反舞弊的文化（Anti-Fraud Culture）建设两个方面的内容。

舞弊风险评估是指采取舞弊风险评估工具对组织内部存在的舞弊的风险程度进行测评，识别组织内部舞弊风险的程度，有针对性地采取相应的措施，以使组织内部的舞弊风险保持在可以接受的水平的一种方法。

舞弊的发现是指运用适当的技术手段尽早地发现舞弊的存在，在舞弊活动还未带来较大损失之前就将其抑制在舞弊活动发展的初期，以尽可能地减少舞弊带来的损失。

舞弊的应对是指对舞弊活动采用有效的方法进行识别，针对已发现的舞弊进行调查取证，随后建立与完善舞弊风险管理制度。舞弊的应对具体包括舞弊的识别、舞弊的调查和反舞弊制度的完善。

三、舞弊风险管理的五项准则——来自 COSO 的《舞弊风险管理指南》

COSO 是美国反虚假财务报告委员会下属的发起人委员会（The Committee of Sponsoring Organizations of the Treadway Commission）的英文缩写。1985 年，由美国注册会计师协会、美国会计协会、财务经理人协会、内部审计师协会、管理会计师协会等组织联合创建了反虚假财务报告委员会，旨在探讨财务报告中舞弊产生的原因，并寻找解决之道。2016 年 9 月 COSO 与美国注册会计师协会（AICPA）、内部审计师协会（IIA）和注册舞弊审查师协会（ACFE）联合发布了《舞弊风险管理指南》（Fraud Risk Management Guide）。该指南不仅包括执行舞弊风险评估所需的信息，还包括关于建立制定舞弊风险治理政策、执行舞弊风险评估、设计和部署舞弊预防和检测控制活动进行调查，以及监控和评估总体舞弊风险的管理计划。《舞弊风险管理指南》最令人关注的亮点在于提出了如下"舞弊风险管理五项准则"和"舞弊风险管理 17 条原则"。

准则一：控制环境的视角

作为公司治理结构的一部分，任何公司都应该建立一个舞弊风险管理计划。该计划应包括由董事会和高级管理层对舞弊风险的认识所转换的一系列反舞弊政策，表明董事会和高级管理层对治理舞弊的期望，及其对管理舞弊风险的诚信与道德的承诺。董事会应独立于公司管理层来监督公司内部控制的发展和绩效。在董事会的监督下，管理层应建立对舞弊监控的组织机构、报告渠道并进行适当的授权与职责划分。

这里提到的"舞弊风险管理计划"包括对舞弊风险的认识与评估、建立与控制、定期监控和报告制度等一系列的内容。该计划有助于向公司的客户和其他股东提供保证，保护他们的个人和商业信息及资产的安全。该计划使我们能够履行监管义务，建立舞弊的防控制度，包括设立一个特别调查组。以下是我们对准则的细化：

（1）组织应做出对诚信和道德价值的承诺。

（2）公司董事会应独立于管理层，并对内部控制的发展和绩效实施监督。

（3）管理层在董事会的监督下，应建立对舞弊实施有效监控的机构、报告渠道、适当的授权与责任的划分，以实现组织的目标。

（4）组织应致力于吸引、发展和留住符合目标的有竞争力的个人。

（5）组织要求个人对其在追求目标过程中的内部控制责任负责。

准则二：风险评估的视角

任何组织都应该定期进行舞弊风险评估，以识别潜在的舞弊事件，评估公司现有舞弊风险的程度，评价现有的预防舞弊策略并采取行动，以降低舞弊风险水平。

（6）组织应以足够清晰的方式明确目标，以便能够识别和评估任何阻碍其目标实现的风险。

（7）组织应确定实现其目标所面临的风险并分析该风险，以此作为决定如何管理风险的基础。

（8）组织在评估实现目标的风险时，应考虑潜在舞弊风险的可能性。

（9）组织应确定并评估可能对内部控制系统产生重大影响的变化。

准则三：控制活动的视角

任何组织都应该选择、开发和部署预防和检测舞弊的控制活动，以及时发现并减轻舞弊对组织的冲击与影响。

（10）组织应选择和开发有助于减轻风险以实现目标达到可接受水平的控制活动。

（11）组织应选择和开发一般的基于技术的控制活动，以支持目标的实现。

（12）组织应制定反舞弊政策，并通过部署将这些政策付诸行动来控制舞弊活动。

准则四：信息与沟通的视角

任何组织都应建立起一个完善的信息沟通机制，以及时获取有关潜在舞弊的信息，并运用协调的方法采取调查和纠正行动，以适当和及时地处理舞弊行为。

（13）组织应该获取或生成和使用相关的质量信息，以支持内部控制的其他组成部分的运作。

（14）组织应保持内部信息沟通的通畅，包括内部控制的目标和职责，这是支持内部控制运作的必要条件。

（15）组织应就影响内部控制其他组成部分运作的事项与外部各方进行及时沟通。

准则五：监控活动的视角

任何组织都应选择、制定并执行持续的评估程序，以确定舞弊风险管理的各项原则是否存在？是否在持续发挥作用？是否能够及时向负责采取纠正措施的各方传达舞弊风险管理计划的缺陷，包括高级管理层和董事会。

（16）组织应选择、开发和执行持续和（或）独立的评估程序，以确定内部控制的组成部分是否存在并持续发挥作用。

（17）组织应对内部控制缺陷进行评估，并及时将其传达给负责采取纠正措施的各方，包括高级管理层和董事会（视情况而定）。

以上是 COSO 在《舞弊风险管理指南》中提出的"舞弊风险管理五项准则"及其细化的"舞弊风险管理 17 项原则"。

四、舞弊风险管理策略框架

有效应对舞弊与不端行为的风险管理策略包括三个目标和一系列的控制措施。

目标 1：预防舞弊的发生，即舞弊的预防，其中涉及的控制措施包括：①反舞弊治理；②反舞弊的文化环境的建设。

目标 2：在舞弊发生时及时发现与侦测的舞弊，即舞弊的发现（Fraud Detection），其中涉及的控制措施包括：①舞弊风险评估；②反舞弊程序。

目标 3：对已经发生的舞弊采取适当的措施加以改正，即舞弊的应对包括：①舞弊的调查；②舞弊的后续处理。

舞弊风险管理策略框架可用图 1 示意。

舞弊的预防作为日常舞弊风险管理的基础工作，是减少舞弊带来损失的最具成本效益的一项工作。一方面，企业要建立以董事会和审计委员会为核心，管理层、员工以及内部审计机构积极参与其中的反舞弊的治理机制，对各类舞弊行为保持高度警觉的监控；另一方面，企业要做好贯穿组织内外的反舞弊文化建设，公司高层率先垂范，自上而下树立清清爽爽工作、干干净净做事的廉洁风气。建立全员互助基金帮扶制度，对面临财务困难的员工给予组织的关心

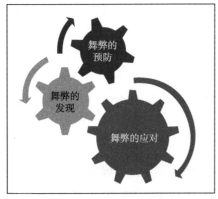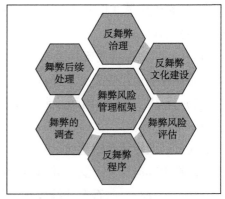

图 1　舞弊风险管理框架

与温暖。建立有效的"热线监督举报"机制，鼓励并奖励舞弊知情人举报舞弊行为和舞弊事项，在企业上下内外形成不敢舞弊、不能舞弊的氛围。

　　只要有不诚实之人的地方，就一定会存在舞弊。即使完善的反舞弊治理机制也无法完全杜绝舞弊的发生。为此，企业有必要建立有效的舞弊发现机制，以便及时发现并将舞弊带来的损失尽可能地降低。舞弊发现的最佳途径是定期开展舞弊风险评估，对企业现有的舞弊风险程度进行识别，尽早发现舞弊的苗头，有的放矢地采取一系列相应的措施将舞弊扼杀在萌芽状态。企业应建立一整套发现舞弊的机制，以便各层级的管理者能够及时发现舞弊的征兆，降低舞弊损失。

　　对于已经发现的舞弊征兆要深入细致地进行分析，然后依据舞弊的线索进入舞弊的应对程序。舞弊应对程序包括舞弊的调查和后续的处理程序。舞弊的调查取证工作一般由公司的内控合规部门组织实施，舞弊的调查要紧扣"舞弊要素三角"的三要素——偷、藏与转换来展开。"偷"的调查涉及捕捉在作案中的舞弊者以及收集信息方面的调查内容，包括检查个人记录（如购货记录），检查公共记录；与雇主或供应商交谈，与其他购货人或合作者交谈；与舞弊嫌疑人交谈，获取嫌疑人生活方式改变的证据。"藏"的调查主要涉及收集各种原始记录与凭证，如购货发票、销售发票、备忘录、存单、支票、借据、提货单、保单等。"转换"的调查主要涉及查证舞弊嫌疑人将所"偷"不义之财转换为自己的物质享受的证据，包括追索资产的购买、债务的偿还、生活方式的改变以及家庭净资产数额的大幅度增加等。此外，舞弊的调查还涉及如何面对舞弊嫌疑人进行有效的面谈，以获取更多有价值的线索或证据。

　　舞弊的后续处理包括对舞弊者的处罚以及相关反舞弊政策与制度的修订与

完善。对舞弊者的处罚一定要严厉，要在组织内部要形成对舞弊行为"零容忍"的高压态势，对涉嫌刑事犯罪的舞弊者一定要报警并送司法机关，决不姑息迁就。对于未达到违法犯罪程度的舞弊者，组织内部要依据内部反舞弊制度给予相应的行政处罚。舞弊之所以能够在组织内部发生，说明组织的管理制度存在漏洞。公司相关职能部门要在董事会和内控合规部门的监督领导下组织力量查找制度存在的漏洞，进一步完善反舞弊相关政策与制度，防止类似的舞弊行为再次发生。

五、结论

（1）舞弊风险管理指组织以降低舞弊风险以及减轻舞弊的负面结果为目的的一系列管理过程。舞弊风险管理具有以下特征：

a）舞弊风险管理的对象是舞弊风险；

b）舞弊风险管理的主体是组织，包括营利性组织和非营利性组织；

c）舞弊风险管理研究的主要内容包括舞弊的预防、舞弊的发现、舞弊风险的识别与评估、舞弊的调查、舞弊的应对以及舞弊风险管理效果的评估等；

d）舞弊风险管理的基本目标是以最小的成本降低舞弊发生的机会或减少舞弊带来的损失与负面影响；

e）舞弊风险管理是法务会计从其非诉讼领域中衍生出来的一个新领域，是风险管理的一个重要的子系统。

（2）舞弊风险管理主要包括四项内容：舞弊的预防、舞弊风险评估、舞弊的发现和舞弊的应对。

（3）舞弊风险管理的五项准则包括：

a）作为公司治理结构的一部分，任何公司都应该建立一个舞弊风险管理计划；

b）任何组织都应该定期进行舞弊风险评估，以识别潜在的舞弊事件，评估公司现有舞弊风险的程度，评价现有的预防舞弊策略，并采取行动以降低舞弊风险水平；

c）任何组织都应该选择、开发和部署预防和检测舞弊的控制活动，以及时发现并减轻舞弊对组织的冲击与影响；

d）任何组织都应建立起一个完善的信息沟通机制，以及时获取有关潜在舞弊的信息，并运用协调的方法采取调查和纠正行动，以适当和及时地处理舞弊行为；

e）任何组织都应选择、制定并执行持续的评估程序，以确定舞弊风险管理的各项原则是否在持续发挥作用，是否能够及时向负责采取纠正措施的各方传达舞弊风险管理计划的缺陷，包括高级管理层和董事会。

（4）舞弊风险管理策略框架包括三个目标和相应的控制措施。目标一：预防舞弊的发生。涉及的控制措施包括反舞弊治理和反舞弊文化环境的建设。目标二：及时发现与侦测舞弊。涉及的控制措施包括舞弊风险评估和反舞弊程序。目标三：舞弊的有效应对。涉及的控制措施包括舞弊的调查和舞弊的后续处理。

参考文献

［1］ COSO. Fraud Risk Management Guide，2016.

［2］ CGMA. Fraud Risk Management-A Guide to Good Practice，2012.

［3］ Association of Certified Fraud Examiners. Report to the Nations on Occupational Fraud and Abuse，2022 Global Fraud Study.

［4］ KPMG. Fraud Risk Management：Developing a strategy for prevention，detection and response，2013.

基于法务会计视域的税收司法治理主体建构研究[1]

【内容摘要】 税收舞弊是纳税主体不遵守税收法律、法规、规章,通过签订虚假合同、开具虚假发票、提供虚假银行流水等手段,以达到逃税、避税、漏税、偷税的目的。这种通过违法手段节省税务成本、增加会计净利润的行为已成为各国社会公害。近年来国内公司发生的大量税收舞弊事件,暴露出税收舞弊的严重性和税收舞弊司法治理的严重缺陷。法务会计是特定主体运用法律、会计、审计、评估等工具处理和解决不同主体财产被非法侵占、损害赔偿、保值增值问题的社会专业活动,致力于反舞弊、反假账、反侵占、反腐败、防风险,成为治理税收舞弊的重要利器。要优化公正公平税收秩序和充分发挥法务会计防控税收舞弊优势,应尽快建构税收司法治理主体,专门承担国家税收舞弊治理、非法侵占的公诉、审判等刑事责任追究与民事责任追索司法职能,防控税收流失,降低企业税负,维护实体经济良序运行。

【关键词】 法务会计 税收 司法主体 建构

税收舞弊是纳税主体不遵守税收法律、法规、规章,通过签订虚假合同、开具虚假发票、提供虚假银行流水等手段,以达到逃税、避税、漏税、偷税的目的,节省税务成本、增加会计净利润的故意违规、违法甚至犯罪行为,成为各国社会公害。近年来国内公司发生的大量税收舞弊事件,暴露出税收舞弊的严重性和税收舞弊司法治理的严重缺陷。法务会计是特定主体运用法律、会计、审计、评估等工具,处理和解决不同主体财产被非法侵占、损害赔偿、保值增值问题的社会专业活动,其致力于反舞弊、反假账、反侵占、反腐败、防风险,成为税收舞弊司法治理的重要利器。应基于建构公正、公平的税收秩序和充分

1 本文系湖南省普通高等学校哲学社会科学重点研究基地——湖南省法务会计研究基地的研究成果,2019 年度湖南省教育厅创新平台开放基金项目《大数据背景下法务会计监控高校官员财产路径研究》(编号 19K014)、2019 年度湖南省社会科学成果评审委员会课题《大数据视域下法务会计监控官员财产制度建构研究》(编号 CYP22023)阶段成果。

2 董仁周,湖南省法务会计研究基地主任,湖南财政经济学院法务会计研究所所长,教授。

3 董沿岑,美国康奈尔大学约翰逊管理学院会计学硕士。

发挥法务会计防控税收舞弊的优势，建构税收司法治理主体，专门负责治理国家税收舞弊和侵占国家税收的刑事公诉、民事审判、行政审判、裁判执行等税收司法职能，防控税收流失，全面降低企业税负，维护实体经济良序运行。

一、法务会计以维护主体财产安全与保值增值为专业使命

由于市场经济发展、专业发展缺陷、职业运行限制等多种因素影响，促使法务会计快速产生。国内外普遍认为，法务会计等同于诉讼会计或法庭会计，其致力于服务刑事、民事、行政法庭，通过调查鉴定向法院提供专家意见即专家报告或会计司法鉴定报告，经法庭质证成为法官的裁判证据，确定当事人的法律责任。基于法务会计本土化和促进法务会计学科发展、法务会计职业建构等多元视角，法务会计是特定主体运用法律、会计、审计、评估等工具，处理和解决主体财产被非法侵占、损害赔偿、保值增值问题的社会专业活动，并以维护主体财产安全与保值增值为使命。

（一）法务会计以财产保值增值为目标

会计行为是市场主体基于利益最大化导向，以市场经济法律制度为准绳，对能够进行会计计量的经济业务事实进行反映、监督、管理的数据量化行为。会计分为财务会计和管理会计。财务会计即对外报告会计，主要向投资者、债权人和企业外部相关主体提供投资决策、信贷决策和其他经济决策所需的数字信息；管理会计即对内报告会计，主要向企业决策层、治理层、经营层、管理层提供有利于经营、管理和理财决策所需的数字信息。审计属于会计监督的深化细分，法律是建构、管理和发展社会、经济、政治秩序的国家意志，法务会计是融会计学、审计学、法学、证据学、侦查学和犯罪学等多门学科于一体的复合学科，是以市场主体财产保值增值为目标、以法律制度为根据、以市场经济业务事实为基础开展的财产维护、监管、保值增值专业活动。

（二）法务会计是由特定主体实施的复合专业活动

法务会计由特定主体实施，即具有法律、会计、审计、评估等复合知识结构的法务会计人员或法务会计师，包括法务会计司法主体、法务会计行政主体、法务会计单位主体、法务会计中介主体、法务会计国际主体。

（三）法务会计使用法律、会计、审计、评估等多元工具

一是法律工具，即运用诉讼、仲裁、协商、调解、谈判等法律工具，治理会计假账，追回被侵占财产，请求损害赔偿。二是会计工具，即运用编制凭证、记录账簿、制作报表、核对账目、审核财产等会计工具，真实反映主体的会计信息、财务状况、经营成果、实物财产，做到会计账务与主体财产相符。三是

审计工具，即运用政府审计、单位审计、社会审计等审计工具，全面审计主体财务会计信息的真实性、合法性和效益性，反映和监督主体财产的真实情况。四是评估工具，即运用价值评估、损失评估、信用评估等评估工具，对主体的财产价值、损失、赔偿、保值、增值等状态进行评估，掌握主体财产的客观真实。

（四）法务会计以维护社会财产秩序为基本使命

法务会计行为虽然包括为法庭提供专家鉴定和诉讼证据，但这不是其终极目的。法务会计的最终目的在于通过提供专家鉴定和诉讼证据等行为，实现主体追回被侵占的财产和损害赔偿，恢复主体产权状态，维护和谐有效的社会产权秩序。

（五）法务会计致力于解决主体财产被非法侵占、损害赔偿与保值增值等问题

市场主体争议纠纷日趋多样化、动态化、复杂化，导致侵占财产的民事纠纷方、违法犯罪案件大量增加，法庭及仲裁机构的审理裁判难度日趋加大，尤其法官、仲裁员缺乏财经、会计专业知识，难以确保裁判案件的准确，因此急需法务会计专家对特定案件和非诉讼纠纷进行会计、法律等综合分析，提供诉讼支持证据和损失计量报告，以此作为法庭及仲裁机构裁判的重要依据，解决主体财产的非法侵占和损害赔偿等问题。市场主体财产以不断流动为常态，以保值增值为目标，法务会计专家运用多元工具，对不同主体财产的投资风险、经营风险、会计风险、法律风险等进行风险防范，实现财产保值增值。

二、税收舞弊严重的根本原因在于税收司法治理不力

税收舞弊指公司的各种税收违法、违规、违纪主观行为造成国家税收的损失，可分为体制型税收舞弊、客观型税收舞弊和主观型税收舞弊。体制型税收舞弊是由于社会经济制度、经济运行体制形成的税收舞弊；客观型税收舞弊是非主观行为的社会、经济、自然客观事实形成的税收舞弊；主观型税收舞弊是因会计主体主观能动性和思想行为即主观事实形成的税收舞弊。现实生活中的绝大部分税收舞弊均为主观型税收舞弊。近年来国内外发生的大量税收舞弊案例和国家税务部门处罚的税收舞弊案件均属于主观型税收舞弊，主观型税收舞弊成为税收舞弊频发的重灾区。税收舞弊一直严重的根本原因在于税收司法治理不力。

（一）违法利益驱动

会计行为有利于促进资源配置，平衡各方利益。市场主体基于利益追求总

是处于税收舞弊与税收真实变量选择的矛盾状态，导致税收舞弊行为具有客观必然性。

（二）参与主体广泛

税收舞弊主体直接完成和间接参与税收舞弊行为，与会计假账主体合谋完成税收舞弊行为。税收舞弊存在于履行税收契约的各类主体中，包括会计人、经营者、投资者、劳动者、立法者、政府部门和社会公众，具有广泛性。

（三）危害后果严重

税收舞弊以会计假账为基础，不但损害国家税收，导致税收大量流失，而且导致政府决策部门、企业投资人与债权人等会计信息使用者的合法权益遭受严重损害。更为重要的是，税收舞弊使市场主体投融资、决策利益产生重大损失，造成公司经营业绩虚假，损害会计信息真实和税收征管公平。

（四）急需司法治理

对公司主观型税收舞弊形成的民事违约侵权行为，应通过行政执法、司法裁判、仲裁裁决等手段，追究税收舞弊者的行政责任、民事责任和刑事责任，使受损主体得到的损害赔偿能够充分救济，维护会计信息秩序和税收征管机制的良性运行。

三、税收舞弊司法治理不力的关键在于税收司法治理主体不健全

目前我国税收司法治理现状有三：一是国家税务总局是国内唯一被赋予司法权的行政机关，《税收征收管理法》赋予国家税务总局享有税收裁量权（第35条）、商品货物扣押权（第37条）、扣押货物拍卖变卖权（第37条）、税收保全执行权（第38条）、税收强制执行权（第40条），但由于国家税务总局执法人员法律、会计等综合素质普遍缺乏，导致违法执法、执法不当、侵害产权、权力寻租等各种税务乱象丛生，造成税收流失十分严重。二是公安侦查机关设立税务侦查机构，专门负责涉嫌税务行为犯罪案件的侦查，但侦查人员会计、法律、税务等法务会计综合素质有限，造成税务侦查机构人才不足、侦查质量不高，难以有效打击税收舞弊犯罪。三是对税务执法机关的行政侵权之诉由各级法院的行政审判庭受理；对税务非法侵占行为由侦查机关侦查、检察机关公诉、审判机关审判，以追究刑事责任为主；对损害产权赔偿的民事诉讼，因现有法院法官的法务会计专业知识匮乏，对其损失难以准确计量。以上情况导致不断诉讼、重复诉讼，浪费了十分有限的司法资源。

把税收违法行为与其他违法行为混合并存、由同一司法机关追究法律责任的税收司法治理格局，存在四个明显问题：

（一）税收司法治理的专业度不足

法务会计知识的专业化、技术化、理论化，逐渐使其成为具有独特内在规律的专门知识。受各种因素制约，我国法官专业学历水平和学位偏低，难以成为懂法律、懂会计、懂税务的复合型法官，法官队伍很难达到税收司法治理的专业化程度。

（二）税收司法治理的权威性不高

税收司法治理的前提是裁判者必须具有熟练的法务会计专业知识、高超的法律专业技术、厚实的会计职业经历、丰富的税务职业经验，只有这样，才能让裁判者的审判活动具有很高的公信力和权威性，使社会公众信服。由于目前我国法官一般缺乏法务会计专业知识和不具有税务职业经历，税收司法治理的权威性目标难以达到。

（三）税收司法治理的秩序力不优

在我国，税收违法犯罪行为的民事、行政、刑事责任追究和制裁由不同专业法律的庭室和法官、不同级别的法院负责，使其难以做到审判行为的有效沟通和相互促进，使税收司法治理秩序难以规范。

（四）税收司法治理的独立性不强

目前我国税收诉讼的司法鉴定由法院或当事人委托，由会计师事务所、税务师事务所等中介组织承担。会计师事务所、税务师事务所等中介组织的生存发展对专业服务收费具有完全依赖性，使其诉讼鉴定的独立、公正和客观真实度大打折扣，并且监管部门的管理人员缺乏会计、税务专业知识，难以监管和发现舞弊违法行为，从而使法院无法保证审判精准度，增加了税收司法治理交易成本，降低了税收舞弊治理的效率和效果。

四、加快建构税收司法治理主体的主要依据

（一）税收违法犯罪行为存在司法救济治理的正当需求

司法是指依法享有侦查、检察、审判、劳监等司法权的国家机关，以国家强制力为后盾，代表国家对危害社会秩序的行为，付诸国家意志的一切活动，换句话说，是以国家强制力为保障的治理手段和暴力机器。运用司法治理手段的三个缺一不可的条件是：严重违反法律法规，具有民事或刑事违法性；造成严重损失，具有救济必要性；严重损害社会关系，具有社会危害性。税收违法犯罪的财产非法侵占和财产损害赔偿行为具有民事和刑事违法性、救济必要性、社会危害性三个法律特征，符合运用司法治理手段的三个充要条件，存在司法治理的正当需求。

（二）税收秩序舞弊治理迫切需要建构税收司法主体

国内发生的大量税收舞弊违法犯罪事件暴露了国内企业税收舞弊的严重性和税收治理的失当性。税收舞弊问题是一个具有社会公害性的政治法律问题，会导致资本市场动荡、商业贿赂、腐败寄生，甚至可能诱发金融危机。我国产生税收舞弊问题的根本原因在于税收征管法一直存在执法标准不规范、不明确、不准确等问题，对税收舞弊治理以自由裁量权较大的行政治理为主，没有形成专业化、权威化、有序化、高效化的税收司法治理机制，迫切需要建构税收司法治理主体，强化税收舞弊与违法犯罪行为的司法治理功效。

（三）税收治理有序必须发挥税收司法主体的威慑力

司法治理除具有较强的强制力、法律力、他律力，还具有较大的威慑力，即对已形成税收违法行为的责任主体能产生高压效应，对正在实施税收违法行为的责任主体能造成忧虑效应，对可能实施税收违法行为的责任主体能形成警诫效应，使税收违法行为主体时刻担心所获非正当收益的丧失、财产权的丧失，以及自由权、资格权、生命权被剥夺，逐步规范税收行为，实现税收的基本使命和价值。

五、建构税收司法治理主体的基本思路

（一）组建税收检察院和税收法院，创新税收司法治理主体

一是组建专业化的税收检察院。参照我国海事、铁路等专业检察院的设置经验，依据不同地区的经济发展程度和税收违法犯罪增长程度，设置税收检察院，选取10个左右发达省份、城市设置中级专业化的税收检察院；非发达地区和落后省份可考虑在条件成熟时，选择经济集中度较高、交通便捷度较高的城市设置中级税收检察院。税收检察院直接隶属最高人民检察院，其人事任免权、经费拨款权和人事编制权全部由最高人民检察院行使；在最高人民检察院设置税收检察分院，直接归口管理全国各地的税收检察院。将现有公安机关承担的税务侦查职能全部合并到税收检察院专门行使，其基本职责为：承担税务犯罪和税收侵占等税收违法犯罪的侦查、公诉、民事索赔职能以及税务损害赔偿公益诉讼职能，行使税收民事国家赔偿的起诉权、代表权，行使税收舞弊公害的民事公诉权，行使税务行政违法行为的监督权，行使税收法院审判的监督权。

二是组建专业化的税收法院。有学者提出，首先设立税务法庭，待时机成熟时再设立税务法院。参照我国海事、铁路、知识产权、金融等专业法院的设置经验，根据不同地区的经济发展程度和税收违法犯罪市场增长程度设置税收法院，选取10个左右发达省份、城市设置中级专业化的税收法院；非发达地区

和落后省份可考虑在条件成熟时选择经济集中度、交通便捷度较高的城市设置中级税收法院。税收法院直接隶属最高人民法院,其人事任免权、经费拨款权和人事编制权全部由最高人民法院行使;在最高人民法院设置税收审判分院,直接归口管理全国各地的税收法院。将现有法院承担的税务犯罪、涉税财产犯罪、涉税贪污贿赂犯罪、涉税渎职犯罪和损害赔偿涉税民事诉讼职能全部合并到税收法院行使,其基本职责为:承担税务犯罪、涉税财产犯罪、涉税贪污贿赂犯罪、涉税渎职犯罪等税收犯罪的审判、涉税公益索赔审判职能,承担损害赔偿涉税公益诉讼审判职能,行使税务国家赔偿审查职能,行使税收舞弊公害的公诉审判权,行使税收行政违法行为的监督权,行使税收索赔纠纷、税务犯罪、涉税民事公诉、涉税行政纠纷的审判权,行使税收案件裁判的执行权。

(二) 组建具有复合专业技能的税务检察官和税务法官队伍

税务司法队伍具有复合性特征:一是人员结构复合化。司法队伍由税收检察官和税收法官队伍组成。二是知识结构复合化。税收检察官与法官必须具有法律、会计、税务、大数据等复合专业技能,具有复合知识结构并通过国家司法资格考试,只能在法学、财经、会计、税务专业的教师、会计师、律师、评估师中公开招考,具体到每位检察官和法官的知识结构应有所侧重。三是素质结构复合化。所有税收检察官和法官必须具有较高的政治素质、道德素质、法律素质、税务素质、会计素质、审计素质、评估素质、理论素质与业务素质,做到客观侦查、公平审判、公正司法。

(三) 明确税收司法治理对象为税收舞弊、涉税财产侵占、涉税损害赔偿等行为

税收司法的治理对象是主体财产行为。由于税收行为是对经济活动和财产流转的反映、监督和管理行为,关系到社会所有组织与个人的切身利益,因而会计舞弊必然在形式或实质上直接、间接地损害社会所有主体的财产利益和税收信息产权的完整性,使税收舞弊具有社会公害性。税收舞弊最终导致主体财产变动,引发财产侵占、损害赔偿等涉税行为,因而税收司法治理对象是具有社会公害的税收舞弊行为和涉税财产侵占、损害赔偿行为。

(四) 完善税收法律法规制度,推进税收司法治理法治化

税收司法治理以税收法律制度为主要依据,以司法伦理道德体系为参考,具有体系化、配套化的法律特征。税收法律制度体系包括税收法律、会计法律、审计法律、评估法律、职业法规、行政法规、地方规章、职业规范等税收法律制度,司法伦理道德体系包括司法契约、税务监管、职业审计、涉税评估、治理环境、司法职业、法律责任、涉税认证等司法伦理道德规范。

（五）完善税收司法治理的民事、行政、刑事和公益诉讼制度

税收司法治理程序属于法律诉讼程序，包括民事诉讼、行政诉讼、刑事诉讼和公益诉讼。民事诉讼是指涉税民事纠纷的当事人申请税收法院依法公正裁判的民事诉讼活动；行政诉讼是指税务行政纠纷当事人申请税收法院进行裁判的行政诉讼活动；刑事诉讼是指税收检察院代表国家和涉税主体意志向税收法院提起公诉，追究税收违法犯罪嫌疑人刑事责任的诉讼活动；公益诉讼是指税收检察院代表所有主体意志，对侵犯涉税产权和国家财产、公共财产等国家利益的违法行为，请求税收法院追究责任者民事公益赔偿责任的诉讼活动。必须按照精简、高效、复合的要求，设置税收检察、审判机构，每个税收检察院分别设置税收刑事检察处、税收民事检察处、税收行政检察处、税务公益检察处，每个税收法院分别设置涉税民事审判庭、涉税刑事审判庭、涉税行政审判庭、涉税公益审判庭、审判监督庭、立案庭、执行局。税收刑事、民事、行政诉讼分别适用相应专业的程序法和实体法，税收检察院、税收法院院长和检察官、法官分别由最高人民检察院和最高人民法院任命，直接对最高人民检察院和最高人民法院负责，不受地方党委和政府干预和制约，实现税收司法治理的全国一体化和统一化。

（六）全程评估税收司法治理效果，实现税收司法治理高效化

税收司法治理体系是对目前国家司法体制和制度的改革与优化，有助于实现税收司法治理的高效化。司法治理本身所具备的强制力、法律力、自律力和威慑力，能够使税收违法犯罪主体增强自控力，自动形成对具有公害性的税收舞弊行为和涉税财产侵占、损害赔偿行为的坚固防线，随时预防不当违法行为，使已发生的违法行为能够受到严厉制裁，充分救济所受损失和复原受损涉税产权，不断降低税收司法治理成本。必须采用成本–效益法等多种方法全程评估税收司法治理行为，实现税收司法治理不断步入高效轨道。

综上，组建专业化的税收检察院、税收法院，建设具有复合专业技能的税务检察官和税务法官队伍，能够改变目前税收司法治理不力的现状，起到税收司法治理的最后"防火墙"、救济和保护功能。

参考文献

[1] 董仁周. 法务会计的概念与特征探析 [J]. 南京审计学院学报，2011（2）：62.

[2] 魏明海，龚凯颂. 会计理论 [M]. 大连：东北财经大学出版社，2001：23.

[3] 科斯, 哈特, 斯蒂格列茨, 等. 契约经济学 [M]. 北京: 经济科学出版社, 1999: 139, 333.

[4] 涂京骞. 浅议新形势下税收执法与税收司法的衔接: 以《税收征管法》的修订为视角 [J]. 税务研究, 2020 (10): 79.

[5] 李晓安. 设立税务法庭: 税收司法专业化改革的必然选择 [J]. 税务研究, 2020 (1): 86.

法务会计在财会监督中的运用研究

唐立新[1]　罗慧桢[2]

【内容摘要】 财会监督是党和国家监督机制的重要组成部分，而法务会计作为会计学和法学的交叉学科，在财会监督中发挥着重要作用。本文从法务会计特殊的职能出发，在研究其与财会监督的关系的基础上，对法务会计在财会监督中的运用策略进行了探讨。

【关键词】 法务会计　财会监督　运用策略

一、研究背景

站在实现"两个一百年"奋斗目标的历史交汇点上，财会监督被赋予新的时代内涵和战略使命。习近平总书记在十九届中央纪委四次全会上首次将财会监督列入党和国家的监督体系之中。国务院办公厅及财政部对此高度重视，要求财政部门进一步落实加强财会监督，力促构建起一套行之有效的中国特色国家监督体系。

随着经济环境复杂化、经济业务多样化，财会工作的"舞弊"之所也愈加隐秘，财会监督作为财政监督与会计监督的融合体，是国家经济社会管理中的关键一环和国家监督体系的基础性组成部分，以财政部门为主体的财会监督活动任重道远。究其原因，财会监督能够最大限度地全方位监督各项经济活动，是财会工作的"检察官"，是监测、预警财政风险和经济金融风险的先决条件，是达成全面从严治党新成效、推进国家治理体系和治理能力现代化的重要支撑力之一。

法务会计是在新时代下由会计衍生的融合了法律知识与会计基础的一门新兴分支学科。法务会计是综合了会计、审计与调查技术，对经济案件或纠纷中的财会事实进行计算、检验、分析、认定，并进行综合判断、数据处理的会计。法务会计是法律和会计之间的双向通行者，是预防及惩治会计舞弊的重要工具。

1　唐立新，江西理工大学经济管理学院副教授，赣州恒诚联合会计师事务所首席专家。
2　罗慧桢，江西理工大学经济管理学院在读研究生。

目前在我国，法务会计的运用研究还不够，而法务会计在财会监督中应用的研究更少。

二、法务会计的职能

会计作为反映和监督经济管理活动的工作，不仅能为会计信息使用者提供基层行政及企事业单位的经济信息，而且也能为国家宏观调控、制定经济政策提供信息。会计生成的有效信息不仅以会计学原理为基础，辅之以经济学、统计学及金融学理念，以商法为边界，并且需经会计人员之间甚至会计人员与非会计人员之间的各类沟通交流。

法务会计受托于司法机关或企事业单位等机构，是提供法律会计咨询服务的一项专业活动，是法律问题和会计问题之间的桥梁，因此，法律框架是法务会计的核心职能之一。众所周知，会计信息的生成不仅要遵守《中华人民共和国会计法》（简称《会计法》）及其相关法规、规章，还受制于相关税法、公司法等商法。法务会计的重要依据是相关法律、法规、规章，且要求会计信息与法律框架匹配，这与财会监督的目标契合度极高。当然，法务会计可能还会运用心理学特别是犯罪心理学研究某些行为，如舞弊等，并进行相关调查取证，再发表鉴定意见。

具体而言，法务会计的专业技能包括企业估值、经济损失计量、计算机法务分析、破产清算等。舞弊调查是极其重要的法务专业技能之一，在法务会计的非诉讼业务中占主导性地位，法务会计协助参与企业的舞弊调查后，要对公司的账簿进行检查，这是财会监督的重要途径。

然而，优秀的法务会计师，在能履行核心职能和掌握出色的专业技能的基础上，还有一项必不可少的职业素养，即敏感的职业判断分析能力。深厚的专业知识功底固然不可缺少，专业实践也是职业判断分析能力提升的阶梯，但由实践到认识，不断总结、剖析、反复"感悟"，才能养成良好的职业判断分析能力，真正利用法务会计的专业技能，为党和国家高度重视的财会监督添砖加瓦。

三、法务会计与财会监督的关系分析

（一）财会监督是财政监督和会计监督相互融合而来的

政权的经济基础是财政，而财会工作在国家治理体系建设和保持社会和谐稳定中发挥着基础性和支柱性作用。自中国共产党成立以来，经历过了战时、建设、公共和现代财政制度。但不论财政制度如何变革，财政监督和会计监督相互融合而形成的财会监督始终紧随其后。财政监督是指财政部门对预算单位或个人涉及财政财务收支及其他有关财政管理事项的合法性进行监控、检查、稽核、督促和反映。会计监督是会计机构和会计人员依照法律的规定，通过会计手段对经济活动的合法性、合理性和有效性进行的一种监督。财政监督和会计监督二者融合后，使得财会监督的内涵更为深远、适用范围更加广泛。面对日益复杂隐蔽的舞弊伎俩，仅具备单一领域的知识已难以胜任财会监督的工作，同时通晓会计与法律等多学科知识的复合型人才补上了这一短板，而法务会计应是其中的佼佼者。

（二）法务会计是应对财务舞弊的利器

法务会计诞生于20世纪七八十年代的美国，主要应对的是股票舞弊案和储蓄信贷丑闻等。例如，安然公司曾是世界上最大的电力、天然气以及电信公司之一，其破产案就是典型范例。安然公司高层疏于职守，且运用虚报账目、误导投资人的方式牟取私利。自1997年开始，其虚报盈利共计近6亿美元。安然公司用市值计价记账方式代替传统记账方式，创立特殊目的实体，利用空壳公司虚增收入和转移债务，贿赂审计公司掩盖假账等，这一系列行为均牵扯到法律问题。在对安然公司进行破产重组时，传统的财务会计已经无法依靠单一的会计知识胜任工作了，此时，必须应用其他学科知识、手段和方法，于是，具有多元化和灵活性的法务会计就成了被依仗的对象。

（三）法务会计在财会监督中的适用性

法务会计和财会监督本就是同源之水、同木之林，二者关系密切，任务一致。《会计法》明确规定不得以虚假的业务事项或者资料进行会计核算，不得伪造、变造会计资料，不得提供虚假的财务会计报告。反欺诈反舞弊、保障反映经济结果的财务数据真实、捍卫经济秩序是财会监督的主旨。而法务会计师具有多学科交叉的专业业务能力，利用财务分析方法、审计技术方法、内部控制测评方法，进行合同欺诈的甄别、电子商务欺诈防范、证据调查、诉讼支持等，判断单位是否进行了违规操作，进行舞弊调查，并查找重要证据。

根据《会计法》第三十二条规定的财政部门实施监督的对象，可知法务会计的工作目标正是财会监督的重要环节之一。法务会计的对象包括舞弊与经济犯罪活动引起的资金非正常流动，第三十二条前三款正是法务会计审查的重点对象。由此可知，法务会计在财会监督中的适用性具有实际意义。

四、法务会计在财会监督中的运用策略

我国法务会计起步较晚，存在理论体系构建不够完善、人才教学培养机制尚有欠缺、执业环境不够良好等问题，但有党和国家的重视，有广阔的潜在市场，就应有研究法务会计的动力，充分发挥法务会计在财会监督中的特殊作用。

（一）加强宣传、培养人才，走出法务会计的困境

目前我国法务会计还不具有足够的专业辨识度和明确的定位，社会认知度也不高。为此，第一，我们要争取财政部等有关部门支持，大力宣传法务会计的职能，尤其是在财会监督中的特殊作用。第二，在加强法务会计研究的基础上，力促尽快颁布法务会计师法，制定配套准则及职业指南，形成良好的执业体系。第三，结合高校学历教育，完善法务会计师的准入机制，有效保证法务会计师的专业胜任能力。高度重视继续教育，编写好实用的好教材，讲好各类业务的案例，提高执业质量。第四，深入研究法务会计的市场需求，在动态细分相关市场的基础上，提供服务，逐步做大"蛋糕"。

（二）夯实基层单位法务会计基础，为内部监督奠定基础

财会监督由内部监督和外部监督构成，夯实基层单位法务会计基础，有利于为其内部监督奠定基础。对于行政单位来说，法务会计的主要功能以预防腐败为核心。腐败的本质在于运用公权、编制会计假账，侵占资产、谋取私利。而法务会计在治理商业贿赂、控制贪污挪用、预防职务侵占、防控官员贪腐方面均能大显身手。由此，建议行政单位的内部审计适当配备法务会计人才，并加强法务会计培训，充分发挥法务会计在行政单位预防腐败的作用。

目前，我国事业单位不仅数量多，而且拥有或控制着巨额资金，是腐败的高发区，不仅要从内部审计角度注重预防腐败，且作为经营主体要确保单位经济活动合法合规。因此，建议事业单位内部审计（纪检），不仅要配备法务会计人才，而且应成立法务会计小组，从目前事业单位内部审计以财务审计为主逐步过渡到以法规为主要依据的管理审计为主的审计模式，充分发挥事业单位内部审计的监督作用。

企业尤其是上市公司和国企经济业务繁杂，频繁涉及法律特别是民商法问题，因此，在上市公司和国企建立法务会计岗位更显必要。其中，法务会计对内主要通过完善内部控制、加强内部治理以达到反舞弊之目标，对外则主要通过单独或联合法务处理相关法律纠纷。企业应当整合监事会、法务部、内部审计部力量，配置层次不同的法务会计人才，甚至聘请法务会计专家，构建合理的法务会计力量，尽量降低舞弊及涉法成本，确保高质量完成其目标。

（三）充分发挥财政、税务、审计等部门的关键作用

《会计法》第三十三条规定，财政、审计、税务、人民银行、证券监管、保险监管等部门应当依照有关法律、行政法规规定的职责，对有关单位的会计资料实施监督检查。这意味着以上部门既有监督自身内部管理的义务，又负有

领导其他部门进行监督检查的责任。而且财政部门又是会计工作的主管部门，肩负着领导财会监督重任，自然也包括如何规划发展法务会计，并充分发挥其职能的神圣使命。

税务主管部门可运用法务会计，以其强大的综合性业务能力，准确甄别资金流向中的可疑动态，深挖背后的细节，对违法行为进行多样化的调查取证，实现其对是否遵守税法、是否存在偷税漏税等损害国家利益的违法行为的监督功能。证监会的主要监督对象是上市公司的财务状况，且侧重于反欺诈和反舞弊功能。银保监会的主要职责是对保险公司和银行的监督，其中可能涉及的保险欺诈和金融风险等方面均有法务会计的用武之地。

（四）充分运用中介机构在外部监督的主体作用

财会监督中外部监督的另一主体是以（法务）会计师事务所为代表，包括资产评估事务所等社会中介机构，且在现实中起到主力军的作用。其一，中介机构最主要的功能是诉讼取证，为解决有关法律问题提供有用的会计证据，这也正是法务会计的诉讼支持业务。中介机构具有协助犯罪调查的功能，比如在涉及欺诈、非法集资、高利贷、非法侵占等案件时，法务会计的介入可以通过核查财务数据中资金的动态流向，协助办案机构厘清经济纠纷，这实质上就是司法会计鉴定，其可以提供相应的专业咨询服务，必要时还可出庭作证，担当专家证人的角色。其二，法务会计通过非诉讼业务中的调查服务及损失计量业务，可以完成企业估值、计算机法务分析、破产清算、经济损失计量等工作。其三，中介机构在完善单位内部控制及企业的内部治理方面也发挥着独特的作用。法务会计不仅可以充分利用法律加会计的优势，诊断包括行政事业单位在内的内部控制的有效性，而且可以利用此优势完善内部控制制度，使法律、法规与内部控制融为一体。而中介机构是外部监督力量，其重要作用在于打破企业内外部信息不对称性，因其会将涉嫌违法的信息依法通过授权及时对外披露，进而使多层次外部治理力量与有效的内部治理力量实现联动治理，倒逼公司完善内部治理结构。

五、结论

综上所述，法务会计的目标同源于财会监督的内涵，法务会计和财会监督的客体也有重合之处，二者关系密切，任务一致。当前财会监督作为十大监督之一，其重要性已被提到前所未有的历史新高度，具有完备知识体系的法务会计也站到了新的风口，正在顺应日趋复杂的经济市场的需求。在立足我国国情的基础上，借鉴国外法务会计发展经验，建立有中国特色的法务会计，是对财会监督的强化，也是对传统会计和审计能力不足之处的弥补，有助于为经济市场的有序、稳定运行提供保障。

参考文献

[1] 刘海霞．浅析法务会计的理论框架［J］．中国管理信息化，2009（12）：14-16.

[2] 王艳．加强财会监督的新视角：基于法务会计的思考［J］．中国注册会计师，2020（8）：14-16.

[3] 董仁周．法务会计治理腐败研究［J］．湖南社会科学，2014（5）：128-130.

[4] 王平，宋鑫．法务会计介入公司内部治理及内外联动治理机制构想［J］．财会月刊，2021（11）：83-91.

[5] 冯丽娟，曾庆梅，王荷花．关于新形势下加强中介机构在财会监督方面作用的探讨［J］．中国注册会计师，2020（12）：36-41.

[6] 王菁菁，杨子露，高英峻，等．浅谈我国法务会计的现状与发展［J］．纳税，2020（7）：60-61.

[7] 杨杰来．刍议财务会计与论法务会计的关系［J］．致富时代，2014（1）：56-57.

[8] 张建平，张嵩珊．国际法务会计人才培养及启示［J］．广东技术师范学院学报，2019（5）：13-17，50.

[9] 赵栓文，刘白羽．新型国家监督体系下财会监督存在问题及完善建议［J］．西部财会，2021（8）：66-69.

我国高校法务会计人才培养机制检视

邵朱励[1]

【内容摘要】法务会计人才是具有"会计"和"法律"复合型知识的人才，法务会计业务涉及司法会计鉴定、专家辅助人、反欺诈反舞弊调查、损失评估等多个领域。高校培养法务会计人才是满足社会需求的必然结果。目前国内高校对法务会计的学科属性争议较大，在法务会计人才培养方案设计、课程体系建设、师资队伍建设、培养模式的运用等方面存在较多问题。各高校应摒弃学科属性之争，培养各具特色的法务会计人才；应对法务会计人才培养目标进行准确定位，加强课程体系建设和教材建设；应加强师资队伍建设，采取理论和实践相结合的培养模式。

【关键词】法务会计　人才培养　学科属性　复合型人才

一、法务会计的内涵及业务范围

（一）法务会计的内涵

法务会计的英文是"forensic accounting"，即"与法庭有关的会计"[2]，也就是将会计用于法律目的[3]。美国注册会计师协会认为，"法务会计是将会计原则、会计理论、会计准则等各种会计知识，用于分析法律争议中的事实问题或假定问题。"[4] 因此，法务会计人才是具有"会计"和"法律"复合型知识的人才，必须能够运用法律、会计、审计、评估等工具处理和解决不同主体财产的被非法侵占、受损害赔偿、保值增值等问题。[5]

（二）法务会计的业务范围

法务会计的业务范围有两大类：诉讼支持业务和非诉会计调查业务。但其

1　邵朱励，法学博士，安徽财经大学法学院副教授，研究方向：税法。

2　Madan Bhasin, Forensic Accounting: A New Paradigm for Niche Consulting, The Chartered Accountant, Jan. 2007：1000-1010.

3　周友梅、阚京华：《法务会计本质及职业教育的剖析与思索》，《会计之友》2014年第15期。

4　吴勇、陈若昀、张烨：《法务会计发展的新思考——基于美国的经验借鉴》，《中国注册会计师》2018年第2期。

5　董仁周：《法务会计职业机制建构研究》，《审计与经济研究》2012年第1期。

业务涵盖的具体领域则非常宽广。

1. 诉讼支持业务

诉讼支持是指在诉讼过程中，法务会计人员协助律师或法官查明和认定相关的财务会计事实，并以会计专家证人的身份出庭作证、参与质证以及提供其他相关专业协助的诉讼活动。[1] 具体而言，法务会计人员的诉讼支持活动可以分为以下两种：

（1）司法会计鉴定。司法鉴定制度是解决诉讼涉及的专门性问题、帮助司法机关查明案件事实的司法保障制度。[2] 我国传统的"司法鉴定"是在 20 世纪 50 年代依照苏联的司法体制模式设置并建立起来的，[3] 即公、检、法系统都在各自内部设立司法鉴定部门，以满足诉讼活动中的司法鉴定需求。这种体制虽然在司法实践中发挥了重要作用，但却存在"自侦自鉴""自诉自鉴""自审自鉴""多头鉴定""重复鉴定""虚假鉴定"等弊端。[4] 为此，全国人大常委会于 2005 年颁布了《关于司法鉴定管理问题的决定》，其中第 7 条明确规定人民法院和司法行政部门不得设立鉴定机构，而侦查机关可以根据侦查工作的需要设立鉴定机构，但不得面向社会接受委托从事司法鉴定业务。这意味着司法鉴定不再主要由公检法负责，而主要由社会中介机构承担，以确保司法鉴定的中立性，从而提高诉讼效率、保障司法公正。[5]

司法会计鉴定属于司法鉴定的一种。2005 年文件的出台意味着，除了侦查部门可以保留司法会计鉴定部门（该鉴定部门不得承接外来司法会计鉴定业务）外，其他司法会计鉴定只能交由有资质的社会中介机构承担，这就需要大量获得司法会计鉴定职业资格的法务会计人才。

在法律实践中，由于公检法、监察部门的从业者在处理相关案件时缺乏会计专业知识，对财务舞弊涉及的一些受贿、贪污、挪用公款、侵占国有资产等刑事案件，以及如离婚财产分配、环境损害赔偿等民事案件中涉及的会计问题无法处理，为避免在审理和审判时造成冤假错案，实现司法的公开、公正，就需要委托或聘请具备司法会计鉴定资格的中介机构及其法务会计人才进行司法会计鉴定，作为司法鉴定人的法务会计人才运用会计学、审计学、证据学、侦

1　杨书怀：《我国会计师事务所拓展法务会计业务探讨》，《会计之友》2020 年第 4 期。

2　郭华：《司法鉴定制度改革的十五年历程回顾与省察》，《中国司法鉴定》2020 年第 5 期。

3　黎仁华：《中国会计鉴定市场的执业效率与发展趋势研究——基于法务会计发展视角》，《湖南财政经济学院学报》2016 年第 12 期。

4　张苏彤：《我国法务会计的发展回顾、应用实践及未来展望研究》，《商业会计》2019 年第 19 期。

5　郭华：《司法鉴定制度改革的十五年历程回顾与省察》，《中国司法鉴定》2020 年第 5 期。

查学等多种手段对会计资料进行鉴定，给出鉴定意见，为法官对事实的认定与案件的审判提供参考，从而提高审判的效率和质量。[1]

（2）专家辅助人。专家辅助人是帮助当事人对鉴定人意见进行质证的专家。[2] 司法会计鉴定人根据自己的专业知识出具的鉴定意见是法官审理案件的参考，但"鉴定意见"并不必然可靠。作为拥有专门知识的人，专家一方面可以正确运用科学知识，得出正确鉴定意见，从而辅助法官理解证据或裁断有争议的事实，但另一方面，专家也有可能误用科学原理和方法，得出错误的判断或意见，从而误导法官。[3] 为避免法官偏听偏信，诉讼当事人可申请法务会计人才作为专家辅助人出庭，对司法会计鉴定意见进行质证，从而使法官综合考虑各方观点和意见，起到兼听则明的作用，从而避免冤假错案的发生，保障司法公平公正。

我国 2012 年、2013 年分别对《中华人民共和国民事诉讼法》和《中华人民共和国刑事诉讼法》进行了修订，其中专门规定了当事人可以申请法庭通知"有专门知识的人"出庭，就鉴定人做出的鉴定意见提出意见。这意味着我国专家辅助人制度的建立。[4] 法务会计人才是财会领域的专家，是具有会计专门知识的人，同时又具有一定的法律知识，对法律调查、证据法、诉讼程序有较好的了解，因此，委托其在涉及会计问题的案件中担任专家辅助人是必要的，也是必然的。

2. 调查会计业务

调查会计（Investigative Accounting）一词由 Lee Pennington 于 1948 年首次提出[5]，其本意是指会计人员对欺诈舞弊类刑事案件涉及的会计问题进行调查的活动，但随着企事业单位对经济犯罪预防的重视以及社会的发展，调查会计的内容也突破了对欺诈舞弊行为的事后调查和证据搜集，扩大到对欺诈舞弊行为的事前预防，以及对其他各类民事、刑事案件中涉及的会计问题的调查。

（1）反欺诈反舞弊调查。法务会计诞生于舞弊与反舞弊和惩治经济犯罪的斗争中，反欺诈、反舞弊可以说是法务会计最显著和不可替代的"职业标志"。[6] 法务会计（forensic accounting）一词的出现也是用来形容此类调查行为的。该

1　杨书怀：《我国会计师事务所拓展法务会计业务探讨》，《会计之友》2020 年第 4 期。
2　常林：《司法鉴定专家辅助人制度研究》，中国政法大学出版社 2012 年版。
3　张宝生、董帅：《中国刑事专家辅助人向专家证人的角色转变》，《法学研究》2020 年第 3 期。
4　陈光中：《〈中华人民共和国刑事诉讼法〉修改条文释义与点评》，人民法院出版社 2012 年版。
5　吴勇、陈若旸、张烨：《法务会计发展的新思考——基于美国的经验借鉴》，《中国注册会计师》2018 年第 2 期。
6　王艳：《加强财会监督的新视角：基于法务会计的思考》，《中国注册会计师》2020 年第 8 期。

词最早由美国会计师莫里斯·佩卢贝特（Maurice Peloubet）在其 1946 年发表于 *Journal of Accountancy* 的文章《法务会计：在当今经济中的位置》中提出，用于定义美国财政部特别探员弗兰克·威尔逊（Frank Wilson）对美国"头号公敌"之一阿尔·卡彭逃税罪定罪过程中所采用的突破性调查方法。[1] 在此案中，罪犯的收支没有账簿记录，威尔逊通过追踪犯罪分子用现金进行消费支出的情形，倒推出卡彭应纳税未纳税的所得额，从而判定其逃税罪成立。这种方法就是其独创的"财产净值法"，也是世界上第一个获得司法批准的计算非法收入的间接证明方法。[2]

但"安然案"之后，很多企业深刻认识到欺诈舞弊行为会给企业造成巨大损失，因此，为了防止舞弊及避免员工侵占公司资产，聘请了法务会计人员进行内部欺诈舞弊风险防范的会计调查，这意味着法务会计人员对反欺诈反舞弊的调查不仅仅是对舞弊欺诈犯罪的调查，更扩展至法务会计人员对舞弊欺诈犯罪风险预防的调查。

（2）损失评估。法务会计师可以提供任何损失评估方面的服务，包括但不限于施工延误损失、知识产权（如专利、商标、商业秘密）侵权损失、合同纠纷索赔（如违约赔偿金）、合伙协议纠纷索赔、工程索赔、产品责任索赔、渎职索赔、员工盗窃损失、商誉损失、利润损失、保险理赔、交通事故损失、人身损害赔偿、骚乱损失、财务偿付能力评估、征用中遭受的可赔偿损失、盗用公款损失、环境损害赔偿等。例如，当退伙合伙人感到其在退伙清算中遭受了不公正的待遇时，他可以在法务会计师的帮助下对清算提出异议，法务会计师能够正确评估其应付资产和负债的价值；保险公司可以聘请法务会计对理赔进行准确评估，投保人在对保险公司制定的理赔方案提出疑问时，也会寻求法务会计师的帮助；当出现违反公认会计准则或审计实践或任何职业道德准则的情况时，法务会计师也会量化此类专业疏忽或服务缺陷造成的损失等。[3]

（3）其他。法务会计的调查会计业务还可能涉及税务事项，包括税务宣传、财务报表的合规和审核、税务报告以及收入和遗产等领域的税务规划；法务会计师也可在离婚财产分配案件中提供会计服务，以追踪、定位和评估所涉及的任何形式的资产。

1　Timothy J. Louwers, The past, present, and future of crime-related forensic accounting methodology, *Accounting Research Journal*, Vol. 28 Iss. 1, 2015, pp. 4-9.

2　王玉兰：《法务会计的前世今生——兼论法务会计职业前景》，《会计之友》2019 年第 5 期。

3　Madan Bhasin. Forensic Accounting：A New Paradigm for Niche Consulting, *The Chartered Accountant*, Jan. 2007, pp. 1000-1010.

二、我国高校培养法务会计人才的诱因：法务会计人才的社会需求激增

自从 1946 年"法务会计"一词出现后，各国陆续出现了"法务会计"职业，但总体而言其需求量是极少的，直到 21 世纪初法务会计的社会需求才猛然增多。

2001—2002 年，美国陆续发生安然（Enron）、世界通讯（WorldCom）、环球电讯（Global Crossing）等公司的会计丑闻，帮助其制作虚假财务报告的会计师事务所也成为众矢之的，从而让公众对会计职业的信心严重受损。然而，这些丑闻反过来却让法务会计师名声大振，因为正是他们成功地协助美国证券交易委员会调查、收集那些公司和会计师事务所的会计造假证据，为起诉、开庭审理和法官判决提供了强有力的诉讼支持。[1]

丑闻之后，为了避免欺诈和盗窃，重塑公众信心，一些公司采取措施大幅度改善其内部控制措施和会计系统，正是这种发展凸显了法务会计人员的重要性，美国的法务会计师需求直线上升，被列为未来二十大职业之一。[2] 美国的经验为其他国家所借鉴，英国、加拿大、澳大利亚也纷纷成立了法务会计行业组织，出台了相关规则。

我国自 20 世纪 90 年代开始，也陆续出现了较大规模的上市公司财务舞弊造假案件，如"深圳原野""琼民源""红光实业""东方锅炉"等，由于当时国内对法务会计没有认知，司法处理的结果并不为大众认可和接受。[3] 国外法务会计兴起后，国内一些企业也意识到法务会计对防范企业财务舞弊的作用，纷纷招聘法务会计人才。国际四大会计师事务所如普华永道、毕马威、德勤和安永也看好中国法务会计服务的前景，在中国设立的分部都设置了法务会计职务，提供舞弊风险、计算机鉴证、保险索偿、经济犯罪侦查等比较广泛的法务会计服务。而我国本土八大会计师事务所也开始提供法务会计方面的咨询服务。[4]

除了企业和会计师事务所，由于反腐力度加大，公检法和纪检监察机关也需要较多的法务会计人才参与贪污、渎职类案件调查，而律师事务所也需要配备法务会计人才，才能在财会活动日益复杂的情况下更好地承接涉及财会问题

---

1 王玉兰：《法务会计的前世今生——兼论法务会计职业前景》，《会计之友》2019 年第 5 期。

2 周发梅、阚京华：《法务会计本质及职业教育的剖析与思索》，《会计之友》2014 年第 15 期。

3 黄珊：《论法务会计在我国的应用》，《商业会计》2020 年第 1 期。

4 张雨成：《浅谈中国法务会计现状及发展建议》，《中国乡镇企业会计》2019 年第 8 期。

的案件。[1] 因此可见，国内和国外一样，目前对法务会计人才的需求也是与日俱增。

中国注册会计师协会《会计师事务所服务经济社会发展新领域业务拓展工作方案》（2010）指出，要"大力推进法务会计等新型鉴证业务项目"；财政部《会计改革与发展"十三五"规划纲要》（2016）也指出，要"不断拓展法务会计等新型业务"。这说明，法务会计人才的培养在我国已是当务之急。

尽管民间机构的培训、自学是法务会计人才培养的路径选择之一，但承担国家高等教育任务的高校无疑更有责任，也更有条件系统化地培养法务会计人才。当然，由于法务会计是学术研究中的新兴领域，[2] 高校法务会计人才培养也是摸着石头过河，在人才培养、学科建设方面面临着严峻的挑战。

三、高校法务会计人才培养机制现状及问题

（一）学科定位模糊、资格认定欠缺，学生接受度低

学历教育是培养专业法务会计人才的重要渠道，但是，按照我国现行学历教育管理体制的要求，各培养机构学历教育的专业设置由教育部核准，并列入专业目录。尽管近10年来社会各界有招聘法务会计师的需求，各高等院校也在探索法务会计教育，但教育部从未审批过高校开办"法务会计"专业。[3]

正是因为如此，理论界和实务界关于法务会计的学科界定存有较大争议，既有会计学科论，也有法学学科论，更有双重学科论。

会计学科论认为法务会计是会计专业的分支，其理由是：法务会计是运用会计、审计的专业知识与技能分析法律事务中的会计资料，为法律事务中的财务问题提供会计学支撑，[4] 因此法务会计是会计专业发展并延伸到司法领域的职业活动。[5]

法学学科论把法务会计当作法学专业的分支，其理由是：法务会计师所执行的会计工作及报告主要是为法庭服务的，[6] 因此，法务会计人才更应该是熟悉会计业务的法律人才。[7]

1　严娟：《高校法务会计教育供给侧改革研究》，《职大学报》2020年第1期。

2　董晓平、齐文浩：《发展我国法务会计问题研究》，《长春理工大学学报（社会科学版）》2013年第6期。

3　张雨成：《浅谈中国法务会计现状及发展建议》，《中国乡镇企业会计》2019年第8期。

4　李海娟：《我国法务会计教育理论的本土化重构研究》，《黑龙江科学》2018年第2期。

5　孙长峰：《法务会计的学科定位与人才培养路径》，《中国乡镇企业会计》2013年第10期。

6　李传宪：《法务会计人才培养的探讨》，《会计之友》2007年第9期。

7　程乃胜：《法务会计专业人才培养规格与课程体系建构探析》，《南京审计学院学报》2010年第1期。

　　持双重学科论的学者认为法务会计是法学和会计学的交叉学科，其主要观点是：法务会计是适应市场经济需要的、以会计理论和法学理论为基础、融会计和法学于一体的边缘交叉学科。[1] 法务会计是会计和法学知识的有机融合。[2]

　　学科属性的争议直接影响了高校培养法务会计人才的积极性。近年来，国内仅有十几所高校培养法务会计人才，[3] 难以满足市场对法务会计人才的需求。而在这些高校中，"法务会计"的学科定位也各不相同。在本科教育层面，有在会计学专业、财务管理专业下设"法务会计方向"的，如南京财经大学、云南财经大学、渤海大学，也有在法学专业或法律事务专业下设"法务会计方向"的，如西南政法大学、华东政法大学、西北政法大学、江西财经大学、南京审计大学。在硕士研究生教育层面，主要是在法学专业或会计学专业、会计专硕下设"法务会计研究方向"，如复旦大学、中国人民大学、中国政法大学等。[4]

　　对法务会计师资格的认可是法务会计人才走向法务会计职业岗位的敲门砖，而根据《中华人民共和国劳动法》第六十九条的规定，国家确定职业分类，实行职业资格证书制度，也就是说，只有国务院主管部门认定的职业资格证书是国家认可的。目前从事法务会计工作的人士所持的国家认可的资格证书主要是注册会计师职业资格证书或注册资产评估师职业资格、法律职业资格证书，并无专门的法务会计职业资格证书。

　　"法务会计"在教育部学历教育专业目录中难觅踪影，高校培养出来的法务会计人才只有"会计学专业"或"法学专业"的学历文凭，而且"法务会计"没有国家认可的法务会计职业资格认证，这些直接影响到了"法务会计方向"的学生对其未来职业前景的判断[5]，他们不知道毕业后自己的就业优势在哪里，能不能从事法务会计工作，因此，不敢轻易接受法务会计方向的教育。[6]

　　（二）人才培养目标定位不清、课程设置不合理

　　高校各类专业（方向）的人才培养方案主要包括专业（方向）培养目标、专业（方向）培养特色、课程设置等内容。课程设置必须能体现专业（方向）

1　盖地：《适应 21 世纪的会计人才——法务会计》，《财会通讯》1999 年第 5 期。

2　丁宇峰、王艳丽：《高校法务会计人才培养的若干争议及其解决》，《安徽警官职业学院学报》2018 年第 1 期。

3　黎仁华、包琦、林慧敏：《中国法务会计的职业趋势与专业教育规划研究——基于第 11 届中国法务（司法）会计学术研讨会的思考》，《商业会计》2020 年第 1 期。

4　严娟：《高校法务会计教育供给侧改革研究》，《职大学报》2020 年第 1 期。

5　牛建平：《法务会计本科生专业承诺实证研究——以南京审计学院为例》，《黑龙江教育（高教研究与评估）》2014 年第 4 期。

6　林楠："关于法务会计人才培养问题的探讨"，《经济管理研究》2019 年第 5 期。

特色，并能通过课程的教学达到预定的培养目标。因此，法务会计人才的培养必须先确定其专业（方向）培养目标及特色。目前尽管有些高校开始培养法务会计人才，并且取得了一定成绩，但也有部分高校仓促、盲目上马法务会计人才的培养项目，对法务会计人才的培养目标和特色缺少清晰的定位。[1] 例如，财经类院校中的法学专业处于被财经类专业夹攻的困境下，是学校的"弱势专业"，而学校为了体现其财经特色，要求法学专业认真思索，找出培养法律和财经相结合的复合型人才的对策，为突破重围，法学专业不得已设置"法务会计方向"，但实际上对法务会计人才的特性、未来就业方向、培养目标没有明确的认知；而政法类院校中的财经管理专业培养法务会计人才的理由也大抵如上，目的都是要在学校主流专业的夹缝中生存下去。

由于对专业（方向）培养目标和特色把握不准，高校法务会计方向的课程设置也存在随意性、不合理性、不全面性和不系统性。一些高校法务会计方向课程采取了法学与会计学课程对半分的方法，砍掉一半被认为和法务会计无关的法学或会计学的核心课程，以应对培养方案对总学分的限制。有的则采用象征性叠加课程的方法，例如，法学专业下的法务会计方向课程设置以法学专业课程为主，象征性地在大三、大四开设基础会计、财务管理、审计学原理等会计专业课程；而会计学专业下的法务会计方向课程设置则以会计学专业课程为主，象征性地开设民法、刑法、证据法、法律职业伦理等法学专业课程，由学生自愿学习。[2] 这种课程设置只是法学课程和会计学课程的简单拼凑，可能会导致学生两类知识都学了，但都学得不深不精。学生既不能成为合格的会计专业人才，也不能成为合格的法律人才，更不可能培养出合格的法务会计人才。[3]

（三）师资匮乏、培养模式单一

合格的师资是培养合格法务会计人才的重要保障。但是，由于法务会计职业是新兴职业，法务会计人才又是深度融合法律和会计知识的复合型人才，目前各高校大多缺少一支法务会计的强大师资队伍。[4] 高校现有的师资多是纯会计专业或纯法学专业的专职老师，很少有法律和会计两种知识都精通、对法务会计的核心内容有透彻了解的人员，这就造成了法务会计师资专业面向的狭窄性，即他们只能教授纯会计知识或纯法学知识，无法将会计知识和法学知识融会贯

1　吴悌魁：《法务会计若干问题探讨》，《纳税》2019 年第 35 期。

2　唐金雪：《探析我国法务会计人才培养方案》，《商业经济》2012 年第 10 期。

3　丁宇峰、王艳丽：《高校法务会计人才培养的若干争议及其解决》，《安徽警官职业学院学报》2018 年第 1 期。

4　李冰：《高职法务会计专业人才培养方案探索》，《长春师范大学学报》2015 年第 6 期。

通，并传授给学生。另外，法务会计人才需要掌握较高的法务会计实践技能，但目前高校专职教师擅长理论教学，实践知识和实践技能比较欠缺，因此在培养理论和实践技能兼备的法务会计人才方面似乎有点力不从心。

四、高校法务会计人才培养机制的完善

（一）摈弃学科属性之争，培养各具特色的法务会计人才

法务会计自诞生之日起，就有属于法学还是属于会计学的学科属性之争。法学、会计学的学者也都有各自的论证逻辑与依据，至今未有定论。[1] 但学科属性的争议不应成为高校培养法务会计人才的障碍。经济的发展产生了对法务会计人才的强烈需求，而高校必须对此需求予以高度回应，否则高校培养的人才与社会急需的人才脱钩严重，高校人才培养就失去了现实意义；另外，自教育部从 2010 年起联合 13 个中央部门实施一系列卓越人才教育培养计划以来，培养跨专业、跨学科的应用型、复合型人才就成了卓越计划的内在组成部分，各高校致力于打破学科之间的藩篱、革新教育理念，开发各类交叉复合型人才，而法务会计人才的培养和此要求相符。

因此，有关法务会计是否应当设置成独立专业，如果教育部不将其设置成独立专业，应当将其设在法学专业还是会计学专业目录之下的争议是不必要的。[2] 与其对其学科属性争论不休，不如把精力放在如何培养合格的法务会计人才上面。可以采取两条路通行的做法，各高校可以根据学校自身的学科优势和资源来决定在哪个专业下设置"法务会计方向"，可以各有特色、各有侧重。[3] 如财经类院校可在法学院设置"法务会计"方向，这样可以充分利用学校财经专业师资力量，同时也能体现财经类院校培养和财经有关的复合型人才的特色；而政法类院校可以在经管学院、商学院设置"法务会计"方向，这样可以充分利用学校法学专业师资力量，同时也体现政法类院校培养和法律有关的复合型人才的特色。

由于法务会计人才就业市场广阔，不同的用人单位对法务会计人才的知识结构的需求也是不同的。例如公检法机构、律所可能更侧重于接受法律专业能力为主、会计专业能力为辅的法务会计人才，而会计师事务所、企事业单位则可能更乐于接受会计专业能力为主、法律专业能力为辅的法务会计人才。各高

1　李海娟：《我国法务会计教育理论的本土化重构研究》，《黑龙江科学》2018 年第 2 期。

2　丁宇峰、王艳丽：《高校法务会计人才培养的若干争议及其解决》，《安徽警官职业学院学报》2018 年第 1 期。

3　唐亮、候姗姗：《复合型会计人才培养模式研究——以法务会计为例》，《菏泽学院学报》2020 年第 2 期。

校在法务会计人才培养目标和特色上的区别恰好可以满足不同用人单位的个性化需求。各高校培养的法务会计人才质量如何也正好可以交由生源市场和毕业生就业市场去检验，相信市场会对各高校培养的法务会计人才有公平的认知和接受度。

为提升学生对法务会计教育的接受度以及社会对高校培养的法务会计人才的接受度，有的高校已经意识到要为自己培养的法务会计人才正名。虽然在学历证书上无法体现学生接受了法务会计教育，但是可以通过颁发证书的方式证明人才的专业性。例如，由中国政法大学法务会计研究中心与中国总会计师协会联合推出的法务会计师资格认证项目即属此类。该项目参与者需通过法务会计理论与实务、法务会计司法鉴定、经济犯罪调查与侦查、证据法学、计算机取证学共5门课程的考试，之后便可由中国总会计师协会和中国政法大学法务会计研究中心分别颁发《法务会计师（CFA）证书》。[1] 尽管此认证并非行政部门官方认证，但无疑可以作为法务会计从业技能的依据。

（二）准确定位法务会计人才培养目标，加大课程体系建设和教材建设力度

为避免仓促上马法务会计人才培养项目，各高校应首先对培养法务会计人才进行严谨的可行性评估，其中首要的一点就是了解法务会计人才的特性、未来就业方向，从而清晰定位法务会计人才培养目标。无论是在哪个专业下设法务会计方向，各高校法务会计人才培养的共同点都应是培养具备基本的法学和会计学知识，综合应用审计方法及技巧，采用法律的程序和步骤去获得财务证据，并通过调查、诉讼或者作为专家出庭作证等方式服务于社会的复合型、应用型人才。[2] 但具体培养特色和侧重点又因各高校的实际情况而不同。例如，法学专业下的法务会计方向人才培养应更侧重于以掌握法学专业知识为主，兼顾会计知识，毕业生去向以公检法、律师、企事业单位法务部门为主；而会计学专业下的法务会计方向人才培养应更侧重于以掌握会计学专业知识为主，兼顾法学知识，毕业生去向以会计师事务所、企事业单位法务部门为主，这样可以避免加重学生学习负担、扰乱学生学习思路、知识结构畸形等问题。[3]

为达成这一目的，各高校应以教育部规定的法学、会计学专业学生必须掌握的专业核心课为基本构架，适当压缩一般性通识课、专业选修课的学时数，再用节省出来的课时设置会计学或法学基础课程，以及两学科交叉的特色课程

1　杜永奎、赵悦：《法务会计职业化生成机制与提升策略研究》，《财会通讯》2020年第9期。
2　油永华：《法务会计复合型人才培养体系的构建》，《会计师》2013年第5期。
3　丁宇峰、王艳丽：《高校法务会计人才培养的若干争议及其解决》，《安徽警官职业学院学报》2018年第1期。

来实现交叉学科间知识的融会贯通。[1] 举例来说，法学专业下设的法务会计方向课程应包括 16 门法学专业主干课程、会计学基础课程（如基础会计、财务会计、审计学原理、财务管理等）、两学科交叉课程。

两学科交叉课程的设置最能体现法务会计特色，但也最难设置。交叉特色课程必须真正反映学科间知识的融合，是法务会计人才未来工作中要真正运用的知识，而不仅仅是法学课程或会计学课程的简单复制，因此在开设这些课程前，必须真正了解法务会计师的业务范围，以及在这些业务活动中需要掌握的知识和技能，然后围绕这些必须掌握的知识和技能设置相应的课程。[2] 比如应开设法务会计学、司法会计鉴定、财务舞弊甄别、经济犯罪调查等课程，[3] 因为这些都是法务会计师提供相关服务必须掌握的知识和技能。

两学科交叉课程教学的另一个难题是教材的匮乏。为解决这一难题，一方面，可以引进国外法务会计书籍和教材，由专人翻译供教学使用；另一方面，培养法务会计人才的高校可以采取组织教师编写相应配套教材的做法。[4] 例如，南京审计大学法学院组织自己的师资编撰并出版了《经济犯罪调查》教科书，该书被评为 2016 年度江苏省教育厅精品课程教材。[5]

（三）加强师资队伍建设，采取理论和实践相结合的培养模式

法务会计工作具有较强的专业复合性，因此要求法务会计人才不仅要有过硬的会计和法律方面的理论知识，还应着重强调该专业人才对实践技能的掌握以及法务会计思维方式的养成。[6]

首先，必须要有理论和实践能力兼备的师资队伍。实现这一目标可用"外引内培"四字概括。一方面，要坚持"内培"，鼓励本校会计学专业专职教师攻读法学专业研究生，鼓励法学专业专职教师攻读会计学专业研究生，将其培养成交叉型法务会计教学的专职教师；[7] 或者通过与公检法部门、律师事务所或会计师事务所建立合作关系，定期将立志从事交叉型法务会计教学的骨干教师

1　刘巍巍、徐丽、韩劲松：《应用型财经院校设置法务会计专业路径探析》，《哈尔滨金融学院学报》2015 年第 4 期。

2　张建平、张嵩珊：《国际法务会计人才培养及启示》，《广东技术师范学院学报》2019 年第 10 期。

3　丁宇峰、王艳丽：《高校法务会计人才培养的若干争议及其解决》，《安徽警官职业学院学报》2018 年第 1 期。

4　翟存柱：《"法务会计学"浅识——会计系学科建设刍议》，《山东农业工程学院学报》2015 年第 1 期。

5　靳宁、王艳丽：《"互联网+"背景下的交叉型法学课程改革探索——以南京审计大学〈经济犯罪调查〉课程为例》，《公安学刊——浙江警察学院学报》2016 年第 6 期。

6　张丽艳、任凡：《法务会计人才培养的诊所式法律教育模式探讨》，《商业会计》2012 年第 3 期。

7　孙长峰：《法务会计的学科定位与人才培养路径》，《中国乡镇企业会计》2013 年第 10 期。

安排到实务部门培训，以弥补专职教师缺乏法务会计实践经验的不足。[1] 另一方面，要适时"外引"。一个好的学科带头人能够带动一个优秀的团队，因此应积极引进符合专业建设要求的学科带头人。[2] 同时，高校也可引进法务会计一线岗位的专家或业务骨干及国外院校法务学科的知名教授，为培养法务会计专业人才储备师资力量。

其次，必须采取理论和实践相结合的培养模式培养法务会计人才。高校培养的法务会计人才最终还是要服务于社会，因此法务会计人才的培养不能脱离司法实践，必须将理论教学与实践教学相结合。[3] 在校内培养层面，在理论课程教学之外，法务会计人才培养可引入诊所式教学模式。诊所式教学法是把课堂看作"诊所"、把教师与学生关系视为"医师"与"患者"关系的一种有效的教学方法。[4] 在"法务会计诊所"中，老师依据经验和事实"诊断"出真实案件中的法务会计问题，学生在教师的指导下运用法务会计理论知识和实务技巧开出解决问题的"处方"，"处方"内容应包括一系列法务会计人员需要完成的工作，如诉讼风险评估、会计资料收集与鉴定、损失计量、与证人及当事人面谈、起草专家证言等工作，[5] 在校外培养层面，可以采用校企合作的法务会计应用型人才培养模式。[6] 学校应和公检法部门、律师事务所、会计师事务所、企事业单位建立校企合作实训基地，让学生定期到实训基地进行法务会计实践训练，以提高学生的动手能力和解决问题能力。

参考文献

[1] MADAN BHASIN. Forensic accounting: a new paradigm for niche consulting, The Chartered Accountant, 2007（1）：1000-1010.

[2] 周友梅，阚京华. 法务会计本质及职业教育的剖析与思索 [J]. 会计之友，2014（15）.

[3] 吴勇，陈若旸，张烨. 法务会计发展的新思考：基于美国的经验借鉴 [J]. 中国注册会计师，2018（2）.

1　朱乃平、张嘉颖：《加强法务会计专业建设和人才培养的建议》，《财务与会计》2017 年第 3 期。

2　郑谊英：《基于交叉学科平台的法学专业转型发展的路径探索——以法务（司法）会计本科教育为视角》，《中国司法鉴定》2015 年第 4 期。

3　朱乃平、张嘉颖：《加强法务会计专业建设和人才培养的建议》，《财务与会计》2017 年第 3 期。

4　刘凯旋、孙凤英：《会计教学的新方法："诊所式"教学法》，《会计之友》2009 年第 7 期。

5　刘巍巍、徐丽、韩劲松：《应用型财经院校设置法务会计专业路径探析》，《哈尔滨金融学院学报》2015 年第 4 期。

6　徐鹏：《构建校企合作的法务会计应用型人才培养模式研究》，《中国市场》2018 年第 35 期。

［4］董仁周．法务会计职业机制建构研究［J］．审计与经济研究，2012（1）．

［5］杨书怀．我国会计师事务所拓展法务会计业务探讨［J］．会计之友，2020（4）．

［6］郭华．司法鉴定制度改革的十五年历程回顾与省察［J］．中国司法鉴定，2020（5）．

［7］黎仁华．中国会计鉴定市场的执业效率与发展趋势研究：基于法务会计发展视角［J］．湖南财政经济学院学报，2016（12）．

［8］张苏彤．我国法务会计的发展回顾、应用实践及未来展望研究［J］．商业会计，2019（19）．

［9］常林．司法鉴定专家辅助人制度研究［J］．中国政法大学出版社，2012.

［10］张宝生，董帅．中国刑事专家辅助人向专家证人的角色转变［J］．法学研究，2020（3）．

［11］陈光中．《中华人民共和国刑事诉讼法》修改条文释义与点评［J］．人民法院出版社，2012.

［12］王艳．加强财会监督的新视角：基于法务会计的思考［J］．中国注册会计师，2020（8）．

［13］LOUWERS T J. The past，present，and future of crime-related forensic accounting methodology［J］．Accounting research journal，2015，28（1）：4-9.

［14］王玉兰．法务会计的前世今生：兼论法务会计职业前景［J］．会计之友，2019（5）．

［15］黄珊．论法务会计在我国的应用［J］．商业会计，2020（1）．

［16］张雨成．浅谈中国法务会计现状及发展建议［J］．中国乡镇企业会计，2019（8）．

［17］严娟．高校法务会计教育供给侧改革研究［J］．职大学报，2020（1）．

［18］董晓平，齐文浩．发展我国法务会计问题研究［J］．长春理工大学学报（社会科学版），2013（6）．

［19］李海娟．我国法务会计教育理论的本土化重构研究［J］．黑龙江科学，2018（2）．

［20］孙长峰．法务会计的学科定位与人才培养路径［J］．中国乡镇企业会计，2013（10）．

［21］李传宪．法务会计人才培养的探讨［J］．会计之友，2007（9）．

［22］程乃胜．法务会计专业人才培养规格与课程体系建构探析［J］．南京审计学院学报，2010（1）．

［23］盖地．适应21世纪的会计人才：法务会计［J］．财会通讯，1999（5）．

［24］丁宇峰，王艳丽．高校法务会计人才培养的若干争议及其解决［J］．安徽警官职业学院学报，2018（1）．

［25］黎仁华，包琦，林慧敏．中国法务会计的职业趋势与专业教育规划研究：基于第11届中国法务（司法）会计学术研讨会的思考［J］．商业会计，2020（1）．

［26］牛建平．法务会计本科生专业承诺实证研究：以南京审计学院为例［J］．黑龙江教育（高教研究与评估），2014（4）．

［27］林楠．关于法务会计人才培养问题的探讨［J］．经济管理研究，2019（5）．

［28］吴悌魁．法务会计若干问题探讨［J］．纳税，2019（35）．

［29］唐金雪．探析我国法务会计人才培养方案［J］．商业经济，2012（10）．

［30］李冰．高职法务会计专业人才培养方案探索［J］．长春师范大学学报，2015（6）．

［31］唐亮，侯姗姗．复合型会计人才培养模式研究：以法务会计为例［J］．菏泽学院学报，2020（2）．

［32］杜永奎，赵悦．法务会计职业化生成机制与提升策略研究［J］．财会通讯，2020（9）．

［33］油永华．法务会计复合型人才培养体系的构建［J］．会计师，2013（5）．

［34］刘巍巍，徐丽，韩劲松．应用型财经院校设置法务会计专业路径探析［J］．哈尔滨金融学院学报，2015（4）．

［35］张建平，张嵩珊．国际法务会计人才培养及启示［J］．广东技术师范学院学报，2019（10）．

［36］翟存柱．"法务会计学"浅识：会计系学科建设刍议［J］．山东农业工程学院学报，2015（1）．

［37］靳宁，王艳丽．"互联网+"背景下的交叉型法学课程改革探索：以南京审计大学〈经济犯罪调查〉课程为例［J］．公安学刊——浙江警察学院学

报，2016（6）.

[38] 张丽艳，任凡. 法务会计人才培养的诊所式法律教育模式探讨 [J]. 商业会计，2012（3）.

[39] 朱乃平，张嘉颖. 加强法务会计专业建设和人才培养的建议 [J]. 财务与会计，2017（3）.

[40] 郑谊英. 基于交叉学科平台的法学专业转型发展的路径探索：以法务（司法）会计本科教育为视角 [J]. 中国司法鉴定，2015（4）.

[41] 刘凯旋，孙凤英. 会计教学的新方法："诊所式"教学法 [J]. 会计之友，2009（7）.

[42] 徐鹏. 构建校企合作的法务会计应用型人才培养模式研究 [J]. 中国市场，2018（35）.

法证业务准则公告（SSFSs）

李建国[1] 译

法务会计业务准则公告（SSFSs）由法证与评价业务执行委员会（FVS执行委员会）发布。FVS执行委员会为执行某些法证和评价服务的成员提供指导并制定可执行的准则。美国注册会计师协会AICPA理事会已指定FVS执行委员会为根据《AICPA职业行为准则》第1.310.001节和第2.310.001节中的"符合准则规则"建立专业准则的机构。如果偏离本准则公告，各成员应准备好说明的理由（0.100.010）。

法证业务准则公告第1号

对2020年1月1日或之后接受的约定生效

发布本准则的理由

"法证"一词的定义是"用于或适用于法院或公众辩论"。法务会计服务通常涉及成员应用专业知识和调查的技能，收集、分析和评估某些证据事项，并解释和交流调查结果（法证服务）。

FVS执行委员会发布本准则是为了保护公众利益，保护和提高从事法务会计业务的成员的执业质量。在FVS执行委员会的指导下发布的实务辅助工具和其他指南继续作为应用专业准则的非权威性指导。权威性准则和非权威性指导不能替代用作专业判断。

介绍与范围——法证业务

1. 本公告确立了会员机构向客户提供服务的标准，作为以下约定的一部分：

• 诉讼，是指在审判者面前一种实际或潜在的法律或监管程序。事实或监管机构作为专家证人、顾问、中立者、调解人或仲裁员，负责解决当事人之间的争议。本协议中使用的"诉讼"一词不限于正式诉讼，而是包括争议和各种形式的纠纷解决方式。

• 调查，指针对不当行为的具体关注点而进行的事项，在该事项中，成员

---

1 李建国，山东诚功（滨州）律师事务所主任律师，中国政法大学法务会计研究中心特聘研究员，中国政法大学法律硕士研究生兼职导师，中国政法大学仲裁研究院兼职研究员，中国法务会计师（CFA），美国注册法务会计师（FCPAi），美国注册舞弊审核师（CFE）。

参与收集、分析、评估或解释某些证据事项的程序，以协助利益相关者（例如，客户、董事会、独立审计师或监管机构）就问题的是非曲直得出结论。

2. 就本公告而言，法证业务包括诉讼或调查活动。当业务符合法证服务定义时，CS 第 100 节"咨询服务：定义和准则"第 6 条不适用。本公告适用于根据 VS 第 100 节"企业估值、企业所有者权益、担保或无形资产"提供的服务是作为诉讼或调查业务的一部分提供的。

除下文另有规定外，本公告不适用于作为鉴证业务的一部分（例如，作为审计、审查或汇编的一部分）或根据 TS 第 100 节"纳税申报情况"提供鉴证服务的会员机构。

当一方当事人聘请成员作为专家证人提供专家意见时，该成员不得执行 AT-C 第 215 节"约定程序约定"（AUP 准则）下的工作。当按照 AUP 准则提供服务时，"成员不进行检查或审查，也不提供意见或结论。"但是，在成员由事实调查者或争议双方共同或两者共同参与的情况下，可以根据 AUP 准则报告结果。在每个场景中，此语句和 AUP 准则都适用。

3. 本公告适用性的关键考虑因素是成员从事的目的（例如，诉讼或调查），而不是采用的技能或提供的服务。例如，会员机构可在不构成诉讼或调查业务的客户业务中提供数据分析服务。相反，类似的数据分析服务也可以在客户约定中执行，这构成诉讼或调查业务。这句话在第二种情况下适用，在第一种情况下不适用。

4. 本公告适用于原本受聘的根据另外一套标准提供服务的会员，发现原来的受聘范围已被修改或修订，并已变成因为诉讼或调查业务而受聘。如果此类约定转为法证服务约定，会员应修改其与客户的协议。

5. 本公告不适用于雇主向非公共机构的雇员分配的内部使用任务。公共实践是指会员或会员公司为客户提供的专业服务（ET0. 400. 42 节）。客户的定义明确排除了会员的雇主（ET 第 0. 400. 07 节）。

法证服务准则

6. 本专业的一般准则载于"一般标准规则"（ET 第 1. 300. 001 节和 2. 300. 001 节），并适用于成员提供的所有服务，包括法医服务。具体如下：

• 专业能力。仅承担会员或会员公司合理预期能够以专业能力完成的专业服务。

• 应有的专业护理。在提供专业服务时应给予应有的专业照顾。

• 规划和监督。充分规划和监督专业服务的绩效。

• 足够的相关数据。获取足够的相关数据，为所提供的任何专业服务的结论或建议提供合理的依据。

7. 会员必须按照 AICPA 职业行为准则的要求，以诚信和客观性为其客户服务。提供法医服务的成员不应将其意见屈从于任何其他方的意见。

8. 提供法证服务的成员必须遵守其他通用标准，这些标准的颁布旨在解决此类服务的特殊性质。这些标准是根据"符合标准规则"制定的。（ET 第1.310.001 节和第 2.310.001 节）

· 客户利益。为客户利益服务，通过努力实现与客户达成的谅解所确立的目标，同时保持诚信和客观性。

——诚信。诚信的描述如下："诚信要求会员在客户保密的约束下，诚实、坦率地对待其他事情。服务和公众信任不应屈从于个人利益和优势。诚信可以容纳无意中的错误和诚实的意见分歧，但是它不能容忍欺骗或对原则的蔑视。"（ET 第 0.300.040 节）

——客观性。客观性的描述如下："客观性是一种精神状态，是一种为成员服务带来价值的能力。它是专业的一个显著特征。客观性原则规定了公正、理智、诚实、无利益冲突的义务。"（ET 第 0.300.050 节）

· 与客户达成谅解。与客户就双方的责任以及拟履行服务的性质、范围和限制达成书面或口头谅解，并在约定期间，如果情况需要重大变化，修改谅解。

"诚信和客观性规则"下的"公共实践中成员的利益冲突"解释（ET 第1.110.010 节）提供了有关利益冲突的识别、评估、披露和同意的指导。本节部分说明了以下内容：

——在确定一项专业服务、关系或事项是否会导致利益冲突时，成员应使用专业判断，考虑了解相关信息的合理且知情的第三方是否会得出存在利益冲突的结论。

9. 在诉讼中担任专家证人的成员不得根据或有费用安排提出意见，除非"或有费用"（ET 第 1.510 节）另有明确规定。

10. 欺诈行为发生的最终决定由事实审判员决定；因此，执行法证业务服务的成员不得就欺诈的最终结论发表意见。当成员是事实的审判者时，这一点不适用。成员可根据客观评估，就证据是否符合欺诈的某些要素或其他法律提供专家意见。

生效日期

本声明对 2020 年 1 月 1 日或之后接受的新业务有效。允许提前应用本声明的规定。

STATEMENT ON STANDARDS FOR FORENSIC SERVICES

Statements on Standards for Forensic Services (SSFSs) are issued by the Forensic and Valuation Services Executive Committee (FVS Executive Committee). The FVS Executive Committee provides guidance and establishes enforceable standards for members performing certain forensic and valuation services. The AICPA Council has designated the FVS Executive Committee as a body to establish professional standards under the "Compliance With Standards Rule," found in ET sections 1. 310. 001 and 2. 310. 001 of the AICPA Code of Professional Conduct. Members should be prepared to justify departures from this statement (ET sec. 0. 100. 010).

Statement on Standards for Forensic Services No. 1

Effective for engagements accepted on or after January 1, 2020.

Why Issued

The term forensic is defined as "used in, or suitable to, courts of law or public debate." Forensic accounting services generally involve the application of specialized knowledge and investigative skills by a member 3 to collect, analyze, and evaluate certain evidential matter and to interpret and communicate findings (forensic services).

The FVS Executive Committee has issued this standard to protect the public interest by preserving and enhancing the quality of practice of a member performing forensic services. Practice aids and other guidance issued at the direction of the FVS Executive Committee continue to serve as nonauthoritative guidance on the application of professional standards. 4 Authoritative standards and nonauthoritative guidance are not a substitute for the use of professional judgment.

Introduction and Scope—Forensic Services

1. This statement establishes standards for a member providing services to a client5 as part of the following engagements:

● Litigation. An actual or potential legal or regulatory proceeding before a trier of fact or a regulatory body as an expert witness, consultant, neutral, mediator, or arbitrator in connection with the resolution of disputes between parties. The term litigation as used herein is not limited to formal litigation but is inclusive of disputes and all forms of alternative dispute resolution.

● Investigation. A matter conducted in response to specific concerns of wrongdoing in which the member is engaged to perform procedures to collect, analyze, evaluate, or interpret certain evidential matter to assist the stakeholders (for example, client, board of directors, independent auditor, or regulator) in reaching a conclusion on the merits of the concerns.

2. For purposes of this statement, forensic services consist of either litigation or investigation engagements. When an engagement meets the definition of forensic services, CS section 100, Consulting Services: Definitions and Standards, does not apply. This statement applies when services provided under VS section 100, Valuation of a Business, Business Ownership Interest, Security, or Intangible Asset, are provided as part of a litigation or investigation engagement.

Except as provided hereunder, this statement does not apply to a member who performs forensic services as part of an attest engagement (for example, as part of an audit, review, or compilation) or under TS section 100, Tax Return Positions.

When a member is engaged as an expert witness by one party in a litigation engagement to provide expert opinions, the member may not perform the work under AT-C section 215, Agreed-Upon Procedures Engagements (AUP standard). When performing services under the AUP standard, "the member does not perform an examination or a review and does not provide an opinion or conclusion." However, results may be reported under the AUP standard in an engagement in which a member is engaged by the trier of fact or both sides of the dispute jointly, or both. In each scenario, this statement and the AUP standard applies.

3. The key consideration of this statement's applicability is the purpose for which the member was engaged (for example, litigation or investigation) as opposed to the skill set employed or services provided. As an example, a member may provide data analysis services in a client engagement that does not constitute a litigation or investigation engagement. Conversely, similar data analysis services may also be performed in a client engagement, which constitutes a litigation or investigation engagement. This statement would apply under the second scenario and would not apply under the first scenario.

4. This statement applies when a member, who may have been engaged originally to perform services under another set of standards, discovers that the original scope of the engagement has been modified or amended and has become a litigation or investigation engagement. The member should modify his or her understanding with the client if such an engagement converts to a forensic services engagement.

5. This statement is not applicable to internal use assignments from employers to employee members not in public practice. Public practice is defined as the performance of professional services for a client by a member or member's firm (ET sec. 0. 400. 42) . The definition of a client specifically excludes a member's employer (ET sec. 0. 400. 07) .

Standards for Forensic Services

6. The general standards of the profession are contained in the "General Standards Rule" (ET sec. 1. 300. 001 and 2. 300. 001) and apply to all services performed by a member, including forensic services. They are as follows:

● Professional competence. Undertake only those professional services that the member or the member's firm can reasonably expect to be completed with professional competence.

● Due professional care. Exercise due professional care in the performance of professional services.

● Planning and supervision. Adequately plan and supervise the performance of professional services.

● Sufficient relevant data. Obtain sufficient relevant data to afford a reasonable basis for conclusions or recommendations in relation to any professional services performed.

7. A member must serve his or her client with integrity and objectivity, as required by the AICPA Code of Professional Conduct. A member performing forensic services should not subordinate his or her opinion to that of any other party.

8. A member performing forensic services must follow additional general standards, which are promulgated to address the distinctive nature of such services. These standards are established under the "Compliance With Standards Rule" (ET sec. 1. 310. 001 and 2. 310. 001):

● Client interest. Serve the client interest by seeking to accomplish the objectives established by the understanding with the client while maintaining integrity and objectivity.

— Integrity. Integrity is described as follows: "Integrity requires a member to be, among other things, honest and candid within the constraints of client confidentiality. Service and the public trust should not be subordinated to personal gain and advantage. Integrity can accommodate the inadvertent error and the honest difference of opinion; it cannot accommodate deceit or subordination of principle. " (ET sec. 0. 300. 040)

—Objectivity. Objectivity is described as follows: "Objectivity is a state of mind, a quality that lends value to a member's services. It is a distinguishing feature of the profession. The principle of objectivity imposes the obligation to be impartial, intellectually honest, and free of conflicts of interest. " (ET sec. 0. 300. 050)

● Understanding with client. Establish with the client a written or oral understanding about the responsibilities of the parties and the nature, scope, and limitations of services to be performed and modify the understanding if circumstances require a significant change during the engagement.

● Communication with client. Inform the client of (a) conflicts of interest that may occur pursuant to the "Integrity and Objectivity Rule" (ET sec. 1. 100. 001 and 2. 100. 001), (b) significant reservations concerning the scope or benefits of the engagement, and (c) significant engagement findings or events.

The "Conflicts of Interest for Members in Public Practice" interpretation (ET sec. 1. 110. 010) under the "Integrity and Objectivity Rule" provides guidance about the identification, evaluation, disclosures, and consent related to conflict of interest. This section states, in part, the following:

—In determining whether a professional service, relationship, or matter would result in a conflict of interest, a member should use professional judgment, taking into account whether a reasonable and informed third party who is aware of the relevant information would conclude that a conflict of interest exists.

9. A member engaged as an expert witness in a litigation engagement may not provide opinions pursuant to a contingent fee arrangement, unless explicitly allowed otherwise under the "Contingent Fees" (ET sec. 1. 510) .

10. The ultimate decision regarding the occurrence of fraud is determined by a trier of fact; therefore, a member performing forensic services is prohibited from opining regarding the ultimate conclusion of fraud. This does not apply when the member is the trier of fact. A member may provide expert opinions relating to whether evidence is consistent with certain elements of fraud or other laws based on objective evaluation.

Effective Date

This statement is effective for new engagements accepted on or after January 1, 2020. Early application of the provisions of this statement is permissible.

二、司法会计鉴定创新探讨

互联网时代会计鉴定的竞争机制与保障机制研究
——基于法务会计职业化发展的视角

黎仁华[1]　李雪飞[2]

【内容摘要】 互联网时代司法行为与信息技术的深度融合是司法运行发展的必然趋势，会计鉴定必将随着"司法+网络"的发展而引起巨大的改变。依照会计鉴定发展的内在规律，深度探讨互联网时代会计鉴定的竞争机制与司法保障机制，既是完善会计鉴定职业的需要，更是法务会计职业化的发展之路。本文在全面分析互联网时代的会计鉴定及其发展趋势的基础上，探讨了互联网时代确立会计鉴定市场及其竞争机制的方向，构建了会计鉴定市场的司法责任制及其法律保障，并从法务会计的视角，研究了会计鉴定的职业化发展模式，提出了法务会计作为特色业务推动会计市场转型升级的发展思路。

【关键词】 会计鉴定　竞争机制　保障机制　互联网时代　法务会计

当今的信息时代是一个互联网全覆盖发展的时期。伴随着大数据分析与人工智能等信息技术的高度发展，互联网的影响力全面渗透到司法运行实践之中。司法行为与信息技术的深度融合是司法鉴定（会计鉴定）发展的大势所趋，并将对司法证据的收集、传送、庭审质证方式产生直接的影响。目前，我国的法院就以信息化建设为契机，推进了法院的"审判机制和审判能力现代化"改革，建设了"云上法院"[3]，在法院提升审判质效、强化诉讼服务、深化自身改革等方面展示了强大的活力。在现代司法证据行为中，会计鉴定是证明案件事实的一种基本手段，并在司法证据形式中居于核心地位，具有特殊的功能和作用。（司法）会计鉴定行为作为我国司法鉴定的重要组成内容，在现代经济社会中与会计鉴定相关联的（会计）数据证据链条里，更是许多民事商事（经济）诉讼案件审判中可依托的基本证据，互联网时代会计鉴定必将随着"司法行为+信息技术"的深度融合而发生巨大的改变。有鉴于此，依照会计鉴定发

1　黎仁华，西南财经大学会计学院教授。
2　李雪飞，武警重庆总队保障部战勤计划处少校参谋。
3　即杭州互联网法院，并且是中国首家互联网法院，于2017年设立。

展的内在规律，并以国际法务会计的发展趋势为依托，深度探讨互联网时代会计鉴定的竞争机制与保障机制，既是推动完善会计鉴定职业市场的需要，更是法务会计职业化发展的必然趋势。

一、互联网时代的会计鉴定及其发展趋势

（一）在"互联网+司法"的深度融合及其快速发展推动下，必将改变传统会计鉴定的程序、方法及其结果运行模式

根据互联网的发展态势及运行规律，人类社会正逐步向线上迁移，人类生活交往也正在步入在线化：线下商品买卖在线化迁移后形成电子商务，原邻里服务在线化迁移后形成 O2O（Online to Offline），原来的线下交流交往在线化迁移后成为社交工具，传统纸币在线化后演化成电子支付，甚至传统的犯罪行为都在向在线化迁移。那么，作为守卫人类公平正义的最后一道防线——司法行为，必然趋向在线化与互联网方向的发展。在中央全面深化改革委员会召开的第三十六次（2017 年）会议上，审议通过了包括《关于设立杭州互联网法院的方案》在内的 11 个文件，随后中国首家互联网法院落户杭州。当前在互联网时代设立的"杭州互联网法院"是司法主动适应互联网发展大趋势的一项重大制度创新，也是人民法院在依法有序、积极稳妥、遵循司法规律、满足群众需求的基础上，探索涉网案件诉讼规则，完善审理机制，提高审判效果，并成为维护网络安全、化解涉网纠纷、促进互联网和经济社会深度融合的强有力的司法保障。杭州互联网法院的设立，向我们释放一个非常明确的信号：虽然法律或立法具有滞后性，但司法领域不会故步自封，司法创新甚至可能成为法律互联网化的引领者，否则，在信息技术急剧变化进步的互联网时代，司法就只会成为互联网新型法律纠纷的填埋场，甚至成为阻碍社会和科技进步的枷锁。互联网法院的摸索建设，能让法律共同体以及诉讼参与人全部体会到司法中所折射出来的司法公正，从而形成更加自信的司法体系。这些变化对会计鉴定行为的程序、方法及其结果运行模式必将带来根本性的改变，会计鉴定市场的发展也必然反映互联网时代的司法运行特征。

（二）互联网时代的司法程序公开化必然引导会计鉴定的运行过程与鉴定结论的适度公开，并需要接受公众的检验

早在 2013 年 11 月，最高法院就发布了《关于推进司法公开三大平台建设的若干意见》（下文简称《意见》），明确提出"要建立审判流程信息公开平台、裁判文书公开平台以及执行信息公开平台的司法公开路线图"，中国审判流程信息公开网是落实前述《意见》的重要举措，也是继裁判文书公开网开通之

后的第二个司法公开平台。2014 年最高人民法院颁布《第四个五年改革纲要（2014—2018）》，要求完善审判信息数据库，方便当事人自案件受理之日起，在线获取立案信息和审判流程节点信息。

中国审判流程信息公开网，对案件当事人和广大民众具有非常重大的影响：

首先，案件当事人可以直观、快捷地了解并掌握涉诉案件的运行状况。通过这个网站，当事人可以很便捷地查询到诉讼案件的进展程度，法院也可以很容易地向当事人及时告知诉讼的相关事项，同时法院与当事人如有必要，还可以随时随地进行网上交流和沟通。这样，除了依法必须面对面进行的很少几个环节外，如开庭审理、诉讼调解、证据交换等，其他大量的诉讼过程都可以在网上进行和完成，可以说，真正做到了网上诉讼和网上办案。

其次，司法网络化将逐渐名副其实，案件涉诉各方可以通过网络实现"面对面"的交流。通过审判流程信息公开网，当事人可以通过网络系统提交起诉状和相关证据信息，法院可以网上审查是否立案受理，法院受理案件后，可以给被告人网上送达起诉状副本，被告人可以网上提交答辩状。法院在收到被告网上提交的答辩状后，可以根据双方提交的诉讼文书，概括出争议焦点，网上告知双方当事人，双方当事人对该概括的争议焦点，可以通过网络反馈意见。法院在此阶段，可以根据《中华人民共和国民事诉讼法》第 122 条关于调解优先原则的规定，对双方当事人尝试首次调解。如果调解不成，则可继续进行网上证据交换，然后开庭。

最后，法院可以实施网络庭审，作为民事案件的当事人可以优选网络庭审，真正实现司法网络化。民商案件开庭如有必要也可以进行网上庭审。通过网上举证、质证以及法庭调查和法庭辩论，最后由合议庭评议，做出裁判；裁判结果可以在网上宣布，裁判文书寄送给当事人，诉讼程序就进行完毕。现在大量的民商事案件，尤其是小额民商事案件，均可以根据需要和当事人合意进行网上办案。其他的民事案件，可以在网上进行的环节应尽量在网上进行。这些变化必然引导提供诉讼支持的会计鉴定发生改变，逐步并适度公开会计鉴定的运行过程及其鉴定结论，并接受公众的检验监督。

（三）在全面提升审判流程信息公开功能的基础上，网络化司法可以成为当事人程序选择权的首要指向

从司法公开的内容来看，司法流程的信息公开更多的是程式性或形式化的内容，公开它们固然重要，但终究不是当事人不是社会公众所关切或关注的。当事人关心的是决定案件处理结果的真正起作用的背后的各种要件，包括核心证据与关键证据的要件。比如，合议庭的合议过程记录和庭审意见，包括少数

意见；诉讼案件是否经过请示汇报，如果经过了请示汇报，其结果如何；诉讼案件是否经过了审判委员会的讨论决定，如果经过了讨论决定，其记录及其结果如何；是否有人批了条子、打了招呼等；是否属于督办案件，督办的单位是哪一个、其意见如何等；所有的卷宗材料，含所谓副卷，均需经数字化处理而上网，使当事人能够便利地阅读，这些审判过程信息均需要逐步公开。2014年，中央政法工作会议就曾经明确提出要求："建立健全违反法定程序干预司法的登记备案通报制度和责任追究制度。"据此制度，应当将相关干预司法及其处置结果的情况在审判信息公开网上公布。司法公正是司法公开的指路明灯和价值取向，应将制约司法公正的各种因素通过网络公之于众，最终达到消灭此种因素的目的。这样，通过全面提升审判流程信息公开的功能，网络化司法可以成为当事人程序选择权的首要指向，这对减少法院的审判工作量、提升庭审效率与案件当事人的诉讼效率，必然产生极大的推动作用。

（四）司法公开要实现公开司法的实质，引导全社会的关注与全面监督

司法公开是要公开司法的本质及其灵魂，因此，将司法过程的公开局限于司法流程的公开是远远不够的。

1. 应该提升审判流程信息公开网的功能

目前司法公开化的定位还停留在给当事人发布信息的层面，这为当事人的诉讼知情权提供了保障，但当事人的网上诉讼参与权和诉讼监督权还体现得不充分。

2. 网上办案的完整过程尚未构筑完成

将来这一网站（中国司法公开网）应向宝塔式的立体型结构发展，具体分三个层面：最高层面是诉讼的全部活动均在网上实施，实现真正的网上诉讼和网上办案，此为在线司法（含在线调解）；中间层面是除庭审和宣判以外的环节均在网上进行；最低层面即审判流程信息公开。

3. 要建立完整的诉讼信息共享平台

目前的审判流程信息公开分为向当事人的信息公开和向社会公众的信息公开，二者的内容迥然有别。向社会公众的信息公开其实就是公开一些诉讼常识，至于诉讼流程信息，社会公众难以知悉。社会公众既然难以知悉具体个案的流程信息，那便难以对诉讼案件行使知情权、参与权、表达权和监督权，司法民主便难以实现。审判流程信息公开网不能局限于向当事人传递诉讼流程的相关信息，而应当被打造成一个诉讼网络平台。在该平台上，当事人可以积极参与诉讼，社会公众可以充分监督诉讼。同时，人大监督、检察监督、民主监督等多种监督形式，也可以分享这一平台信息，从而利用该信息对司法过程及其结

果实施全面监督，构筑并引导全社会的关注与全面监督的共享机制。司法公开是大势所趋，作为全力支撑诉讼证据的会计鉴定及其鉴定结论，必然走向公开化，并在一定的前提下接受社会（专业机构）的专业检验，同时接受全社会公众的全面监督。

二、互联网时代的会计鉴定市场及其竞争机制的建立

（一）互联网时代我国会计鉴定的功能

1. 界定会计行为的后果

现代经济行为的过程与结果，主要是通过会计信息（数据语言）进行传输，即以会计凭证、会计账簿、会计报表为载体进行确认与计量。因此，经济行为主体之间的分歧、纠纷甚至司法诉讼，也必然以"会计结果"为基础进行定性与计量，但会计数据（包括会计报表）并不能直接成为相关诉讼证据，这是因为会计行为的运行方式同"证据形成标准"的差异所在，所以必然借助一定的技术手段，即通过会计鉴定，将会计结果转化为"鉴定结论"，以此作为调节或者是平衡相关主体的支撑依据。在我国的司法鉴定体系中，会计鉴定是司法鉴定的重要组成内容，是其鉴定人运用会计学的理论原理和技术方法，通过检查、验证和鉴证会计凭证、会计账簿、会计报表及其他相关会计资料，对财务经营状况提供鉴定结论，借以反映现代经济行为与涉案事件相关联的证据，这不仅是许多诉讼案件审判的基础，更是界定会计行为后果的基本手段。

2. 支撑诉讼结论

我国的会计鉴定业务，主要是为了诉讼的程序需要而做出鉴定结果，对于检察院系统则是作为检察机关的公诉证据支撑，支持在法庭审判中采信的公诉结论。目前，我国司法会计鉴定岗位设立在检察院的技术机构中，各级检察院的技术部门既要承担检察院相关案件的侦察任务，同时还要履行检察系统的"司法会计鉴定"业务。因此，在庭审中，司法会计鉴定结论的主要功能是支撑诉讼结论。特别是现代审判制度正在进行改革，专家辅助人要直接参加庭审的当场举证，这就进一步强调了在公诉行为中，充分使用"鉴定证据"的重要性。检察机关的一切侦查、诉讼等活动都是为庭审服务的，作为公诉证据核心内容的（司法）会计鉴定报告，在审判中的定罪与量刑方面起着重要的支撑作用，具有十分关键的支持功能。

在国际上，（法务）会计鉴定业务是一项相对成熟的"执业市场"。英美法系国家司法会计鉴定的发展路径主要朝着面向社会服务的中介机构与社会中立机构的方向发展。助推独立的社会公共鉴定机构即具备资质的法务会计师成为

司法会计鉴定业务的执行主体，既为司法机关服务，也向社会公众提供服务，这有利于保证鉴定人的独立性及维护司法公正。国际上的会计鉴定主要是以法务会计（Forensic Accounting）为核心基础，其内容包括会计调查、诉讼支持与会计鉴定三大部分，内涵全面覆盖了法务会计职业内容，形成了完整的市场体系与行业系统。我国会计鉴定主要以司法会计为核心，以检察系统的司法会计技术岗位作为支撑。会计师事务所等中介机构有一定的司法会计鉴定业务的介入，但还没有形成主导市场与主导行业的地位。在司法诉讼程序中，中介机构的司法会计鉴定结果有时候还会受到法庭采信的排斥与限制等影响，其影响是非常有限的，这极大地影响了司法会计鉴定的市场渗透力及业务量的增加。

（二）互联网时代会计鉴定市场的竞争机制

互联网作为新经济的重要载体，具有虚拟性、智能性、超时空性、数字化、网络化的特征。互联网领域的会计鉴定市场及其市场竞争必然发生重大变化，其市场秩序与市场规则等法律机制都将受到巨大的冲击。当前存在的主要问题体现在：第一，规范互联网商业竞争的政策和法律机制的缺位。当前互联网领域的商业竞争规制的难点在立法、执法、司法上都较为突出，主要体现在规范互联网商业竞争的政策和法律机制的缺位。互联网产业的特殊性在于它是一个高技术产业，技术本身的发展有可能创建新的规则，甚至挑战现有的法律。《中华人民共和国反不正当竞争法》在 1993 年就出台了，而互联网则是近十多年才高速发展的，不断发展的市场环境亟须更具有操作性的政策法规。第二，涉及互联网条件下的会计鉴定市场，其鉴定内容及其执业监管的难度加大。虚拟空间发生的不正当竞争行为与现实生活中的不正当竞争行为相比存在较大区别，这在客观上提高了监管和执法的难度。

为了促进互联网商业竞争的健康、有序发展，切实维护市场秩序，科学促进互联网时代会计鉴定的发展，需要建立互联网时代会计鉴定的竞争机制。

首先，尽快研究法律法规的完善机制。加快法律修改进程，尽早通过法律解释等形式将典型互联网新型不正当竞争行为纳入规制范畴。从长远来看，必须探索建立一整套法律、法规，形成全面的完善机制，满足会计鉴定发展的法律规范及其职业化要求。

其次，建立诉讼主体之间的互联互通机制。目前我国已经建立了法院之间涉及互联网商业竞争纠纷案件的互联互通机制，包括法院定期召开关于审理互联网商业竞争纠纷案件的分析总结会，对审判实践中出现的诸如软件恶意卸载、恶意抓取信息、利用网络水军进行虚假宣传、恶意弹窗广告等新型的不正当竞争行为如何予以法律规制，进行归纳、分析、总结、交流信息、分享经验。互联网法院的这种机制对在我国互联网时代的会计鉴定主体之间建立互联互通机制提供了参考。会计鉴定报告是为民商事主体及其诉讼主体提供支持证据的，虽然涉事主体之间具有对抗性，但为了实现主体之间的利益平衡及其诉讼和谐，可以由会计鉴定的行业管理机构依照"技术原则"的模式建立互联互通机制与相关信息的共享机制。

再次，构建完善的行政执法机制。规范互联网竞争行为，不能仅仅通过司法途径，行业监管部门也应积极启动行政调查和处罚程序，以便及时发现、认定和制止严重的不正当竞争行为，维护正常的互联网经营秩序和用户的合法权益。因此，互联网时代的会计鉴定市场必须有相应的行业管理规则及行政执法机制，以协调并处理会计鉴定市场的违规行为，引导会计鉴定在互联网时代的健康和可持续发展。

最后，研究建立替代性纠纷解决机制。在互联网时代需要制定有利于解决互联网纠纷的证据认定规则，以便于有效解决互联网商业竞争纠纷。所以完善互联网领域的替代性纠纷解决机制[1]亦乃当务之急。在互联网时代，会计鉴定及会计鉴定报告对民商事主体及其诉讼主体造成的经济后果是非常明显的，产生一定的纷争甚至是因为会计鉴定报告的影响而产生诉讼也是可能的，因此，需要设计相应的替代性纠纷解决机制，以完成因鉴定报告结果而产生的纷争的协调及补救实施方案。

三、强化现代会计鉴定市场的法律保障机制

现代会计鉴定市场是一个亟待发展与规范的中介市场，法律保障机制的完善尤为必要。这也是建立和完善司法责任制的司法体制改革内容。互联网时代的会计鉴定发展，需要构建全面的司法责任制，以完善会计鉴定市场的法律保障。

（一）在鉴定体制改革中完善会计鉴定的司法保障

目前，会计鉴定的法律制度不配套不完善与执业主体的不明确不规范，阻碍了会计鉴定市场的健康发展。司法保障是司法机关为了依法正确行使审判权和检察权所必须具备的各种条件和制度的总和，具体包括职业准入保障、职业伦理保障、职业经费保障和职业身份保障等。要进一步推动会计鉴定的职业化发展，通过制定专项管理"会计鉴定"的法律、法规，以确立执业主体的法律地位，在鉴定体制改革中完善会计鉴定司法保障的基本要求。在现代社会中，

1　替代性纠纷解决机制：Alternative Dispute Resolution，ADR，即"解决争议的替代方式"，或者是"非诉讼纠纷解决程序"。ADR 通常是指除诉讼与仲裁以外的各种解决争议的方法的总称，如协商、谈判、斡旋、调解等方式，即 ADR 所代替的是除了诉讼以外的各种解决争议方法的总称。

法律手段是现代社会最有效的社会调整机制，会计鉴定是会计学（审计学）行为延伸并进入司法领域后的专业行为，其所提供的会计专业服务无不反映了法治的专业精神，并且它也是规范经济行为循法为据的调节机制，为推进我国依法治国做出了专业贡献。在现代司法证据程序中，司法鉴定在证据形式中居于核心地位，具有特殊的功能和作用。现代经济社会中与会计鉴定相关联的（会计）数据证据，更是许多民事（经济）诉讼案件审判的基本证据。为此，我国司法部门应当推动法治化建设的进程，制定专项的法规条例，明确执业主体的法律地位。比如，制定会计鉴定法或者修订会计法的相关条款，增加明确的"会计鉴定"业务的法规内容，或者是直接制定会计鉴定的管理条例，借此确立会计鉴定的法定性，并确立鉴定报告的权威性。

（二）积极探索建立会计鉴定的技术标准

我国会计鉴定目前没有专项的"技术标准"，因而只能借用"企业会计准则"与"注册会计师审计准则"，导致会计鉴定在市场运行中的诸多矛盾，特别是没有规范的执业标准导致会计鉴定的执业过程及其结果受到了很多的非议，因此，制定会计鉴定的技术标准，用以规范并指导会计鉴定的行为过程及其结果是非常紧迫的，这样可以避免因为执业标准执行不规范而影响会计鉴定结果的权威性。

（三）建立与司法责任豁免制度相对应的鉴定职业责任制度

现代司法程序运行中，责任追究制度和责任豁免制度是非常重要的责任制度，遵循的基本原则是追究要有限制，豁免要有制约。也就是说，错案的认定和责任追究应该充分尊重司法规律，严格限定在故意和重大过失造成错案的范围之内。这种责任称为错案责任，根据情节和后果分别承担刑事责任、民事责任、行政和纪律责任。在我国的法庭审判运行中，由于认识和判断上的局限和差异造成的错案应该豁免司法责任，而对法庭司法责任的豁免可以通过两个方面来制约，一个是严格限定责任豁免的范围，另一个是建立法官职业责任制度。在会计鉴定及其鉴定报告的运行中，研究并探索建立与司法责任豁免制度相对应的鉴定职业责任制度，是完善互联网时代会计鉴定法律保障机制的专业内容及执业发展要求。

（四）建立行之有效的鉴定责任追究制度

我国司法责任制包括了错案责任制、违法办案责任制以及办案责任制等，当前主要是建立行之有效的错案责任追究制。错案责任是最大的司法责任，当事人和公众对错案的纠正和追责要求最迫切，因此将其放在了司法责任制的首要位置。错案责任包含了多数的违法办案责任，一般情况下，错案的发生是与违法办案相联系的，追究错案责任在多数时候也会追究违法办案责任。当前建立司法责任制的关键是要解决错案追责制度的有效性问题。同时，鉴定责任追究的机制应该突出外部性，从而保证它的有效性。现在各级法院基本都建立起了错案责任追究制度，主要是法院内部的追责制度，错案的认定和是否立案查处都由法院内部的机构决定。因此，在互联网时代的会计鉴定，建立行之有效的鉴定责任追究制度，同样是法律保障机制的重要内容。这种责任追究制度应该完善机制和程序，并建立投诉、举报、立案、审查的外部化机制和程序。这个外部性体现在启动主体外部化和追责主体外部化两个方面。目前对于会计鉴定及其"错判结论"的认定还没有一定的标准，更没有法律依据，其效果主要依赖庭审法官的"采信"。由于"错判标准"还没有建立起来，因此，目前应该重视并加以研究。

四、会计鉴定的体制改革与法务会计的职业化发展

我国的会计鉴定市场发展，要充分借鉴国际法务会计的发展经验，并积极推动体制模式的创新与法律法规的建设，全面推动法务会计的职业化发展。

（一）理顺行业管理体制，构建适应会计鉴定市场发展的管理模式

目前，我国的会计鉴定市场与行业管理尚不规范，其特征是"多元管理，内外结合"。所谓多元管理，是指检察机关管理检察院系统内部的会计鉴定（技术机构）及其鉴定人员，与中介机构的鉴定人与其他机构的鉴定人，分别归属不同的行业协会（比如中国注册会计师协会等）自行管理；内外结合，是指检察系统的内部会计鉴定与外部中介机构的司法会计鉴定相互结合，共同执行会计鉴定业务。这种管理模式是由我国的法制体制与经济环境形成的，与现代会计司法鉴定的国际化发展趋势具有一定的差异性，因此，需要进一步理顺现行司法会计鉴定的行业管理体制，并构建适合会计鉴定市场全面发展的管理模式。

当代国际司法鉴定管理体制呈现出三个发展趋势：国际司法鉴定机构逐渐由行政（司法）统一管理模式向中立地位发展；司法鉴定启动程序由放任的鉴定人制度向法定的鉴定机构转变；司法鉴定从司法、监察系统逐步向中立与中介机构转移。有鉴于此，必须依照国际司法鉴定体制的发展趋势，并结合我国当今司法会计鉴定市场的执业实际现状，使我国的会计鉴定体制发展为"系统管理，民间为主，专业发展"的管理模式，即：系统管理是指检察机关内部的会计司法鉴定机构（侦查机构）逐步从检察系统内部分离出来，形成一种专业性的会计司法鉴定行业系统，司法会计鉴定机构由司法部实施行业化的系统管

理；民间为主就是会计司法鉴定机构以民间机构为主力，充分体现鉴定程序与鉴定结果的独立性与中立性；专业发展是指我国会计司法鉴定机构应该大力使用会计专业的高学历人才，储备和扩大会计司法鉴定的专业队伍。为适应国际法务会计（会计鉴定）的中立性与专业化的发展趋势，应将我国检察院系统的"二元制"司法会计中的"司法会计鉴定"业务内容，从检察院技术部门的司法会计岗位中分离出来，将其融入国际上通行的法务会计中，使其成为法务会计中的会计鉴定内容。其基本思路如图1所示。

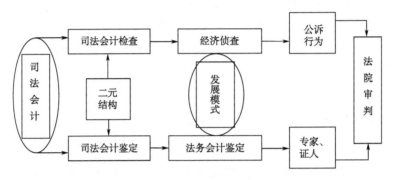

图1　现代会计鉴定的发展模式

图1的思路是将传统"司法会计"的"二元制"业务内容进行分拆，即检察机关的司法会计岗位（本身也检察官岗位）只从事司法会计审查，以检察官身份做案件侦查，侦查结果通过公诉行为进入法庭审判；而司法会计鉴定业务则从检察院系统分离出来，与中介机构的法务会计融合一体，亦可以称为"法务会计鉴定"，并通过专家证据与专家证人的方式，直接参与法庭审判，作为诉讼支持，这与国家司法鉴定体制的发展趋势是吻合的。

（二）建立职业规范，发展职业推广，规范职业保障

职业规范是职业市场发展的技术标准，是发展职业管理的基本内容。从法务会计的视角进行分析，规范"司法会计鉴定"行业，必须要有完整的职业规范来指导。当前的职业规范设计应当主要包括"职（行）业管理标准""执业行为规范""职业资格认定规范""职业教育与发展规范"等。目前财政部与中国注册会计师协会已经启动了"司法会计鉴定的技术标准"研究，相信在不远的将来，司法会计鉴定的统一标准就会有实质性的突破。

职业推广是职业市场的发展策略与具体规划。我国目前还没有法务会计的行业管理机构，仅有的一些研究机构也是大学里的非编制性质的科研型学术机构。通过职业推广可以带动职业市场发展，以此助推行业管理及其管理模式的

优化。职业推广的具体措施是：建立全国的法务会计研究会，通过研究会来推动法务会计的理论研究，引导学科的建设与规范，引导人才培养与人力资源储备；成立区域性的法务会计促进会，作为该地区的行业管理促进机构，比如福建省在 2015 年就成立了"福建省法务会计促进会"，山西省在 2018 年成立了"山西省法务会计促进会"，这两家是我国目前正式注册的"法务会计业务"促进机构；建立职业联盟，并以区域性职业联盟为基础，逐步形成全国行业联盟，以此推动法务会计的职业发展，并规范会计鉴定市场，提升会计鉴定的市场占有率。

会计鉴定同样要控制职业风险，完善职业保障。（法务）会计鉴定作为一种中介服务发展起来后，其业务运行是一个主体服务另一个主体的"平等互惠"的职业行为，这种职业行为必然承载着相应的法律义务与责任，也就要承担相应的职业风险。特别是现阶段的会计鉴定运行模式，鉴定人的收费同鉴定事件"标的"金额是无法与之匹配的。如果出现了"错误鉴定"或者是"判断失误"等情况，其民事责任与刑事责任的风险是比较高的，特别是一些"大金额标的"的鉴定项目，更是对鉴定人的心理承受力与民事承担力具有很高的要求。因此，要控制鉴定风险，应该设立"会计鉴定保险项目"来防范误判风险损失等。提升司法会计鉴定人员的职业能力也是控制风险的基本手段。

（三）法务会计作为特色业务推动会计市场的职业化发展

在市场经济全球化的今天，会计师事务所仅依靠单一专业领域的执业已不符合互联网时代的需要，法务会计适应了当今的法律裁判、中介服务以及政府监管等的客观需求，并随着国家政府转变职能和司法改革，成为中小会计师事务所转型发展的特色业务，借以推动注册会计师职业化的转型发展。

全面深化互联网时代的鉴证业务，要不断推动法务会计的特色发展。随着经济的不断发展，注册会计师鉴证服务的空间也不断延伸。在传统审业业务作为核心业务的时代已经发生变化后，向其他执业领域的业务拓展是必然趋势。例如，与此类似的鉴证业务、预测性财务信息的审核，国外出现的诸如网誉认证、系统鉴证、养老金鉴证、风险评估鉴证等鉴证业务，以及国内目前需要进行的政府财政资金支出绩效评价和企业经营绩效评价，也是一些新的业务拓展方向。

积极拓展会计鉴定的业务，要不断推动中介市场的发展。非审计业务在发达的会计市场中，不仅市场潜力大，而且种类繁多，将会占据非常重要的地位。未来（法务）会计鉴定作为一种中介服务发展起来后，其业务运行是推动中介市场（会计市场）发展的职业方向。专家辅助人[1]制度的全面发展，可以说是

1　在我国的司法系统中称为"专家辅助人"，在国际也被称为"专家证人"。

推动法务会计职业化发展的内生动力。专家辅助人的诉讼地位独立于被告人、被害人、自诉人、鉴定人。与其他诉讼主体相比，专家辅助人具有特殊的证据效应，因此，我国法律（法条）及其诉讼规则都对专家辅助人制度做出了明确具体的规定。会计鉴定意见要发挥其对查明案件争议事实的积极功效，要求在庭审环节就得到审查认定，即必须关注会计鉴定意见的诉讼运用环节，并通过鉴定人、专家辅助人出庭及面对面的质询与反驳，对鉴定意见进行公开、实质化、对抗式质证，只有这样才能保障实体真实与程序正义，从而实现公正审判的更高价值目标。法务会计是有机融合"鉴定意见质证与专家辅助人制度"的专项领域，贯通了直接言词审理与对抗式诉讼原则，避免了在缺乏专家辅助人参与庭审质证的情况下对鉴定意见的偏听偏信，实现了兼听则明的诉讼效果，也从一定程度上抑制了大陆法传统的中立鉴定人制度所导致的控辩严重失衡弊端，符合对抗式诉讼制度改革的总体方向，对于实体正义与程序公正都有积极的价值。

从目前的实践态势看，法务会计作为专家辅助人制度已经超出庭审辅助质证这一狭隘环节，在刑事案件中已经提前至审前程序阶段。在民事诉讼、行政诉讼中，早在 2002 年的民事诉讼证据规则和行政诉讼证据规则中即已确立"有专门知识的人"参与庭审质证，并且在民事、行政诉讼实践中，当事人诉前举证、鉴定路线设计、鉴定咨询、鉴定意见审查及鉴定意见质证环节都早已有专家出现；知识产权法院更是高度依赖专家，并确立"技术调查官制度"，这本质上也是"专家证人"。这些都为法务会计的职业化发展开辟了一个专项领域。

参考文献

[1] 吴心帜. 浅析互联网金融发展过程中的法制建设问题与对策 [J]. 法制博览，2017（16）：124-125.

[2] 贾学飞，李德坡，柳宇. 检察机关司法会计鉴定的重要性及存在的问题分析 [J]. 财会学习，2016（13）：127.

[3] 韩飞，周晨. 司法会计鉴定在我国应用现状的实证考察：基于中国裁判文书网 2014 年的期间样本分析 [J]. 财会通讯，2016（10）：104-109，4.

[4] 陈光中，王迎龙. 司法责任制若干问题之探讨 [J]. 中国政法大学学报，2016（2）：31-41，158-159.

[5] 龙宗智. 检察官办案责任制相关问题研究 [J]. 中国法学，2015（1）：84-100.

[6] 徐汉明，林必恒，张孜仪，等. 深化司法体制改革的理念、制度与方

法 [J] . 法学评论, 2014 (4): 33-45.

[7] 倪寿明. 司法公开要主动应和互联网时代 [J] . 人民司法, 2013 (19): 1.

[8] 张平. 互联网法律规制的若干问题探讨 [J] . 知识产权, 2012 (8): 3-16, 2.

[9] 刘乙, 李长喜. 互联网法律规制模式的探讨 [J] . 北京邮电大学学报 (社会科学版), 2009 (2): 23-28.

[10] 黎仁华. 论法务会计的行为边界及其职业领域 [J] . 南京审计学院学报, 2010 (1): 51-58.

[11] 黎仁华. 论我国会计司法鉴定体制的发展模式 [J] . 会计之友, 2011 (5): 13-16.

[12] 黎仁华. 中国会计鉴定市场的执业效率与发展趋势研究: 基于法务会计发展视角 [J] . 湖南财政经济学院学报, 2016 (12): 65-75。

[13] 黎仁华. 中国法务会计的创新思维与发展研究 [J] . 财务与会计, 2017 (23) .

[14] 黎仁华. 中国法务会计的职业市场及其发展趋势研究 [J] . 财务与会计, 2018 (21) .

三、（非）诉讼支持的证据探讨

知识产权纠纷案件中法务会计应用探析

——以广州和九江天赐高新公司为例

贺三宝[1] 杨谨志[2]

【内容摘要】 知识经济时代，科学技术成为企业竞争经营过程中的关键因素，知识产权纠纷频发。在知识产权纠纷案件中，损失数额计算需要大量侵权方公司的财务信息，且损失证据的取证、分析、鉴定等过程均需满足《中华人民共和国民事诉讼法》相关内容的规定，因此法务会计损失计量功能在知识产权纠纷案件中有着独特的作用。本文以"两天赐知识产权纠纷"一案为切入点，结合案例展现法务会计在获取财务资料后证据搜寻、分析、得出损失数额的全过程，评价法务会计损失计量功能的应用效果。目前法务会计在我国存在大量"空白"，其法律地位、工作细则、损失鉴定范围、人才培养等方面仍需进一步完善。因此，应加快完善诉讼与鉴定制度，拓宽对法务会计理论层面的研究，提高法务会计职业准入门槛，培育新时代优秀的法务会计人才。

【关键词】 损失计量 法务会计 知识产权 损害赔偿

一、问题的提出

随着当前市场经济的发展和社会主义法制的不断健全，国家越来越注重对企业的专利权、商标权等无形资产和商业秘密的保护。面对知识产权经济纠纷时，当事人更愿意通过法律的方式保障自身权益。对此，如何合理地确定涉案损失金额成为此类知识产权纠纷案的争议焦点。通过分析最高法做出的知识产权侵权惩罚性赔偿第一案，有助于更好地理解法务会计损失计量功能在本案中的具体应用及存在的问题，从而明确法务会计在案件损失计量过程中证据的证明力，区分后续既得利益损失、惩罚性赔偿等延伸问题的适用，以此来明确法务会计与传统审计、会计问题的边界，推动法务会计领域向更专业化的方向发展。

---

1 贺三宝，江西财经大学法务会计研究中心主任，特聘研究员，博士后，硕导。
2 杨谨志，江西财经大学法学院法硕研究生。

二、概念分析

（一）损失计量

当前针对法务会计损失的计量功能大致有三种表述：第一种，是在案件中对当事人由于自身行为给对方造成的损失进行计量；第二种，是综合运用财务会计技能与方法，对涉案法律事项中数值部分内容进行测量计算[1]；第三种，是综合运用各种方法，对财务舞弊欺诈案件、经济犯罪案件、合同纠纷等经济类案件、自然灾害案件等需要一方当事人进行损害赔偿的经济损失确认与量化的过程[2]。

笔者认为，第一种表述仅单纯解释了法务会计损失计量功能的结果——损失额确认，但并未指出法务会计是综合运用会计知识和法律技能对法律案件进行数额确认的特点，表述过于简练。而第二种表述虽指出法务会计损失计量功能的特点，但其表述"对涉案事项的数值部分进行测量计算"一句并不严谨，在实务操作中，传统的资产评估机构、会计师事务所同样可以就某一单纯的经济数值部分进行测算，而法务会计与传统会计师事务所、资产评估机构的不同之处在于，其不再以第三方介入辅助机构中参与案件的审理进程，而是以技术协助人员、专家证人等身份参与到案件侦查、审理过程中，从而在其中发挥法务会计独特的功能。结合上述观点，作者认为法务会计损失计量功能的含义为：在涉及损失数额认定、计算的民事或刑事案件侦查、审理过程中，法务会计以专家证人或技术协助人员的身份，运用各种会计专业计算方法，并结合相关法律规定，将案件实际产生的经济损失以法庭能接受的形式确认与量化，推动诉讼进程。

（二）损失计量证据的证明力

证据的证明力作为证实案件实际情况的重要一环，其整个评价应用过程是主观见于客观的进程，其本质上是审判者对案件事实的评价过程，即通过证据事实的内容反推出过去未知的案件事实从而得出结论，法官在整个过程中的思维活动就是对证据证明力的评价过程。证据的证明力就是法官形成心证、认清案件事实的必备要件。法务会计损失鉴定报告作为鉴定结论的一种，其从证据的属性上来说属于意见证据，从法系分类上来说，英美法系将该类型的鉴定人作为专家证人，由当事人自行选定，而大陆法系国家则将鉴定结论与证人证言区分开来，将其视为一种独立的证据类型，其既可以由代表国家公权力的司法机关选择，又可以由当事人自行选定。

1　李玉函：《法务会计损失计量研究》，西南财经大学硕士毕业论文，2009 年，第 21 页。
2　张苏彤：《法务会计》，首都经济贸易大学出版社 2019 年版。

损失计量证据的证明力是整个损失计量鉴定过程中的最终目标，证据如果能够有效地证明案件实际受损情况、受损情况与被告的因果关系，就能更好地支持原告方主张损害赔偿的请求。要想使法官充分采纳鉴定报告中的结论，还要注意在鉴定过程中遵循鉴定的法定要求，整个鉴定行为必须符合相应的操作规范，一定要避免鉴定主体资格不符或鉴定结论不具备因果关系的情况。除此之外，鉴定人的品质、是否中立、是否与案件当事人存在利害关系等因素同样也影响到损失计量证据的证明力体现，因此，损失计量的鉴定过程不仅仅是综合性专业知识的运用过程，还要综合考量各种外部因素方可发挥作用。

（三）知识产权纠纷案件中法务会计应用与损失计量方法分析

1. 知识产权纠纷案件中法务会计的应用内容

（1）诉讼支持功能。法务会计的诉讼支持功能主要与诉讼程序相关，指在涉及会计专业知识的诉讼过程中提供法务会计的专业服务[1]，其一般工作内容根据委托人身份不同而作用不一：如果委托人是私人而非国家权力机关，法务会计可以参与诉讼策略的制定，通过协助委托人律师从会计角度分析现有会计信息，评估其优弱点，在会计层面制定有效的诉讼策略，为委托人争取更多赔偿额或胜诉可能性；如果委托人是公安、检察院、法院等国家公权力机关，此时法务会计工作人员必须居中判断，首先根据《司法鉴定程序通则》进行回避资格审查后，再就原告和被告提交的数据信息进行分析，对案件涉及的会计专业性问题以法庭能理解采纳的形式做出说明，并根据谨慎性原则提出合理建议。

（2）取证分析功能。法务会计取证分析功能一般指庭审前准备阶段，法务会计运用现有技术方法搜集相应证据，对起诉状中涉及专业知识确认的数值进行计算，在答辩状中对被告提出的否定意见进行反驳；并且法务会计还可以在民事诉讼审理前的证据交换环节就对方强制公开的书证获取理解对方的证据内容，并在此基础上为委托人下一步庭审策略进行调整；若以专家辅助人（具有专业知识的人）的身份参与，法务会计可以协助法官做出判断，通过对法院需要认定的会计资料事实发表检验意见或结论性意见，为法院正确了解案情，合理划分责任提供帮助。

（3）损失计量功能。该功能是指法务会计通过运用会计学的价值理论与方

1　张苏彤：《法务会计》，首都经济贸易大学出版社 2019 年版。

2　第二十条：司法鉴定人本人或者其近亲属与诉讼当事人、鉴定事项涉及的案件有利害关系，可能影响其独立、客观、公正进行鉴定的，应当回避；司法鉴定人曾经参加过同一鉴定事项鉴定的，或者曾经作为专家提供过咨询意见的，或者曾经被聘请为有专门知识的人参与过同一鉴定事项法庭质证的，应当回避。

法，通过建立恰当的数学模型，对赔偿损失案件中的经济损失和损害进行货币计量，其作为法务会计功能的一个特色，可以协助委托人、检察官、法官、律师等会计信息使用者解决各类经济赔偿的量化问题。

2. 法务会计损失计量工作方法

（1）条文适用法。条文适用法即在对涉案案件的损失赔偿数额进行计量时，通过检索现行有效的法律法规及司法解释，以其中的规定为参考标准来计算涉案当事人的实际赔偿数额，如 2015 年 2 月 1 日《最高人民法院关于审理专利纠纷案件适用法律问题的若干规定》[1]就侵犯知识产权赔偿额提出明确的指导步骤，通过上述法律规范的引用和适用，能够快速地计算得出不同案情下能够举证的赔偿数额，进而更好地维护当事人的利益。但该方法存在条文适用单一、操作缺乏灵活性，不能及时适应当前市场经济灵活变动情况等缺陷，仅靠这一种方法进行损失计量有可能造成侵权方违法成本较低，不能有效弥补受害者的损失的情况。

（2）市场比对法。该法在资产评估中也称市场价格比较法，运用到案件的损失计量过程中即通过多个类似案件中关于损失计量数值的认定，结合当前案件发生时的市场标准进行比较分析，最终从多个有价值的参考对象中计算出相对合理的损失额。以上市公司证券投资类案件例，法务会计工作人员在认定本案损失数额时，可以参考企业或者在市场上已有交易案例进行对比以确定评估对象价值，并结合本案情况进行相应调整测试，最终确定本案实际损失数额。由此来看，此种损失计量方法以多个参考标准为依据，最终结合案件事情进行处理，是一种相对客观的损失计量方法。

（3）重置成本法。该法也称为成本法，是指从成本入手，计算在现行条件下恢复、保持与发生损失前相同或相似的状态所必需耗费的成本。应用该计量方法的前提是已经形成的损失假设并未发生且能继续发挥功能并产生一定收益，其类似于民事责任承担方式中的"恢复原状"[2]，即通过一定方式使原来的财产损失恢复到侵害前的状态，并且受害人认为具有经济上的合理性。因而采用此类损失计量方法只适用于特定的固定资产损失计量案件，而知识产权类的损失计量案件并不能应用，因为前者为有形的固定资产，其损失的形态、损失状况具备一定的可观测性，而带有知识产权性质的无形资产显然不具备此类特征，

---

1 《最高人民法院关于审理专利纠纷案件适用法律问题的若干规定》第二十条：权利人销售量减少的总数难以确定的，侵权产品在市场上销售的总数乘以每件专利产品的合理利润所得之积可以视为权利人因被侵权所受到的实际损失。

2 赵祥瑞：《损失计量基础理论与方法研究》，中国政法大学硕士毕业论文，2007 年 4 月，第 38 页。

因而无法充分考虑此类无形资产在未来的远期利益。

（4）收益估算法。收益估算法是指在现时基础上对未来收益进行估算并将其折算为现值，为此进行损失计量的方法，一般适用于无形资产、长期投资、自然资源等资产，其着眼于未来进行测算，主要以资产的未来收益和货币的时间价值作为考察点，能够比较真实、准确地反映该项资产本金化的价格，因而有关知识产权侵权损失数额的计量应运用收益估算法才能够更好地反映出该项知识产权在未来的预计收益。

三、侵犯商业技术秘密案件中法务会计应用的案例分析

（一）企业及其侵犯商业技术秘密案件介绍

广州天赐高新材料股份有限公司主要从事于精细化工材料研发、生产和销售。九江天赐高新材料有限公司成立于 2007 年，是广州天赐高新材料股份有限公司的全资子公司，位于江西省九江市湖口县金砂湾工业园。

在本侵犯商业秘密案中，广州天赐公司被侵犯的产品是其自主研发的卡波产品。2007 年 12 月 30 日，华某与广州天赐公司签订劳动合同及商业保密、竞业限制协议，并签收了公司的员工手册，就商业秘密的保密义务、竞业限制等方面进行了约定。广州天赐公司的离职证明指出华某离职生效的日期为 2013 年 11 月 8 日。华某在其离职前一年期间，利用自身是卡波产品研发人员职务之便，多次违反广州天赐公司管理规定，将涉及公司机密的卡波项目资料拷贝至外部存储介质并以邮件形式发给安徽纽曼公司刘某等人。其间还分别介绍朱某、胡某担任安徽纽曼公司生产安全、环保顾问及负责生产工艺设计。其间华某还指示朱某和胡某不要在设计时跟天赐公司一模一样，以免侵犯其相关权利。胡某按其要求对原有图纸进行修改，之后委托案外人设计、制造出相关设备。安徽纽曼公司利用天赐公司工艺设备技术生产出卡波产品并向国内外销售。

在本案之前，江西省湖口县人民法院、九江市中级人民法院已经完成最终刑事判决，认定华某、刘某等人行为构成侵犯商业秘密罪。2017 年 10 月两天赐公司向广州知识产权法院提起诉讼，广州知识产权法院经审理后于 2019 年 7 月 19 日做出（2017）粤 73 民初 2163 号民事判决，其中就损害赔偿内容表述为：安徽纽曼公司于判决生效之日起十日内赔偿两天赐公司经济损失 3 000 万元（适用 2.5 倍惩罚性赔偿）及合理开支 40 万元，华某、刘某、胡某、朱某分别在 500 万元、500 万元、100 万元、100 万元范围内承担连带责任。一审判决后，两天赐公司和华某、刘某、安徽纽曼公司均不服，向最高人民法院提起上诉。最高人民法院知识产权法庭经审理，于 2020 年 11 月 24 日做出（2019）最

高法知民终 562 号民事判决，将原来损失赔偿额更正为：安徽纽曼公司于判决生效之日起十日内赔偿两天赐公司经济损失 3 000 万元（在原有侵权数额尚认定侵权幅度占 50%，适用 5 倍赔偿）及合理开支 40 万元，华某、刘某、胡某、朱某对前述赔偿数额分别在 500 万元、3 000 万元、100 万元、100 万元范围内承担连带责任[1]。

（二）法务会计损失计量功能在案例中的具体应用

1. 接受委托人申请，参与证据搜寻

该阶段法务会计人员需要接受委托或指派，了解、确认问题，主要工作内容为：了解案发背景、案发当事人与损失数额的关系，确定会计资料证据的强弱性，确定需要进一步追踪挖掘的证据以及对证据资料分析形成的相关理解，最终决定如何获取其他附加信息及针对损失计量目标达成所需的方法手段。就两天赐公司知识产权侵犯商业秘密一案而言，该案先后由两个司法会计鉴定机构（泽信鉴定所、诚安信鉴定所）从事损失鉴定活动，从接受九江市公安局委托（2015 年 9 月 8 日）到第二次损失计量鉴定开展（2016 年 11 月 7 日），中间历经一年多的时间，损失计量证据搜寻期间工作量较大，其中安徽纽曼公司、华某等人侵权损失证据的搜集为本案损失计量的重点，详见表 1（泽信鉴定所损失鉴定表）和表 2（诚安信鉴定所损失鉴定表）。

表 1　泽信鉴定所损失鉴定表

损失鉴定发生时间	鉴定机构及鉴定时间	预计损失金额	关键会计证据	详细情况
2014.2—2015.7	泽信鉴定 2015.9.8	3 607 692.31 元（不含税）、4 221 000 元（含税）	账户往来记录、发票合同单据、相关工作人员笔录	安徽纽曼公司向广州××化工科技有限公司开具增值税发票 60 份
2014.10—2015.7	泽信鉴定 2015.9.8	302 837.62 元（不含税）、354 320.02 元（含税）	账户往来记录、发票合同单据、相关工作人员笔录	安徽纽曼公司向广州××商贸有限公司开具增值税发票 8 份
无	泽信鉴定 2015.9.8	106 300 元	销售合同、发票单据	安徽纽曼公司与××公司签订的两份卡波《购销合同》

1　案例来源：（2019）最高法知民终 562 号 2020-11-24。广州天赐高新材料股份有限公司、九江天赐高新材料有限公司侵害技术秘密纠纷二审民事案。

续表

损失鉴定发生时间	鉴定机构及鉴定时间	预计损失金额	关键会计证据	详细情况
2014.7—2015.8	泽信鉴定 2016.1.18	574 664 美元, 根据 2014 年、2015 年汇率折合为 3 554 181.91 元	账户往来记录、发票合同单据、海关出口报账资料	安徽纽曼公司 2014—2015 年出口销售额
无	泽信鉴定 2016.1.18	12 017 157.55 元	公司财务账簿、会计凭证、合同单据、相关财务报表	两天赐公司卡波项目投入研发费用，其中广州天赐公司 6 025 127.89 元，九江天赐公司 5 992 029.66 元

表 2 诚安信鉴定所损失鉴定表

损失鉴定发生时间	鉴定机构及鉴定时间	预计损失金额	关键会计证据	详细情况
2014.3—2015.7	诚安信鉴定 2016.11.7	5 732 890.02 元	账户往来记录、发票合同单据、相关工作人员笔录	安徽纽曼公司开具卡波销售增值税发票总额
2015.6.25 2015.7.21	诚安信鉴定 2016.11.7	106 300 元	发票合同单据	安徽纽曼公司与众赢公司签订销售卡波合同金额
2014.7—2016.7	诚安信鉴定 2016.11.7	816 830 美元, 按报关当月折算为 5 102 400.44 元	账户往来记录、发票合同单据、进出口报关资料	安徽纽曼公司报关出口卡波的销售额
2013—2015	诚安信鉴定 2016.11.7	30 457 771.88 元	账户往来记录、发票合同单据、××公司提供的销售助剂数据和凭证	根据××公司提供的卡波助剂数据和凭证，按照天赐公司生产卡波产品使用助剂比例、数量、不含税销售金额推算得出
2014—2015	诚安信鉴定 2016.11.7	114 843 287.64 元	公司财务账簿、会计凭证、合同单据，卡波产品年度平均销售价格、销售量	安徽纽曼公司自 2014 年起以低价抢占市场，迫使两天赐公司下调卡波价格，造成其 2014—2015 年的静态价差损失

续表

损失鉴定发生时间	鉴定机构及鉴定时间	预计损失金额	关键会计证据	详细情况
2015—2025	诚安信鉴定 2016.11.7	222 544 200.2 元	公司财务账簿、会计凭证、合同单据，卡波产品预计未来年度销售价格、销售量	安徽纽曼公司以低价抢占 2014 年、2015 年市场后，预计 2015 年后未来十年间的动态价差损失
2014—2016	诚安信鉴定 2016.11.7	779 009 元	公司财务账簿、会计凭证、合同发票凭证	两天赐公司为证明其损失支付的合理费用：差旅费发票金额共 23 009 元、鉴定合同及鉴定费发票金额共 206 000 元、律师代理合同及律师费发票金额共 550 000 元

2. 损失证据分析阶段

针对此案，泽信鉴定机构提出的鉴定损失数额大致可以分为三类：①侵权方（安徽纽曼公司）违法窃取并使用两天赐公司知识产权期间的国内销售金额和国外出口金额。②侵权方与其他公司已签订但未实际履行的购销合同。③被侵权方（两天赐公司）针对被侵权知识产权已经耗费的研发费用。而诚安信鉴定机构在前述鉴定主体的损失鉴定上还增加了被侵权产品销售市场的实际静态价差损失、动态预期价差损失和相关合理费用。在实现相关证据搜集的基础上，为了进一步协助法院认定合理的损失数额，法务会计人员需要就案件双方当事人的争议点再次分析既有损失证据。就两天赐公司受侵犯知识产权纠纷一案来看，由于案件情况特殊且审判持续时间较长，前后分别历经两个法务会计鉴定机构出具三份损失鉴定报告（泽信鉴定所两份、诚安信鉴定所一份），案件双方当事人就鉴定程序、损失数额认定等方面存在争议，主要为以下四方面：其一，两个法务会计鉴定机构先后对两天赐公司损失鉴定的依据；其二，两个鉴定机构都查明但无法证明业已履行的购销合同能否纳入侵权损失数额；其三，诚安信鉴定所公布的两天赐公司根据侵权公司购买助剂数量推算的销售额能否认定为侵权数额；其四，诚安信鉴定所中两天赐公司主张的价差损失能否认定。

因此，法务会计工作人员要针对以上四个争议点，结合案件相关材料进一步分析损失证据的合理性和证明力。

从第一个争议点来看，"法务会计是特定主体运用会计、法学、审计技术与调查技术，针对经济纠纷中的法律问题，收集有关的会计证据，提出自己的专家性意见作为司法会计鉴定意见或在法庭上作证的科学"。[1] 根据我国《司法鉴定程序通则》第二条[2] 和第十九条[3] 规定，在本案中泽信鉴定所和诚安信鉴定所接受九江市公安局的委托，就华某等人、安徽纽曼公司等侵犯商业秘密行为进行损失计量鉴定符合法律规定，且已经进行审批备案，依法可以从事鉴定辅助工作；此外，根据《中华人民共和国反不正当竞争法》第十七条第三款和第四款[4] 的规定，因华某、刘宏、安徽纽曼公司、胡泗春、朱志良构成侵权，且其侵权数额和权利人实际损失难以确定，但两天赐公司有证据证明实际损失超过法定赔偿最高数额（安徽纽曼公司提交的利润表显示其营业收入累计 37 046 171.71元），基于公平原则，人民法院可以运用自由裁量权在法定赔偿最高额以上酌定赔偿，其赔偿数额计算依据可能是权利人实际损失、侵权人侵权获利、惩罚性赔偿、法定赔偿、裁量性赔偿，因此鉴定机构初步列出的损失鉴定表中数额存在相关合理性，可以作为参考内容进一步明确损失数额。

从第二个争议点来看，两所法务会计鉴定机关先后查明安徽纽曼公司与众赢公司存在一笔金额为 106 300 元的购销合同（表一为××公司），根据鉴定意见书和公安委托机关查证的事实表明：安徽纽曼公司与众赢合同约定前者不开具销售发票，众赢公司经公安机关询问查证后其法定代表人承认双方存在部分卡波销售不开具增值税发票的情况，且众赢公司清单记录的无票执行合同与购销合同内容相印，根据以上证据足以证明双方合同已经履行，不存在华某、刘宏、安徽纽曼公司主张"无证据证明安徽纽曼公司与众赢公司购销合同已履行"的

1　张苏彤：《法务会计》，首都经济贸易大学出版社 2019 年版。

2　《司法鉴定程序通则》第二条："司法鉴定是指在诉讼活动中鉴定人运用科学技术或者专门知识对诉讼涉及的专门性问题进行鉴别和判断并提供鉴定意见的活动。司法鉴定程序是指司法鉴定机构和司法鉴定人进行司法鉴定活动的方式、步骤以及相关规则的总称"。

3　《司法鉴定程序通则》第十九条"司法鉴定机构对同一鉴定事项，应当指定或者选择二名司法鉴定人进行鉴定；对复杂、疑难或者特殊鉴定事项，可以指定或者选择多名司法鉴定人进行鉴定"。

4　因不正当竞争行为受到损害的经营者的赔偿数额，按照其因被侵权所受到的实际损失确定；实际损失难以计算的，按照侵权人因侵权所获得的利益确定。经营者恶意实施侵犯商业秘密行为，情节严重的，可以在按照上述方法确定数额的 1 倍以上 5 倍以下确定赔偿数额。赔偿数额还应当包括经营者为制止侵权行为所支付的合理开支。根据第四款，经营者违反本法第九条规定，权利人因被侵权所受到的实际损失、侵权人因侵权所获得的利益难以确定的，由人民法院根据侵权行为的情节判决给予权利人 500 万元以下的赔偿。

情况，因此双方发生的 106 300 元合同销售额应计入侵权损失数额认定范围。

从第三个争议点来看，法务会计调查证据显示，安徽纽曼公司虽然客观上实行了购买助推剂的行为，但前期法院委托对"卡波"产品配方进行鉴定的机构并不认定双方存在"配方实质相似"的鉴定意见，故第二份泽安信鉴定机构指出的两天赐公司参照其配方中助剂比例和销售额推算安徽纽曼公司销售额不能成立，并且鉴定机构提供的销售证据显示（见表二），两天赐公司参照其产能与销售额关系对安徽纽曼公司的侵权销售额的计算仅为简单推算，明显缺乏证据说服力，其推算的 30 457 771.88 元侵权销售额不能认定为损失计量范围。

从第四个争议点来看，理论上将预期经营损益金额作为法务会计损失计量的类型时设置了严格的标准，市场受多种因素综合影响，无法以绝对静止的经济价值观来判断未来的预期损益。根据《司法会计鉴定事务》，我们可以将本案发生的价差损失按照"虚拟经营损益额"的观点进行判断："在此类案件中，能够引发一方产生损失的经营活动并未实际发生，一方当事人所称谓的损失仅为虚拟能够发生的经营活动所产生的经营收益"[1]，该类经营损益显然并不具备实际的经营收入和经营费用支出的财务资料，因而该资料显然不满足充分性和可验证性的条件，不能通过法务会计进行损失计量。就本案而言，两天赐公司主张价差损失的依据为通过公式：（2013 年度产品平均销售价格−对比年度产品平均销售价格）×对比年度销售量来计算对比年度销售量，其中计算数据来源均由两天赐公司自行列表提供，缺乏足够的证明力，不能作为损失金额的认定范围，但可以放入后续司法会计师的虚拟经营损益金额测算中进行确认。

3. 损失计量阶段

结合本案详细情况来看，两天赐公司知识产权纠纷案中关于损失计量的认定主要采用条文适用法、市场比对法和收益估算法进行损失计量，由于市场比对法和收益估算法主要应用于测算侵权方价差损失的过程中，如市场比对参考市面现存"卡波"性质产品的平均销售价格、因安徽纽曼公司的低价扰乱市场引发两天赐公司未来"卡波"产品的收益等，该部分内容已经在损失计量工作的第二阶段争议中得出结论不计入损失计量范围，故本案损失计量阶段主要应用条文适用法来最终确认损失数额。

首先在案发审理过程中，被告宣称其是专业研发、生产、销售卡波产品的企业，且没有证据证明其还有其他产品，因此可以认定安徽纽曼公司完全以侵

1　于朝：《司法会计鉴定实务》，中国检察出版社 2014 年版。

权销售类似"卡波"产品为业。根据《不正当竞争案件司法解释》第十七条规定[1]和《最高人民法院关于审理专利纠纷案件适用法律问题的若干规定》第二十条规定[2]，安徽纽曼公司侵犯商业秘密的损害赔偿数额可以按照其侵权获利的数额进行确认，即：安徽纽曼公司侵权获利=其销售总量×其产品每单位利润，由于每单位利润=单价×利润率，故可以将其转化为：安徽纽曼公司侵权获利=其销售总额×其利润率，按照前述，其已被认定为完全侵权，可以按照其销售利润（毛利润）计算赔偿数额。

其次，根据第二所鉴定机构诚安信提供的安徽纽曼公司侵权销售额和销售量，不难算出其公司侵权产品的不含税销售单价为40元/千克。并且根据原审法院向海关调取的安徽纽曼公司2016—2019年出口卡波产品的数据显示：安徽纽曼公司在黄埔海关累计出口卡波21 060千克，合计784 546元，平均出口单价为37.25[3]元；其在宁波海关累计出口卡波1 660千克，合计69 024元，平均单价为41.58[4]元。由此可以侧面印证诚安信鉴定机构计算出的侵权产品不含税单价具有合理性，可以认可采用。而诚安信鉴定所根据九江市公安局提供的销售发票清单、部分发票复印件、部分发货清单审计出来的销售额和销售量有依据，在未提交任何反证的情况下，原审法院予以采纳，据此可以计算出九江天赐公司产品不含税单价亦约为40元/千克。由此看来，至少在2014—2016年期间，广州天赐公司、九江天赐公司与安徽纽曼公司的卡波系列产品单价基本持平，但鉴于安徽纽曼公司是在侵犯两天赐公司商业秘密的基础上研发其"卡波"产品，其毛利率肯定要低于原有研发公司的毛利率，因此，在无法查明安徽纽曼公司产品毛利率的情况下将九江天赐公司毛利率视为其侵权产品的毛利率并未超出合理的推定范畴。

综上，安徽纽曼公司侵权获利=其销售总额×九江天赐公司毛利率，由于安徽纽曼公司自认销售总额37 046 171.71元，并主张以广州天赐公司年报公布的精细化工

---

1 《不正当竞争案件司法解释》第十七条："侵犯商业秘密行为的损害赔偿额，可以参照确定侵犯专利权的损害赔偿额的方法进行"。

2 《最高人民法院关于审理专利纠纷案件适用法律问题的若干规定》第二十条：权利人的实际损失可以根据专利产品因侵权所造成的销售量减少的总数乘以每件专利产品的合理利润所得之积计算。权利人销售量减少的总数难以确定的，侵权产品销售总数乘以每件专利产品的合理利润所得之积可以视为权利人的实际损失。侵权人的侵权获利可以根据该侵权产品销售总数乘以每件侵权产品的合理利润所得之积计算。侵权人的侵权获利一般按照侵权人的营业利润计算，对于完全以侵权为业的侵权人，可以按照销售利润计算。

3 安徽纽曼公司黄埔海关平均出口卡波产品单价：784 546÷21 060＝37.25（元/千克）（保留两位小数）。

4 安徽纽曼公司宁波海关平均出口卡波产品单价：69 024÷1 660＝41.58（元/千克）（保留两位小数）。

行业毛利率作为九江天赐公司卡波毛利率（根据九江公司财务报表计算，2015—2018年度平均值为32.26%），故安徽纽曼公司侵权获利=37 046 171.71元×32.26%=11 951 095元。需要强调的是，由于安徽纽曼公司自认的销售总额并不全面，故据此计算的结果仅反映其部分侵权获利。除此之外，两天赐公司主张的差旅费23 009元、鉴定费206 000元、律师费550 000元有合同和发票证明。但律师服务合同明确约定包括刑事案件的服务费、差旅费、鉴定费用也包括刑事案件中的费用，故将这些费用一并主张，依据不足，但考虑到两案存在密切联系，有些证据同时用于两案，最终酌情认定两天赐公司在该民事诉讼案中的合理开支共40万元。

（三）案例中法务会计损失计量应用效果分析

法务会计是涉及诉讼领域的特殊"会计"，其主要任务是运用会计审计的技术方法在会计资料中寻找相关证据，其自身具备的损失计量功能对于损害赔偿类案件的经济损失与损害认定具有得天独厚的优势。结合本案例来看，在泽信鉴定所和诚安信鉴定所的帮助下，自接受公安机关委托调查分析损失证据，到出具损失鉴定报告、最终认定上千万的侵权损失数额，前后历经一年的时间，与同样涉及千万以上标的的案件相比，上述案件在法务会计的协助下审理效率明显提升。法务会计损失计量功能在参与损失证据搜寻、分析损失证据、认定损失数额三个阶段的应用有效地帮助法官厘清了损失发生过程，明确了损失会计事实和准确计算出了实际的损失鉴定数额。

从损失证据搜寻阶段来看，通过对案件会计资料进行搜寻，法务会计在此基础上通过初步筛查分析得出损失鉴定项目，有效协助案件审理人员快速了解了案件损失认定过程中的争议点。虽然两天赐公司知识产权纠纷一案涉及大量国内外销售会计资料，其鉴定材料复杂且涉及标的额巨大，但随着公安机关委托法务会计鉴定机构介入，对后续的损失证据分析与损失计量都带来了极大的便利。从证据分析阶段来看，法务会计在出具损失鉴定意见的基础上进一步分析案件损失认定的争议点，合理保留和剔除一些损失认定项目，如：加入购销合同数额的认定，否认两天赐公司主张的价差损失等项目，有助于合理地划分责任认定，协助法官正确认定涉案的赔偿范围。从损失计量阶段来看，如果案件当事人对涉案损失金额的计算方法无法达成一致，其最终计算结果必然无法令任一方信服，而本案法院正是根据安徽纽曼公司完全侵权事实的基础上结合前述鉴定机构提供的九江天赐公司的"卡波"产品毛利率，以侵权方侵权后研发成本毛利率必然高于被侵权方的合理判断计算出最终的侵权数额。法务会计损失计量的应用以其专业的工作模式与独特的技术方法分析不同计算方法的合理性，从而有效地保证了损失计量过程的公正性、科学性、合法性。

四、知识产权纠纷案例中法务会计应用存在的问题

第一，法务会计鉴定机构"专家证人"的法律地位并不明确，很少出庭参与诉讼。

自 2002 年起，我国开始逐步将英美法系国家的法务会计专家证人制度引入我国司法鉴定中，形成"以司法会计鉴定为主、辅之以会计专家辅助人制度"的混合模式。就民事案件而言，这一混合体制可以参考《最高人民法院关于民事诉讼证据的若干规定》第三十二条[1]，在此制度下双方当事人可以根据需要聘请法务会计专家，法庭也可以指派或聘请司法会计鉴定人员就会计专业问题给予说明。尽管当前已有相关司法解释明确专家辅助人可以就有关专门性问题进行说明，但并没有对其身份和其做出的鉴定意见给予明确法律地位，这必将影响专家证人制度的功能的全面发挥；除此之外，鉴定人和专家辅助人是否存在质证权，相关法律规范对此并没有给出明确的规定。目前我国大部分鉴定人还是接受法院或公安机关等机构委托，提供书面鉴定报告，很少到法庭接受询问，法官更多的是得到一份经过处理的"会计数据整合"。很多时候法官也可能会因自身专业知识的限制而无法判断鉴定报告的合理性，形成"会计问题法务会计处理，法律问题法官处理"的局面，这时鉴定人或专家证人如果能参与到庭审质证环节，接受询问和质疑，将有助于法官做出公平合理的判断。

第二，法务会计工作细则不完善规范，仍然存在"将法务会计工作视为传统审计"的错误思想。

目前我国司法会计鉴定业务多数是由注册会计师完成的，而注册会计师缺乏系统的司法会计鉴定业务训练，通常认为鉴定与审计是一回事情，习惯性地用审计思维来进行司法鉴定，更有甚者直接将审计报告提交法院作为司法会计鉴定报告使用。司法会计鉴定属于鉴定业务，审计属于鉴证业务，二者从本质上存在不同，"司法会计鉴定是指在诉讼中为了查明案情，指派或聘请司法会计鉴定人员，运用审计学、会计学和法学的专门知识，对案件中涉及的有关财务会计专门性问题进行鉴别和判断并提供鉴定意见的一项司法诉讼活动"[2]，而审计是由独立于被审计单位的机构和人员，依据相关法律法规，对被审计单位的

---

1 《最高人民法院关于民事诉讼证据的若干规定》第三十二条："人民法院准许鉴定申请的，应当组织双方当事人协商确定具备相应资格的鉴定人。当事人协商不成的，由人民法院指定；人民法院依职权委托鉴定的，可以在询问当事人的意见后，指定具备相应资格的鉴定人；人民法院在确定鉴定人后应当出具委托书，委托书中应当载明鉴定事项、鉴定范围、鉴定目的和鉴定期限"。

2 张苏彤：《法务会计》，首都经济贸易大学出版社 2019 年版。

财政、财务收支及其有关经济活动的真实性、合法性和效益进行检查、评价、公证的一种监督活动，其本质是一项经济监督活动。根据《民事诉讼法》第六十三条规定[1]，司法会计鉴定意见显然属于"鉴定结论"分类，审计报告被排除在法定证据之外，只能作为"可以用以证明案件事实的材料"，其证明力显然比司法会计鉴定意见弱。在本案计算安徽纽曼公司侵权数额时，鉴定机构根据出具的第 927 号审计报告测算得出九江天赐公司的销售毛利率，而非自己测算得出，并且其计算侵权损失的依据来源于《不正当竞争案件司法解释》和《最高人民法院关于审理专利纠纷案件适用法律问题的若干规定》这两份规范文件而非法务会计自身的工作细则，由此来看，法务会计在思想转变和工作细则层面仍有需改进和完善的地方。

第三，法务会计损失鉴定范围需要进一步明确，损失鉴定报告应具有边界。

根据美国财务会计准则 FASB 对损失的定义[2]，我们可以看出，随着法务会计在司法实践过程中的不断发展，当前损失计量的范围不再局限于合同纠纷、财产损失计量等领域，近些年来众多财务舞弊案件如康美医药、獐子岛集团、瑞幸咖啡等也能见到法务会计的身影，但这并不意味着法务会计的损失计量功能可以应用到所有和赔偿相关的事项中。法务会计作为一门交叉性学科，拥有较强的开放性，但作为一门尚处于探索阶段的领域，其必须拥有一个相对独立的学科理论体系，明确自身的学科界限与专业分工。就本案来看，法务会计鉴定机构虽然受当事人委托完成了对原告公司侵权损失情况的鉴定，但在其出具的损失计量报告中针对被告侵权销售额却与后续原告主张的"惩罚性赔偿"发生了适用混同的情况，一般来说，法务会计损失计量的客体是欺诈舞弊案、经济纠纷案、经济犯罪和自然灾害、人为事故、违约等各类损害赔偿带来的经济损失，而此案中原告所主张的"惩罚性赔偿"并不在法务会计损失计量的范围内，法务会计工作人员在接受委托进行损失计量时，其依据的查证资料主要为会计资料，目的是提出专家性意见并以此作为法律鉴定或法庭证据的支持，为诉讼活动的顺利开展服务。从这点来看，法务会计在今后的发展过程中进一步明确自身行为边界、细化工作内容、完善自身诉讼支持的功能是顺应当前现代化专业分工的大趋势。

第四，法务会计并未形成专业准入制度，法务会计专业人才急需培养。

1　民事证据有以下七种：书证、物证、视听资料、证人证言、当事人陈述、鉴定结论、勘验笔录。

2　FASB（美国财务会计准则委员会）将损失定义为："某一个体除出于费用或派给业主款以外，出于边缘或偶发性交易以及出于一切其他交易和其他事项与情况的权益（净资产）之减少"。

法务会计学作为一门综合多门知识为一体的边缘性学科，其对相关工作人员的会计、法律等专业水平有较高的要求，但目前总体来看，法务会计仍属于新兴研究领域。现有从事法务会计的工作人员大多来自传统的会计工作领域，且在实务中，通常是相关会计、审计事务所工作人员受当事人或国家机关的委托兼职从事相关鉴定活动，并未形成独立的法务会计师事务所从事专门法务会计工作。我国现行法律规定"法务会计鉴定"属于"四类鉴定登记"（法医、物证、声像、环境损害）外的鉴定人员，只有具备法务会计资质的人员才可开展法务会计业务，缺乏对法务会计的准入资格授予、审查、考核管理。高校法务会计教育开展较少，法务会计人才特别是懂知识产权的人才难以满足市场的需要，法务会计的宣传力度也存在不足，这些不利于法务会计的职业发展和市场认同，不利于在诉讼中充分发挥法务会计的专业作用。

四、建议及结论

（一）相关建议

1. 从法律层面完善诉讼与鉴定制度是保障法务会计行使功能的根基

任何职业的发展都离不开一个良好的法律环境，法务会计所开展的损失计量活动在某种程度上就是为财务主体提供损失证明的一种手段，其各项工作开展依赖于现有的制度、法律、政策支持，如果身份或工作的合理性与合法性不能得到法律文件明确，就丧失了其存在的独特价值。详细来说，一方面法务会计源于西方英美法系体制，历经20世纪40年代至今已有近85年的历史，目前已经趋于成熟，其中必然有许多值得我们借鉴和学习之处，我们应当结合我国实际情况，完善带有中国特色社会主义性质的法务会计制度体系，另一方面着重完善当前法务会计鉴定管理体制，就规范鉴定机构和鉴定人行为进行统一管理，完善法务会计鉴定人员以"专家证人"的身份参与案件庭审，帮助法官正确认识损失鉴定报告内容的真实含义。

2. 完善具有中国特色的法务会计理论体系

实践和理论如同车之两轮、鸟之两翼，二者相辅相成，不可偏废。理论作为实践的"源头活水"，需要不断创新发展。当前法务会计在理论研究领域仍存在大量空白区域，在该领域有独到见解的专家少之又少。目前学术界"法务会计和司法会计"之辩已经存在多年，法务会计除了损失计量功能外，其具备的诉讼支持、舞弊调查、咨询服务等功能也存在研究空间。我们应该强化法务会计基础理论研究，首先要严格区分法务会计与传统审计这对在实务中经常被混同适用的不同概念，其次要立足于我国诉讼模式、审判方式于证据规则的改革方向，完善司法会计鉴定研究方向与模式，加速成立类似于注册会计师协会的"注册法务会计师协会"，加强整个行业的理论和实践沟通交流，立足于我国国情，形成带有我国特色的法务会计理论体系。

3. 完善法务会计职业准入制度

美国、加拿大等国关于法务会计人才准入管理方面上的投入值得我们参考学习。当前我国注册会计师协会并未将法务会计归入其门下进行统一管理，作为一门不断汲取市场经济鲜活力量成长起来的行业，将法务会计归入国内注册会计师培养体系不仅有利于统一管理，更有助于其在注册会计师这个大圈子中不断交流经验、快速成长，从而培养出一批专业过硬、经验丰富的注册会计师，使法务会计职业长远发展且顺应当前全面依法治国、构建社会主义法治体系的要求。同时，未来法务会计资格认证可参照当前已经成熟的注册会计师考试体系，设置相应的注册法务会计考试制度进行统一资格认证，对通过者授予法务会计师的资格认证，源源不断地为社会输送新型交叉知识背景人才，扩大法务会计人才的业务水平与影响力。

（二）研究结论

本文在介绍法务会计损失计量功能应用及其主要工作方法的基础上，选取"两天赐知识产权纠纷"一案作为研究案例，详细分析了法务会计在该案例中损失计量的三个阶段的具体适用过程、效果及当前存在的问题。研究指出，法务会计损失计量功能以其独特的视角和专业的计量方法对于经济类案件中损失数额认定准确性提供了有效协助，有利于法院整体工作效率的提升。同时，知识产权纠纷案中法务会计损失计量功能也存在专家身份不明确、缺乏出庭质证、损失计量边界适用不清、人才管理培养等方面的问题。也提出了完善诉讼和鉴定制度、完善理论体系、完善职业准入制度等建议，未来法务会计将迎来一个新的发展期。

参考文献

[1] 张苏彤. 法务会计 [M]. 北京：首都经济贸易大学出版社，2019：5.

[2] 于朝. 司法会计鉴定实务 [M]. 北京：中国检察出版社，2014.

[3] 于朝. 司法会计学 [M]. 北京：中国检察出版社，2004.

[4] 商建刚. 知识产权侵权损害赔偿中实际损失的司法认定 [J]. 电子知识产权，2020（4）：86-95.

[5] 钱玉文，沈佳丹. 侵犯商业秘密罪中"重大损失"的司法认定 [J]. 中国高校社会科学，2018（1）：72-84，158.

［6］贺三宝，肖文. 中国法务会计理论研究与实务运用新趋势：基于第 12 届法务（司法）会计学术研讨会的思考［J］. 会计之友，2021（19）：135-139.

［7］郜秀菊，王晓东，王帅超. 证券虚假陈述案件中法务会计的应用分析［J］. 财会通讯，2021（23）：110-114.

［8］王玉兰. 法务会计的前世今生：兼论法务会计职业前景［J］. 会计之友，2019（5）：24-27.

［9］杜永奎，赵悦. 法务会计职业化生成机制与提升策略研究［J］. 财会通讯，2020（9）：112-117.

［10］陈仕清. 法务会计服务体系中美比较［J］. 财会通讯，2019（1）：118-122.

［11］李玉函. 法务会计损失计量研究［D］. 成都：西南财经大学，2010.

［12］COLLEENHONIGSBERG. Forensic accounting［J］. Annual review of law and Social Science，2020，16（1）.

［13］DiGabriele J A，Huber W D. Topics and methods in forensic accounting research［J］. Accounting research journal，2015，28（1）.

借力法务会计思维，优化民事诉讼策略

——以一起股票配资纠纷案件为例

林行杭[1]　林金珠[2]　汪　珏[3]

【内容摘要】法务会计思维能帮助律师对民事诉讼做出策略选择。在民事诉讼过程中，代理律师要学会运用法务会计思维来为当事人制定诉讼策略，尤其是在复杂的经济纠纷案件中，律师运用法务会计思维厘清案涉证据和款项往来、计算利息和损失往往会起到事半功倍的效果。本文将通过一起股票配资纠纷案件的分析，从民事诉讼的策略规划、举证责任、请求权基础选择等不同角度，糅合法律与会计双重专业属性，从法务会计的角度探究民事诉讼主体如何更好地维护自身权益，研究法务会计思维对民事诉讼的支持作用。

【关键词】股票配资　损失计量　诉讼策略　法务会计

一、诉讼中的法务会计思维

诉讼的过程是一个复杂且精密的过程。代理律师既要从整体上把握诉讼的宏观策略，又要充分地考虑案件中的每个细节，而法务会计思维恰恰能很好地兼顾律师办案的这两个需求。为了维护当事人的合法权益，代理律师需要运用法务会计思维，根据掌握的证据和信息评估诉讼过程中的风险，制定、优化宏观的诉讼策略，并对案件中的诸多细节问题，如利息和损失的计算、举证问题进行分析，最大化地争取胜诉。

本文将以一起股票配资案件为例，从多个角度深入分析法务会计思维在诉讼中的运用，以及如何借助法务会计思维优化民事诉讼策略，为委托人争取最大利益。因为法官主要是依据代理律师提供的证据以及计算的数据做出裁决，对证据的真实性和证明力形成心证，所以法官判决需要建立在对案件充分了解的基础上。代理律师需要在众多复杂的数据中选取合适的证据，简化计算

1　林行杭，浙江滔腾律师事务所党支部书记。
2　林金珠，浙江滔腾律师事务所律师。
3　汪珏，浙江润杭律师事务所律师。

方式，并且用简洁明了的语言展示观点，糅合法律与会计双重专业属性，以令人信服的证据和简洁明了的计算数据来更好地让法官接受我方的诉讼请求（详见下图）。

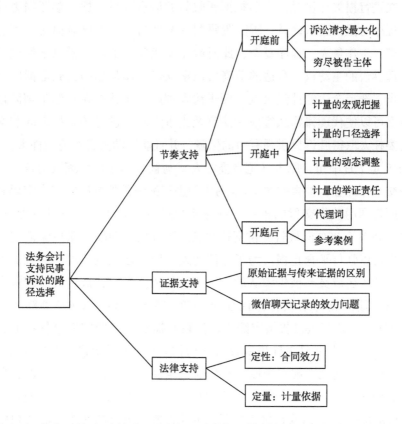

法务会计除了能在计算方面助力民事诉讼的顺利处理，还能在诉讼策略的制定上给予较大的帮助，如在明确诉讼主体、解决一人有限责任公司股东是否与公司财产混同、判断是否抽逃出资方面等具有指导意义。

二、以变量思维优化节奏支持

把握好程序推进的节奏是决定民事诉讼成败的重要基础。适宜的程序节奏是决定当事人能否赢得诉讼的第一步，而法务会计思维通常起着不可替代的作用。一个精通会计知识的律师可以在法律专业之外，帮助当事人从会计角度分析当事人在利用会计信息过程中所存在的弱点，评估有利事实，把握诉讼节奏，以争取胜诉机会，这为案件的起诉和受理奠定了良好基础[1]。接下来通过笔者曾

1　刘广瑞：《法务会计的诉讼支持作用及其运用障碍》，《财会月刊》2009 年第 18 期。

亲自承办过的一起股票配资案件来具体阐述民事诉讼中代理律师是如何运用法务会计思维来优化整起案子节奏的。比如说，股票配资案件中最常见的难题是对损失的界定，而损失计量对于解决法律案件中的法务会计计算部分有着重要作用。在进行损失计量时，需要根据所收集的信息资料证据，参照损失计量的标准和程序对损失进行确认。[1]所以股票配资案件当中，需要对损失与利息进行大量计算，工作量大、程序复杂，此时就需要代理律师以变量思维优化诉讼节奏，把握诉讼的主动权。合适的节奏可以帮助代理律师准确找到证据以及数据中的重点、选择合适的计量公式，便于法官理解。尤其是在开庭审理阶段，从容的节奏可以使代理律师从容应对法官及当事人对其进行的直接询问和交叉询问，为委托人取得胜诉提供强有力的保障，并且能协助法官查清案件事实[2]。

2018 年 7 月中旬，原告（笔者委托人）与被告达成口头配资协议，由原告向被告交纳保证金，被告按照 1∶3 的比例进行配资并控制证券账户密码和资金出入。原告利用被告交付的第三方证券账户进行股票买卖，不可以更改密码，并按照月利率 1.05% 向被告支付配资利息。当亏损达到配资账户保证金的 50% 时，被告可以强行平仓止损。为了方便沟通，原告建立微信群，群成员主要由原告团队的 4 名成员与被告团队的 4 名成员组成。在原、被告进行配资交易过程中，原告陆续支付给被告保证金 39 578 265 元、利息 1 673 000 元，合计 41 251 265 元，均汇入被告指定账户。但在亏损未达到约定平仓标准时，被告团队分别于 2018 年 9 月 3 日和 2018 年 10 月 24 日更改其提供给原告的两个账号的账户密码，并将两个账户中原告购买的"金固股份"股票卖出。改密码前一个交易日即 2018 年 8 月 31 日和 10 月 23 日，"金固股份"股票的收盘价分别为 11.15 元和 6.69 元。以收盘价为参照，由被告擅自更改的两个证券账户中"金固股份"股票因被强卖的损失分别达到 616 000 和 104 000 元。而此前被告通过其团队成员的银行账户已经支付给原告合计 17 339 811 元。本案的争议焦点正是确定被告是否应当返还原告利息及应返多少利息、因账户改密造成的损失由谁承担，以及双方举证责任如何承担等问题。笔者为了更好地把握案件焦点，结合有关法条，制定诉讼策略，在充分研究过整个案件材料后，整合好案涉所有证据，并有计划地将整个诉讼代理过程以开庭前、开庭中和开庭后为节点，既在各阶段开始前做好充分的准备工作，又在各阶段中根据案情的进展和变化做好及时调整工作，以准确把握民事诉讼的节奏。

1 张秦灵：《诉讼支持视角下的法务会计研究》，首都经济贸易大学硕士论文，2015 年。
2 刘鹏：《我国法务会计在诉讼中的应用研究》，《会计之友》2008 年第 7 期。

（一）开庭前的节奏支持

1. 诉讼请求的动态调整

本案中我方在起诉时，由于用于配资的多个证券账户全部系被告提供，且2018年9月14日相关证券账户被被告无故改密，导致原告对账户失去控制且无法了解交易盈亏状况，因此，当时我方无法准确掌握账户的亏损情况。而且案涉的账户数量多，现有的证据既无法得知有哪些账户造成亏损，更无法得知由原告造成亏损账户的亏损数额，其中更涉及举证责任分配的问题。为了在合法的前提下尽可能多地主张诉讼请求的金额，本案中笔者在征得原告本人允许的前提下，提出了向对方"狮子大开口"的诉讼策略，即在诉讼伊始我方主张被告返还全部本息（不计算亏损）。这种诉讼策略可以在亏损数额未知的情况下最大程度地维护原告的利益。至于随着诉讼的不断展开而必然会明确的亏损金额，原告也可以在接下来的诉讼环节中通过变更诉讼请求的方式来改变当初的诉请金额，这也是民事诉讼中一种常见的诉讼策略。

2. 诉讼主体的拓展挖掘

会计主体是明确的，但民事诉讼主体是需要挖掘和拓展的。尽可能地拓展和挖掘被告是民事诉讼在进入判决后顺利执行的重大保障。不仅是在上述配资案件中，在笔者承办的其他多起案件中，笔者都秉持着穷尽被告的原则，将案件中潜藏的被告一一挖掘。

（1）诉一人有限责任公司时，应列其股东为共同被告。在笔者承办的一起股东损害公司债权人利益责任纠纷中，虽然在起诉时我方已将债务人公司的现任法定代表人和案涉纠纷发生时的时任法定代表人一同列为共同被告，但对方股东亦抗辩称不存在公司财产与股东自身财产混同情形，也不存在抽逃出资的情形，司法会计鉴定亦在结论上做出不利于我方的认定，故本案中认定人格混同成了难点。但笔者通过对鉴定报告书的深入研究后发现，公司在其经营的2018年3月至2020年12月期间，在无合同、费用结算单、费用报销审批流程的情形下，通过财务挂账"其他应收款——内部公司往来"的方式，以内部结佣、策划服务费等名义，将其中1 726万元公司资金转、拨付给内部关联公司系事实。上述行为，明显具备"利用关联交易将出资转出"或"通过虚构债权债务关系将其出资转出"的法律特性，应定性为抽逃出资行为。最终法院亦采纳了我方关于公司股东构成抽逃出资的观点，要求两被告在抽逃出资的本息范围内，对公司债务不能清偿的部分负补充赔偿责任。

（2）"夫妻店"公司可视为实质意义上的一人有限责任公司，应将夫妻股东列为共同被告。在笔者承办的一起民间借贷纠纷中，虽然直接的债务人是公司，但笔者发现该公司的两名股东之一系担保人，且这两名股东系夫妻关系。最高人民法院（2019）最高法民再372号判决书表明，男女双方以夫妻共同财产出资设立的夫妻股东公司系实质意义上的一人有限责任公司。故笔者创造性地提出本案公司的两名股东合计持有公司100%的股份，且该公司工商登记备案中没有两名股东财产分割的书面证明或协议，可以认定公司的注册资本源于两名股东的夫妻共同财产，公司的全部股权属于二人婚后取得的财产，应归双方共同共有，即公司的全部股权事实来源于同一财产权，并为一个所有权人共同享有和支配。该股权主体具有利益的一致性和实质的单一性，故公司实质上是一人有限责任公司。《中华人民共和国公司法》第六十三条规定："一人有限责任公司的股东不能证明公司财产独立于股东自己财产的，应当对公司债务承担连带责任"，案涉公司的两名股东未能证明公司财产独立于自己的财产，故其应对公司的债务承担连带责任。

（3）夫妻一方为被告时，将另一方列为共同被告。虽然法律对夫妻共同债务的构成有明确的规定，即夫妻双方共同签名或者夫妻一方事后追认等共同意思表示所负的债务，以及夫妻一方在婚姻关系存续期间以个人名义为家庭日常生活需要所负的债务，属于夫妻共同债务。夫妻一方在婚姻关系存续期间以个人名义超出家庭日常生活需要所负的债务，不属于夫妻共同债务；但是，债权人能够证明该债务用于夫妻共同生活、共同生产经营或者基于夫妻双方共同意思表示的除外。因此，在实务中若借款协议上仅有夫妻一方的签字，要证明该债务系夫妻共同债务是很困难的。但这并不妨碍在诉讼伊始就将夫妻另一方一同列为被告。此举出于两方面的考虑，一是增加被告不会增加诉讼成本，是否构成夫妻共同债务可以在诉讼过程中进行进一步举证，但却可以避免遗漏诉讼主体导致今后执行不到位的不利后果；二是会在诉讼过程中尽量促成调解，调解书的主体相对灵活，可以要求夫妻双方都在调解书上签字，以便今后可以直接执行夫妻共同财产。在笔者承办的一起民间借贷纠纷中，将借款人的配偶列为共同被告，在诉前保全中将被告夫妻共同财产进行保全，并在审判过程中成功促成了调解，让被告夫妻双方共同承担责任，以夫妻共同财产为保障，确保执行顺利。

增加民事诉讼中的共同被告，除了上述笔者列明的三种情形外，实务中还有很多需要注意的情形。如在建筑工程分包合同纠纷中，实际施工人起诉违法转包人、违法分包人的同时还要起诉发包人；又如在票据追索权纠纷中，债权人可一并起诉出票人、承兑人和所有前手的背书人。以上都是民事诉讼中较为常见的可增加共同被告的情形。会计主体是明确的，但民事诉讼主体往往是需要挖掘和拓展的，这也是民事诉讼主体同会计主体的一大区别。

（二）开庭中的节奏支持

法庭才是诉讼的主战场。民事诉讼前期必然需要经过漫长而充分的庭前准备工作，但这并非就意味着诉讼的大功告成，对簿公堂最考验代理律师的水平和临场反应力。如上述的股票配资案，法庭上在关于案涉账户的亏损状况及总的流水计算这两个案件争议焦点问题上，凭借着快速的临场反应和诉讼经验帮助原告和法官解决了这两个难题。

1. 计量的宏观把握

本案最大的争议焦点就是案涉账户亏损情况的认定。庭审上被告主张要通过核对每个账户的每一笔股票交易来确定实际的亏损金额。本案由于涉及的账户数量多，资金流水交易状况复杂。被告所说的每笔账户每笔资金流水逐个核对的对账方式工作量巨大，且按照民事诉讼质证的要求，双方核对的工作均须在法院庭审时共同完成，庭审法官不可能安排如此长的庭审时间供双方逐一核对，因此该方法并不具有可行性。而在庭审因账户亏损的计算问题陷入僵局时，笔者提出，可以按照"交易截止时间的账户金额−被告交付账户时间的账户金额＝该账户的最终盈亏金额"这一公式来明确该问题。该公式只需双方明确被告交付账户的时间及金额和交易截止的时间及金额即可，无须考虑股票交易过程中的各笔资金流水往来。相比于被告提出的逐笔对账的方式，笔者提出的这个方式可以最大程度地简化计算过程，减轻双方和法庭的计算压力，又能准确得出账户的盈亏状况，因此，该公式也得到了法官的认可。后经原被告双方对上述四个关键要素的确定，双方均对案涉 19 个证券账户的最终盈亏金额予以确定，并最终得出本案所有账户的净亏损。

公式"交易截止时间的账户金额−被告交付账户时间的账户金额＝该账户的最终盈亏金额"相较于传统的流水对账方法而言，具有计算量更小、计算结果更准确的优点。比如说，目前股市中的流水资金＝股价×股数＋交易费用，但对于其中的佣金标准往往不同，所以按照该方式算出的结果也会随之有较大出入。在另一起股票配资案件中，原告主张以该日股票收盘价扣除该账户的初始资金计算盈利，而法院认为需要扣除原告应承担的股票交易的印花税、过户费及佣金。但不同法院对于风险和盈利的计算是不一样的，有一些法院并没有将佣金税费等算入，而另一些法院选择计算这些费用，这会导致计算出来的结果不同。这些与银行流水信息相对应，银行流水主要记载了原被告双方之间的转账情况，但由于转账时间以及金额的大小都不相同，需要对每笔款项进行记录及计算，计算量大且复杂，而且整个计算流程需要耗费大量时间向法官阐释清楚，因此，在笔者看来，股票配资案件若想准确算出账户盈亏状况，关键是简化计算流程，从配资方交付账户时间和交易截止时间这两个时间节点对应的账户金额入手，通过首尾相减的方式来计算股票账户内的盈亏金额。

2. 计量的口径选择

本案时间节点也是一个值得注意的问题。关于最终损失计量的时间起点问题，双方也有不同意见。在股票配资案件中，需要收集资金流水和银行交易流水，以印证不同时间节点上账户的资金信息、买卖股票的情况，以及双方之间的款项流转情况乃至具体的每一笔转账都有印证微信聊天记录中的相关情况。对于时间节点的确定、责任分配，以及微信证据的选择，也要具体明确才能更好地从证据中找到对当事人有利的点，制定相应的诉讼策略。作为代理律师，需要从中选取对于当事人最有利的时间点。在本起案件中，原告作为用资方，在密码被被告修改之后，失去了对账户内股票和资金的控制，导致尚在盈利的股票被卖出，使原有账户由原先的盈利转变为亏损，因此截至改密前的损失由我方承担，而改密后造成的损失由被告承担。

3. 计量的动态调整

按照主流观点，场外配资合同应认定为自始无效，且过错在于被告未保障账户安全，从而给原告造成巨大损失。因此，双方在合同中约定的利息也无效，被告无权要求原告支付约定利息，并且需要返还已支付的利息。即使其不能全额返还，也应在扣除法定利息后予以返还。关于配资方是否存在过错，实务中存在不同观点，部分法院认为由于配资方明知自己没有特许经营资格而进行场外配资活动存在过错，因此不得要求用资方支付相应的利息损失。而有些法院认为用资方需要以法定利息支付资金占用损失。作为代理律师，需要采取的策略是证明配资方存在过错，配资方无权要求用资方支付本金及所支付利息的资金占用损失，即这是一种对当事人利益最大化的策略，但同时也存在一定风险，故律师考虑选择该种方案的同时，还必须做好失败后的应对方案，尽最大可能为当事人减少损失。《中华人民共和国民事诉讼法》第五十一条规定，原告可以放弃或者变更诉讼请求，因此，庭审过程中原告是可以变更诉讼请求的。笔者便是巧妙运用了该法条来制定本案诉讼策略，即如果认为法院最终可能会不支持该部分资金占用损失利息，可以考虑变更诉讼请求，设计出两份方案，一份是原本递交的诉讼请求，一份是减掉该部分资金占用利息金额的诉讼请求，供法院参考，尽可能退回部分诉讼费用，减轻我方当事人的诉讼成本。诉讼费是法院依据诉讼标的收取的，故代理律师应根据案情变化及时与当事人沟通，以便通过变更诉请金额的方式减少诉讼成本。如本案的涉案金额较大,当事人需要缴纳的诉讼费用也较高,代理律师需要站在当事人的角度,减少诉讼成本,学会利用数据之间动态的发展,为客户谋取利益。案涉合同自始无效,因此合同双方关于利息的约定亦不发生法律效力,被告应当向原告返还原告已经支付的利息,但原告在取回已经支付的约定利息的同时,应当向被告支付资金占用期间的利息损失。在计算利息损失的过程中,需要确定起算点以及终止时间,并进行细致严谨的计算。本案中由于其中一个账户的利息提前一周预交,容易将利息的起算时间提前一周计算,导致计算的资金占用利息超过本应计算的部分,虽然数额差距较小,但仍应注意及时修改,避免出现类似计算上的问题。

4. 计量的举证责任

举证责任是指当事人对于自己所主张的观点具有收集并提供证据的义务,并且利用该证据证明待证事实以及自己的主张成立,如果未能提供相应的证据将承担不利后果。[1]民事诉讼的举证规则是"谁主张谁举证"。而在没有法律、法规或司法解释的具体规定、无法确定举证责任承担的情况下,法院可以根据公平和诚实信用原则,依据经验法则,并依据当事人举证能力等条件确定举证责任承担问题。诉讼案件中需要明确哪些证据需要由己方举证,哪些是属于需要明确举证责任的。举证方面的诉讼策略主要是利用自己手头的资源进行突破,巧妙地将疑难复杂的证明点转移给对方进行举证工作。如果存在证据较难收集而且较难证明的情况,可以从其他方面证实本方没有举证责任,由对方承担举证责任。例如在本案中,案涉账户的亏损问题一直难以确定,因此,我方在起诉时并未提及亏损问题,被告为了减轻自己需要承担的责任,主动向法院陈述案涉账户存在亏损,并进行了初步举证,但其并未提供相应证据的原件,故我方对此并不认可,即对方并未做到充分举证。也正基于此,我方顺势将调取准确亏损结果的责任推给了对方。该策略同时达成了两个目的,一个是让对方承担账户改密后的损失,另一个则是通过让对方举证来节约我方的诉讼成本。因为本案所涉及的账户遍布大江南北,江西、安徽、新疆均是账户开户地,一一搜寻难免过于耗费精力,加之其间正好是新冠疫情肆虐的特殊时期,不仅取证成本更加高昂,而且还具有极高的人身危险性。因此,笔者此举不仅极大地节省了我方的诉讼成本,更重要的是节约了我方的时间成本。

举证责任的分配和承担在民事诉讼中至关重要。笔者在办案过程中不仅

1　胡学军:《我国民事证明责任分配理论重述》,《法学》2016年第5期。

重视我方证据，同时也格外注意从对方的举证中充分挖掘对我方有利的证据线索。如在笔者承办过的一起法定继承纠纷中，笔者代理私生子一方，该私生子若想参与遗产继承就必须要证明与被继承人具有亲子关系。然而被继承人遗体已被火化，被继承人的母亲和子女亦不配合我方当事人做亲子鉴定。诉讼一时陷入僵局。后来笔者在厚厚的案卷中发现对方为达到其对被继承人尽到更多赡养义务的证明目的，提供了其带病重的被继承人去全国各大医院求医的病历本等材料，而笔者通过咨询医生得知，癌症病人一般在术前都要提取病理切片和蜡块，病理切片和蜡块中正有被继承人的 DNA 信息，且切片和蜡块会被医院保存很长时间。笔者立即向法院申请调查令，前往上述医院调取被继承人的病理切片和蜡块。后经司法鉴定，证实了我方当事人与被继承人确系亲子关系，法院亦据此判决我方当事人可以参与遗产继承。由此可见，虽然在民事诉讼中，双方当事人及代理人为了证明自身主张会尽最大努力举证，但所举证据亦可能是一把"双刃剑"，故律师在举证时不仅要考虑证据本身的证明力的问题，还要斟酌证据的"信息属性"，即是否包含有利于对方当事人的线索。

（三）开庭后的节奏支持

庭审结束并不意味着诉讼的结束。在庭审结束后，为了更好地维护我方的利益，代理律师在一定程度上也可以充当"法官助理"的角色。本案的案件脉络经过庭审已十分清晰，笔者作为原告的代理律师，在庭审结束后应以庭上提出各个焦点问题中的己方观点为依据，将我方请求法院判决的金额在代理词中清晰地写明计算过程，并标注相应的数据来源。民事诉讼中代理词的提交十分重要，一份有理有据的代理词可以令法官更多地采纳我方观点，并最终促使法官做出有利于我方的判决。而且，因为一般法官会在庭审结束后的一个月内下判决，所以庭审结束后代理词需尽快提交，以便法官书写判决书时参考，为法官采纳我方观点创造有利条件。

除了关于案件的计算过程之外，代理律师还可以以提供参考案例的方式向法庭陈述对己方有利的观点。虽然我国并非判例法的国家，但已有判例对于正在办理中案件的审判仍具有一定的参考价值。2020 年 7 月 31 日最高法发布了《关于统一法律适用加强类案检索的指导意见（试行）》，该意见就类案检索的方法、人民法院采纳类案的要求等问题都做了规定。因此在本案中，笔者也以提供类似参考案例的方式向法院阐释己方观点。本案中笔者认为被告应向原告支付自 2018 年 10 月 25 日起至全部款项结清之日止按年利率 6% 计算的资金占用损失。为了令法院支持笔者这一观点，笔者向法院提交了与本案相似的

（2020）浙 0304 民初 1349 号民事判决书[1]，该判决书载明，在被告（配资方）未及时履行付款义务的情况下，温州市瓯海区人民法院酌定该被告需向该案原告（用资方）支付未返还保证金自逾期付款之日按年利率6%计算的利息损失。最终，法院也采纳了笔者的该主张，要求被告按照6%的年利率向原告支付资金占用期间的利息损失。

三、以分类思维强化证据支持

证据是诉讼的关键，搜集并正确运用证据可以使诉讼朝着预期方向发展，最终获得胜诉。代理律师需在全面收集相关证据的基础上制定诉讼策略，要明确证据的来源、内容、证明目的以及证明力大小。代理律师还需要利用法务会计思维，根据在案证据情况分析举证责任的分配问题，以尽可能地避免承担我方不必要的举证责任，制定完善的诉讼策略，提高我方的诉讼效率，如上述关于账户亏损的举证责任分配问题。在这起股票配资案件中，主要涉及对民事证据的种类（原始证据和传来证据的区别）的辨析和对新型电子数据的运用规则（以微信聊天记录为例）的把握。

（一）原始证据和传来证据的区别

一般认为，区分原始证据和传来证据的来源的"案件事实"，即为证明对象的发生过程。一个特定的"案件事实"发生后，就像信源发出一定的信息，信息依附在一定的载体上，比如为人所感知而进入人脑并得到记忆，或在物上形成能反映案件内容的痕迹、文字等。原始证据是指直接来源于案件客观事实的证据，而传来证据是指不是直接来源于原始出处，而是经过复制、传抄等中间环节间接地从非第一来源处获得的证据。[2]两者之间的分类标准即是证据的来源或出处。证据来源和证据的证明力大小有较为密切的关系，通常原始证据的证明力要大于传来证据。因为传来证据经过了复制传抄等环节，可能在过程中容易被篡改，并且存在失真和不实的情况，所以我国确立了原始证据优先原则。《民事诉讼法》中规定了书证和物证需要提供原件，如果确有困难可以提供复制件及照片等。但对于复制件，如果没有原件或其他材料相印证而且对方当事人不承认的，不可作为认定事实的依据。对于只有传来证据的案件，定案时必须持慎重态度，不能轻易做出结论。来源不明的复制件不能作为证据使用，而无法与原件核对的复制件也不能单独作为认定证据。

---

1 浙江省温州市瓯海区人民法院（2020）浙 0304 民初 1349 号民事判决书，载中国裁判文书网 https：//wenshu. court. gov. cn/website/wenshu/181107ANFZ0BXSK4/index. html？docId=3f02f695ef4b42e1a87aabeb005fa636.

2 张志彦：《证据分类确定路径分析——以原始证据和传来证据为例》，《山东审判》2017 年第 3 期。

在代理律师进行证据整理的过程中，需要明确自己所持有的证据是否是第一手资料，而且需要明确如果是传来证据，是否有其他的证据相印证。如果事实不清，且无法印证，那该笔款项是否实际发生，需要进一步探讨。本起股票配资案件中，对于盈亏的确定十分重要，因为可能在某一环节中，出现了对方提供的证据不足以证明该笔款项，需要仔细研读证据，寻找细微的关键节点。例如在微信聊天记录的截图中出现的已转回 80 万元的单据截图，但该图片并非银行回单，没有银行的公章。所以我方有权要求对方提供该证据原件，如果原件确实无法提供，则需要对该图片进行银行流水或其他证据的补强。法院最终也仅是对其中与被告申请法院调取的配资账户信息和原、被告在证据交互中确认的事实一致的部分予以采信。

（二）微信聊天记录的效力问题

随着信息化的不断发展，电子数据证据出现在诉讼中的频率越来越高，关于电子数据的法律、法规也在不断进行修改和完善，当事人对电子数据的认识和合规采集电子数据的意识也越来越高，电子数据作为证据被法院采纳的可能性越来越高。微信聊天记录就属于其中一种。微信聊天记录并不属于典型的诉讼证据，是指在实践中以微信为载体的用文字、图片、视频记录作为证据形式的一种电子数据证据。微信聊天记录作为新兴的电子数据证据形式，能否在庭审中充分发挥作用、成为定案根据，已经成为审理一大批民事案件的关键[1]。

最新修改的《最高人民法院关于民事诉讼证据的若干规定》（以下简称《民事证据规定》）对电子证据的范围进行了补充和完善，并明确了相关的判断规则。该规定第 14 条明确了电子数据包括在网页或博客等平台发布的信息，以及短信或即时通讯工具中的通信信息等。微信作为新兴的网络传媒工具，平台上的信息包括聊天记录是以电子数据的形式存在的，属于民事诉讼法规定的证据范畴。由于电子数据的可复制性和可传播性，《民事证据规定》第十五条规定，当事人以电子数据作为证据的应提供原件，但直接来源于电子数据的打印件或其他介质可以视为原件；还规定了如果提供原始载体确有困难的，可以提供复制件。由于电子数据可以进行编辑，提取和保存中存在被篡改的可能性从而导致证明力不高。[2]《民事证据规定》规定了存在疑点的电子数据不能单独作为认定事实的依据，而且还明确了如何判断电子数据的真实性，包括在提取证据过

---

1 黄一诺：《电子数据在民事诉讼中的适用——以微信证据为例》，《法制博览》2021 年第 11 期。
2 古国妍，娄琳莉，贡凤，李榛：《电子证据的鉴真——以微信为例》，《东南大学学报（哲学社会科学版）》2017 年第 2 期。

程中的保持完整性。对于由中立第三方平台提供的电子数据，业务活动中产生的或以档案保管的电子数据，可以确认其真实性。对于经过公证机关公证的，如果没有相反证据推翻，应当确认其真实性。

由于电子数据较容易被篡改或破坏，在利用微信聊天记录相关证据的时候，要注意保持内容的真实性和完整性。需要提供微信截图中当事人的身份信息以印证信息真实性，还需要确定微信聊天时间在案件过程的时间段内。而且微信的聊天内容不能模糊不清或进行删改导致无法辨别待证事实，需要保持相对完整。本案中许多事实证据都是以聊天截图的形式呈现，比如双方之间的转账情况，修改密码前后的时间节点，以及双方对于密码被修改后的态度及采取的措施等。这些都需要代理律师从微信聊天证据中提取出可以利用的信息点，为案件的损失计量以及利息计算提供证据基础，以更精确地完成相应的计算。在另一起股票配资案件中，由于微信聊天记录截图被打印出来并经过了公证，虽然在庭审过程中发现聊天记录存在删改情况，但不能排除是当事人在日常使用过程中合理的习惯性删除，而对方也提供了更为完整的聊天记录，经过比对，删改内容对于整体案件事实没有影响，不足以推翻公证文书的效力，所以法官最终采纳了该微信证据材料。律师在办案过程中，需要仔细核查所收集到的微信证据是否内容真实完整，发现删改情况及时与当事人沟通，必要时需要进行公证，从而能够更精确地对于微信证据中出现的事实证据以及损失计算相关数据进行案件处理相关工作。

四、以定性和定量思维精准化法律支持

（一）定性：合同效力

场外配资作为一种游离于证券市场监管之外的杠杆工具，近年来在证监会等监管机构的打压下始终未曾消失，而由其引发的场外配资纠纷，也一直在理论以及实务界存在争议[1]。一些学者认为合同由于违反国家特许经营而无效，另一部分学者认为不能一概认定为无效。出于规范金融市场秩序以及加强金融监管力度的考量，在《全国法院民商事审判工作会议纪要》（以下简称《九民纪要》）中明确规定了场外配资合同的无效。《九民纪要》第 86 条规定了场外配资合同的效力，认为场外配资行为实质上是违反了《证券法》第 120 条提供融资融券服务需要经国务院证券监督管理机构批准的规定，规避了相应的监管，

---

1 刘锦程：《我国证券市场场外配资的法律问题研究——对〈九民纪要〉第 86、87 条的分析与展望》，上海外国语大学硕士论文，2020 年。

所以应认定为无效合同。[1] 第八十七条规定，场外配资合同被确认无效后，配资方无权请求用资方支付约定的利息和费用，而且还规定了用资方能够证明因配资方采取更改密码等方式控制账户，使得用资人无法及时平仓止损，并据此请求配资方赔偿其因此遭受的损失的，人民法院依法予以支持。《民法典》第153条规定，违反国家特许经营规定的合同无效，因此，场外配资合同无效。《民法典》第157条规定，合同无效的，财产应予以返还，损失由有过错的一方承担，双方都有过错的，各自承担相应的责任。所以，本案中的原、被告双方之间签订的场外配资合同是无效的，被告需要返还本金以及原告支付的部分利息。

在股票配资案件中，最常见的损失问题是由强制平仓引起的。一般对于强制平仓引起的损失由用资方自担，因为配资本身就是利用配资方资金进行杠杆购买股票，本身的风险就较高。[2] 在配资合同中通常有约定强制平仓的标准，如果达到强制平仓线，则引起的损失由用资方自行承担。但也有因配资方过错导致损失的情况出现，例如已达到平仓线但未进行平仓带来的损失，或者由于配资方单方更改密码导致用资方无法操作账户造成的损失，都应由配资方承担。如果是因为市场风险无法卖出或者因为系统技术故障导致的，则配资方无须承担此种损失。对于改密码的责任，如果是配资方恶意在未达到合同约定的平仓线的时候进行修改密码的行为，导致用资方无法进行账户交易导致亏损，由配资方承担责任。但如果是用资方自行修改密码，则用资方自行承担责任。本案中修改密码造成的损失是由非正常交易因素导致的，由于账户密码被恶意篡改，使得原告失去了对该账户的使用权限，并且经过后面的股票异常买卖行为，造成原告巨额损失。而被告作为账户的绝对控制者，需要承担账户管理风险以及确保账户安全的责任，未履行确保账户安全的职责。因股票配资本身是带有杠杆的，应该紧盯账户交易情况，此次因恶意操作并导致巨大损失，应当向原告赔偿全部损失。

（二）定量：计量依据

1. 约定利息与法定利息

约定利息是指借贷双方事先在合同中对借款利率、支付时间及方式等加以约定的利息。民法尊重意思自治原则，法院受理案件时会优先依照约定的内容处理，自然人之间如果没有约定利息或约定不明的，则视为没有利息。[3] 约定优

---

1 杨晖：《场外股票配资行为之司法审判裁量探析》，《证券法苑》2020年第1期。
2 刘燕：《场外配资纠纷处理的司法进路与突破——兼评深圳中院的〈裁判指引〉》，《法学》2016年第4期。
3 刘勇：《〈民法典〉第680条评注（借款利息规制）》，《法学家》2021年第1期。

先是指在合同中既有双方当事人的事先约定同时又存在法定情形时，优先依照当事人的约定内容进行处理。法定利息是指依法律规定直接产生的利息。目前的法定利率主要是指中国人民银行授权全国银行间同业拆借中心发布的一年期贷款市场报价利率。根据最新的民间借贷司法解释，法定利率最高标准是不得超过合同成立时一年期贷款市场报价利率的四倍，而根据最新一年期的贷款市场报价利率 3.85%，四倍利率也就是不能超过 15.4%。

2. 约定利息与逾期利息

逾期利息是指借款人不按照约定的期限归还借款的带有惩罚性质的利息。[1] 逾期利息的产生可以按照合同约定方式进行，当没有约定时，按照法定方法计算。逾期利率既可以由当事人约定，当事人未约定的也可以按照法定。根据 2015 年版的《最高人民法院关于审理民间借贷案件适用法律若干问题的规定》第二十九条的规定："借贷双方对逾期利率有约定的，从其约定，但以不超过年利率 24% 为限。未约定逾期利率或者约定不明的，人民法院可以区分不同情况处理：（一）既未约定借期内的利率，也未约定逾期利率，出借人主张借款人自逾期还款之日起按照年利率 6% 支付资金占用期间利息的，人民法院应予支持；（二）约定了借期内的利率但未约定逾期利率，出借人主张借款人自逾期还款之日起按照借期内的利率支付资金占用期间利息的，人民法院应予支持。"本案中由于被告一直将余款占用未归还给原告，所以我方主张被告应向我方返还以全部余款为基数，按年利率 6% 计算资金占用损失。法院最终以 6% 的利率计算被告占用余款的逾期利息。但最高院关于逾期利率的规定在 2020 年发生了重大变化。根据 2020 年版的《最高人民法院关于审理民间借贷案件适用法律若干问题的规定》第二十八条规定："借贷双方对逾期利率有约定的，从其约定，但是以不超过合同成立时一年期贷款市场报价利率四倍为限。未约定逾期利率或者约定不明的，人民法院可以区分不同情况处理：（一）既未约定借期内利率，也未约定逾期利率，出借人主张借款人自逾期还款之日起参照当时一年期贷款市场报价利率标准计算的利息承担逾期还款违约责任的，人民法院应予支持；（二）约定了借期内利率但是未约定逾期利率，出借人主张借款人自逾期还款之日起按照借期内利率支付资金占用期间利息的，人民法院应予支持。"在逾期利息计算过程中，起算点主要为借款之日、违约之日、起诉之日等。本案的这三个时间节点均在 2020 年的司法解释出台之前，所以，在本案中我方主张的与法院判决的均是按照 6% 的逾期利率来计算逾期利息。

1　王学棉：《民间借贷合同逾期利息请求及其判决》，《当代法学》2015 年第 6 期。

五、结语

现代司法诉讼是社会经济各交易主体用来维护自身权益并作为平衡相互利益关系的基础法律手段，法务会计可以为界定司法诉讼案件中的专业问题提供最为直接的技术结果，保障民事诉讼、经济纠纷等纠纷顺利解决。[1]因此，在诉讼过程中代理律师需要充分运用法务会计思维，为当事人主张的损失及利息金额选取合适的损失计量公式进行计算，并且积极寻找相关证据予以证明。在诉讼策略制定的过程中，代理律师需要迅速锁定定位，找到诉讼的突破口，为当事人争取合法范围内的最大权益。同时，代理律师还需要增强学习意识，积极主动地学习专业的会计知识，增强知识储备，以便为当事人提供更为全面专业的法律服务。尤其是在当今的中国市场，学会运用法务会计知识的律师是极具发展潜力的，可以更好地推进法律与会计的结合，而法务会计反过来也能为各种案件提供各种合理的诉讼支持。

参考文献

［1］张苏彤．法务会计的诉讼支持研究［M］．北京：中国政法大学出版社，2012.

［2］张苏彤．法务会计［M］．北京：首都经济贸易大学出版社，2019.

［3］刘锦程．我国证券市场场外配资的法律问题研究［D］．上海：上海外国语大学，2020.

［4］黎仁华．推动我国会计鉴定职业化的发展对策［J］．财务与会计，2020.

［5］谭立．论法务会计与财务会计的区别：走出法务会计的理论认识误区［J］．当代财经，2005（8）.

［6］胡学军．我国民事证明责任分配理论重述［J］．法学，2016（5）.

［7］张志彦．证据分类确定路径分析：以原始证据和传来证据为例［J］.山东审判，2017，33（3）.

［8］古国妍，娄琳莉，贡凤，等．电子证据的鉴真：以微信为例［J］.东南大学学报（哲学社会科学版），2017，19（S2）.

［9］张秦灵．诉讼支持视角下的法务会计研究［D］．北京：首都经济贸易大学，2015.

［10］杨晖．场外股票配资行为之司法审判裁量探析［J］．证券法苑，

---

1 黎仁华：《推动我国会计鉴定职业化的发展对策》，《财务与会计》2020 年第 3 期。

2020，28（1）.

[11] 刘燕. 场外配资纠纷处理的司法进路与突破：兼评深圳中院的《裁判指引》[J]. 法学，2016（4）.

[12] 缪因知. 证券交易场外配资合同及其强平约定的效力认定 [J]. 法学，2017（5）.

[13] 刘勇.《民法典》第 680 条评注（借款利息规制）[J]. 法学家，2020（1）.

[14] 王学棉. 民间借贷合同逾期利息请求及其判决 [J]. 当代法学，2015（6）.

[15] 刘广瑞. 法务会计的诉讼支持作用及其运用障碍 [J]. 财会月刊，2009（18）.

[16] 黄一诺. 电子数据在民事诉讼中的适用：以微信证据为例 [J]. 法制博览，2021（11）.

[17] 刘鹏. 我国法务会计在诉讼中的应用研究 [J]. 会计之友（上旬刊），2008（7）.

法务会计在商业贿赂案调查中的应用

——从美国苹果公司调查商业贿赂案谈起

郭 丹[1] 沈 红[2] 齐兴利[3]

【内容摘要】 商业贿赂是指通过不正当手段获得竞争优势，侵蚀了市场经济中公平竞争的基础，是各国反不正当竞争法重点打击的违法行为。法务会计人员运用会计、审计、侦查、证据规则等全方位的知识，不仅在商业贿赂犯罪调查取证过程中，而且在开庭审判、证据开示、交叉盘问、定罪量刑过程中都发挥着积极和建设性的作用。本文通过对美国苹果公司反商业贿赂案和我国法务会计实务案例的分析，希望对我国法务会计专家证人的地位与证据效力不断提高有所帮助，为现代化市场经济保驾护航。

【关键词】 法务会计 商业贿赂 反不正当竞争法 专家证人

依据美国《布莱克法律词典》，商业贿赂是指竞争者通过秘密收买交易对方的雇员或代理人的方式，获得优于其他对手的竞争优势。联合国所做的一项调查表明，在全球范围内，商业贿赂使得商品的最终成本提高了15%左右[4]，而这个成本最终由社会公众消费者承担。商业贿赂不仅会让社会承受巨大损失，而且侵蚀了市场经济中公平竞争的基础。商业贿赂的巨大负作用已经得到世界的共识，美国《反海外腐败法》和我国反不正当竞争法都是基于维护市场经济公平竞争机制、打击商业贿赂等不法行为而制定的。

一、透视美国苹果公司员工受贿情形

2009年7月，JLJ公司在新加坡证券交易所（SGX）上市。然而，仅仅一年后，JLJ公司因行贿美国苹果公司的一名全球采购经理，参与不正当竞争，公司股价暴跌，声名狼藉。由此，该商业贿赂案得以浮出水面，正是借助于苹果公

---

1 郭丹，南京审计大学。

2 沈红，南京南审希地会计师事务所。

3 齐兴利，南京审计大学。

4 新浪财经 http://finance.sina.com.cn/g/20060110/17592264189

司聘用法务会计专业人士，才高效地完成了相关证据的搜集与提交工作。[1]

JLJ 公司的历史可以追溯到 1993 年，Chua Kim Guan 和几位出资人共同创立了 Jin Li 模具公司。Jin Li 模具因其优质的服务和先进的制造能力，很快在模具业界建立起了良好的声誉。2001 年 Jin Li 模具公司与苹果公司签订供应合同，为公司长期稳定的利润增长铺平了道路。到 2008 年，Jin Li 模具参与了苹果公司大多数产品组件的生产，包括 iPod、iPhone 和个人电脑系列产品的配件供应。2008 年，来自苹果公司合同的收入占 Jin Li 模具公司总收入的 80% 以上。2008 年 11 月，Jin Li 模具公司通过换股，成立 JLJ 控股公司。2009 年 7 月，JLJ 公司在新加坡证券交易所首次公开发行股票，被迅速认购一空，投资人对 JLJ 控股公司业绩的持续高增长充满信心。

JLJ 控股公司及前身 Jin Li 模具公司的商业贿赂与不正当竞争行为开始于 2005 年，其中的关键人物是美国苹果公司的一名全球采购经理人保罗·迪瓦恩（Paul S. Devine）。迪瓦恩自 2005 年起成为苹果公司全球采购经理，参与了苹果 iPhone 和 iPod 电子材料的全球采购与供应商的挑选工作，掌握大量供应商公司的商业秘密与招投标信息。2006 年 10 月，迪瓦恩与 Jin Li 模具公司经理安德鲁·昂合谋，由迪瓦恩向 Jin Li 模具公司和其他五家亚洲供应商提供苹果公司招投标的秘密信息，使这几家供应商在与苹果的供应合同投标中得以胜出。作为回报，迪瓦恩从供应商那里获得回扣，金额由各供应商与苹果公司的业务总额的比例来决定。安德鲁·昂作为迪瓦恩和供应商之间的中间人，从迪瓦恩收到的回扣贿赂中获得报酬。违法的商业贿赂与不正当竞争行为一直进行得很顺利，直到 2009 年 4 月，安德鲁·昂从 Jin Li 模具公司辞职，及同期苹果公司对公司内部控制业务环节进行主动调查。

美国苹果公司聘用了具有"反欺诈调查员"资格（ACFE）的法务会计人员参与相关业务环节的调查。在苹果公司为迪瓦恩工作所提供的苹果笔记本电脑上，查到迪瓦恩与安德鲁·昂通过其个人 Hotmail 和 Gmail 账户收发的电子邮件的缓存内容信息，不法行为渐渐浮出水面。[2]调查过程并非想象的那样简单。在五年几百封的电子邮件中，一些关键词汇被代码或其他词汇替代以掩人耳目，例如用"样本"（sample）一词代指"回扣款"（kickback payment），并以签订"咨询服务"合同掩盖回扣款的来源与性质。另外，因担心引起银行或监管机构的注意，迪瓦恩以妻子的名义在亚洲多个国家开立了多达 14 个银行账户，指

1　Mak，Yuen Teen. Apple Case Throws Spotlight on Corruption. Business Times. 26 August 2010.

2　Martyn Williams. Laptop E-mail Cache Tipped Apple to Kickbacks Scheme. PC World. 13 April，2011.

示供应商通过电汇，将回扣款支付到以他妻子的名字开立的银行账户中，且每笔汇款金额不超过 1 万美金。在 2007 年 10 月迪瓦恩发给一家供应商的电子邮件中，迪瓦恩写道："我还没有收到 9 月份的样本，可以咨询一下贵公司的会计部门吗？9 月与 10 月的样本请分别寄出"。单看这封邮件，很难发现违法痕迹，非常具有迷惑性。在 2008 年 1 月，迪瓦恩给安德鲁·昂的电子邮件中，两人约定在澳门见面，安德鲁·昂向迪瓦恩交付部分回扣款的现金。

迪瓦恩还采取了其他一些措施进行洗钱，来隐瞒他秘密收受商业回扣并泄露商业秘密的不法行为。迪瓦恩成立了 CPK 工程公司（CPK Engineering Corporation），开立了公司银行账户，这些账户被用来收受商业回扣贿赂，然后不法款项被转至其个人账户。他通过系列洗钱行为，掩盖所收到款项的来源与性质，掩盖犯罪行为。

2009 年 4 月，安德鲁·昂从 Jin Li 模具公司辞职。迪瓦恩继续与 JLJ 控股公司主席 Chua Kim Guan 保持邮件往来。2009 年 6 月，在给 Chua Kim Guan 的电子邮件中，迪瓦恩写道："感谢你支付的 9 万美金，我将继续提供服务，辅助贵公司的业务发展。"邮件中还包含一份竞争对手的价格信息，同时不忘提醒 Chua Kim Guan 尚欠其 31 万美元现金和价值 40 万美元的 JLJ 公司股份。在 2010 年 4 月，随着苹果公司对全球采购交易行为的调查，迪瓦恩违反雇员诚实信用义务、收受商业贿赂、泄露公司商业秘密的不法行为被揭露。

调查发现，迪瓦恩在苹果公司工作的五年里，共获得超过 200 多万美元的回扣款和其他非法收入。2010 年 8 月，苹果公司对迪瓦恩提起了民事诉讼。[1]苹果公司对迪瓦恩的民事指控包括违反与苹果公司签订的劳动合同，即应向苹果公司报告"真实或明显的利益冲突行为、损害供应商公平竞争行为、自利性交易行为"。这些义务都包含在迪瓦恩与苹果公司签署的劳动合同中，他的索贿与收受商业贿赂的行为显然违反了这些义务与职责。苹果公司的发言人表达了对迪瓦恩违法行为的强烈不满，并表示对公司内外的不诚实行为零容忍。

紧随苹果公司的民事诉讼之后，美国联邦调查局（FBI）和税务局（IRS）对迪瓦恩进行了刑事调查，迪瓦恩被捕。2010 年 8 月 16 日，JLJ 控股公司向新加坡交易所披露的文件中承认了其员工安德鲁·昂被卷入美国苹果公司的民事诉讼与刑事诉讼，但试图向投资者保证，JLJ 控股公司与苹果公司的业务没有受

1　Apple Inc. v. Devine et. al. N. D. 10 April, 2011.

到不利影响。但这些声明并没有阻止 JLJ 股价的螺旋式下降。[1]

2010 年 8 月，新加坡反腐败调查局（Corruption Practices Investigation Bureau）开始介入调查该案。Chua Kim Guan 辞去了公司执行主席的职位，但公司的涉事经理安德鲁·昂却下落不明。2011 年 2 月 28 日，迪瓦恩承认犯有欺诈罪、合谋商业贿赂罪和洗钱罪。[2]迪瓦恩的违法行为给苹果公司造成了 240 万美金的损失，迪瓦恩同意上缴 228 万美金的非法收入，同时可能面临 20 年监禁。

二、美国反商业贿赂立法体系与执法机构

美国非常重视反不正当竞争立法。商业贿赂行为严重破坏市场竞争秩序，是美国反不正当竞争立法中重点规制的对象。美国规制反不正当竞争行为的法律包括：1914 年《克莱顿法》、1914 年《联邦贸易委员会法》、1936 年《罗宾逊—帕特曼反价格歧视法》、1977 年《反海外腐败法》等，以及宪法、税法、各州刑法中规定的相关内容，构成了相对完备的惩治商业贿赂的法律制度体系，具有一定的防范功能。

《1914 年克莱顿法》第 2 条明确规定"商人在其商业过程中，支付、准许、收取、接受佣金、回扣或其他补偿是非法的"。第 3 条规定"商人在其商业过程中，以购买者不使用其竞争者的商品作为条件，给予回扣、折扣，如果该行为实质上减少竞争或旨在形成垄断，是非法的。"

美国《反海外腐败法》（Foreign Corrupt Practices Act，FCPA）在 1977 年 12 月正式生效，此后经过 1988 年 和 1998 年两次修订，更名为《国际反贿赂和公平竞争法》（International Anti- Bribery and Fair Competition Act），但在实践中，往往使用 FCPA 的简称。《反海外腐败法》（FCPA）是目前美国最主要的规制本国企业对外国政府官员和外国经济实体进行商业贿赂的法律。美国《反海外腐败法》（FCPA）的法律制裁措施广泛且严厉，商业贿赂行为中的行贿者与受贿者将可能承担刑事监禁、民事赔偿、行政处罚等法律责任。[3]

《反海外腐败法》主要包括三部分的内容：①规定公司的经营活动必须保留完整准确的会计记录；②公司必须建立和完善内部控制系统，使重要的财务行为得到公司内部控制系统的监督，并进行常规内部审计；③规定公司不得为了获得和保持商业业务，贿赂外国政府官员，违反规定的公司和个人将受到民

1　JLJ Holdings Limited. Company Announcement. 24 August 2010. http：//info. sgx. com/webcoranncatth. nsf.

2　Dan Nystedt. Ex-Apple Manager Pleads Guilty to Fraud in Kickback Scheme ［J］. Computer World. 11 April 2011.

3　Marika Maris and Erika Singer. Foreign Corrupt Practices Act ［J］. America Criminal Law Review. Spring 2008.

事和刑事处罚。[1]美国 1977 年《反海外腐败法》最初的适用对象仅包括禁止对海外政府公职人员的贿赂行为，1998 年《国际反商业贿赂与公平竞争法》，将国际反商业贿赂的规制范围扩大到禁止对海外经济实体和自然人进行商业贿赂。

美国《联邦贸易委员会法》第 5 条规定，该委员会可以将商业贿赂作为不正当竞争手段而提出指控，也可以作为欺诈行为提出指控，包括民事指控与刑事指控。美国 1970 年《反欺诈影响和腐败组织法》（Racketeer Influenced and Corrupt Organizations Act）规定，对涉嫌进行商业行贿的被告，利益受损的商业竞争对手可以向美国联邦法院提起民事索赔诉讼，赔偿范围包括被告公司通过商业贿赂获得的业务利益。2010 年《多德·弗兰克华尔街改革与消费者保护法》规定奖励举报者（whistleblower），一旦举报商业贿赂的信息被确认，举报者将可以获得对违法者处罚罚金的 10%~30%作为奖励，奖金可能高达数千万美元。此举大大提高了商业贿赂被揭露与被处罚的成功率，同时该法也鼓励企业自我披露违法行为。

美国反商业贿赂的执行机构主要是证券交易委员会（Securities and Exchange Commission，SEC）和司法部（Department of Justice，DOJ）。[2]证券交易委员会（SEC）主要负责调查被告公司对会计准则的遵守，规范公众公司（public company）的董事、经理、雇员、代理人或持股 10%以上的股东，对进行商业贿赂的公司和自然人启动调查和民事诉讼。司法部（DOJ）主要负责对于商事贿赂刑事责任的执法，对于美国公司及其董事、经理、雇员、代理人或持股 10%以上的股东，及在美国领土内登记注册的外国公司和自然人等进行调查和刑事诉讼。美国联邦调查局（Federal Bureau of Investigation，FBI）也具有调查商业贿赂行为的职责，经常与美国证券交易委员会、司法部协同工作。

三、运用法务会计技术获取商业贿赂案证据路径

美国著名的会计学家 G. Jack Bologna 与 Robert J. Lindquist 对法务会计的定义是：运用相关会计知识，对财务事项中有关法律问题的关系进行解释与处理，并给法庭提供相关的证据，包括向法庭提供刑事诉讼证据和民事诉讼证据。[3]复旦大学李若山教授曾界定法务会计为：特定主体运用会计知识、财务知识、审计技术与调查技术，针对经济纠纷中的法律问题，提出自己的专家性意见，作

1 陈虎. 浅析美国《反海外腐败法》中的"会计条款"[J]. 唯实. 2012（11）.
2 刘霄仑. 美国反海外贿赂行为法 [M]. 北京：中国财政经济出版社，2007：41.
3 G. Jack Bologna and Robert J. Lindquist, Fraud Auditing and Forensic Accounting: New Tools and Techniques. 2001. P63.

为法律鉴定或者在法庭举证的一门新兴行业。[1]

商业贿赂行为方式隐蔽、手段多样、环节复杂，且犯罪分子常常具有财务知识，具有较强的反侦查能力，这些因素使得商业贿赂案件证据难于被发现和收集。因此，在打击商业贿赂违法犯罪的过程中，证据收集成为其中的核心与关键。只有将会计知识、审计技术、证据侦查手段、法庭证据开示与认定方法等专业技术能力结合起来，才能有效收集商业贿赂证据，并在法庭上对商业贿赂行为进行定罪与民事赔偿处罚。法务会计参与商业贿赂调查，以目标为导向，以数据为对象，整合资源，构建平台，综合运用但不限于如下具体技术方法：

（一）内控系统分析评估法

内控系统分析评估法是内控分析法与专项审计方法的融合，二者分别从宏观和微观相互印证与补充，寻找潜在的商业贿赂行为的蛛丝马迹。内控分析法是法务会计人员从公司的内部控制架构出发，对公司的内控有效性进行评估；同时对公司已披露的重要财务数据进行分析，利用时间对比法、科目比例关系法、同行业对比法等分析方法，找出风险点与可疑事项。在此基础上，通过专项审计的相应技术方法对具体科目和数据进行审查、核对、鉴证，以发现问题与揭示违法行为。美国苹果公司的自查，就是从内控最弱的原材料采购环节入手的，精准剥离出全球采购经理人保罗·迪瓦恩收受商业贿赂的可疑线索。

（二）询问法与质询法

在开始全面调查的初始阶段，法务会计人员可以与被调查公司的财务人员或业务人员进行单独谈话，了解公司的业务经营范围、经营特色、风险点，直接获得一线工作人员的信息与观点，从中寻觅可能的商业贿赂环节与线索。在掌握初步的证据并对相关证据进行保全后，法务会计人员也可以直接面对不法嫌疑人，质询相关证据。法务会计人员应根据嫌疑人的心理状态，制定恰当的质询策略，在心理攻势下使其交代更多的线索，全面打开商业贿赂的全方位证据搜集工作。美国苹果公司调查全球采购经理人保罗·迪瓦恩收受商业贿赂案时，迪瓦恩面对法务会计人员提供的初步证据和强大心理的攻势，认罪坦白，大大推进了调查进度、调查广度与证据搜集的全面性。在我国法务会计司法实践中，（201＊）苏0106刑初＊＊＊号，南京市＊＊＊人民法院刑事判决书，法院认可侦查机构依据南京某专业法务会计事务所出具的审字〔201＊〕第＊＊＊号专项法务审计报告，结合对犯罪嫌疑人的讯问与犯罪嫌疑人的坦白，作为定罪的部分证据。

1　李若山：《论国际法务会计的需求与供给》，《会计研究》2000年第11期。

（三）对可疑账目进行顺逆向复核法

商业受贿与行贿一定有资金或财物的往来，在相关会计凭证和会计账目上，一定会留下痕迹。当然相关会计痕迹可能被伪装。法务会计人员可以通过对会计资料进行顺查法和逆查法，发现端倪。顺查法是指法务会计人员按照企业财务会计处理程序，从原始凭证、记账凭证、明细账和总分类账，将相关数据与公司年度财务会计报告进行比对，发现犯罪线索。逆查法是指法务会计人员先对公司年度财务会计报告进行分析评估，然后将年度财务会计报告与总分类账、明细账进行比对，再审查对应的记账凭证、原始凭证的方法。法务会计人员应特别关注现金支取、现金支票、转账支票、汇票等付款凭证，检查收款账户是否与开具发票的对象一致，检查是否有大比例的销售费用等。在美国苹果公司员工受贿案中，包括 JLJ 公司在内的五家供货商，将给迪瓦恩的回扣款汇入以其妻子的名义在亚洲多个国家开设的 14 个银行账户，收款账户与开具发票的对象明显不符。如前述（201＊）苏 0106 刑初 ＊＊＊ 号，南京市 ＊＊＊ 人民法院刑事判决书中，法院认可南京某专业法务会计事务所对被告人业务员张某犯罪行为所涉公司账目的顺查与逆查，抽丝剥离出其转移侵占公司资产、造成公司资产损失 3 000 多万元的犯罪事实。该法务会计事务所出具的专项法务审计报告，令犯罪嫌疑人认罪，成为定罪量刑重要证据。

（四）对会计资料检查与分析定性法

资料检查与分析定性法是对于所获取的会计资料进行检查、分析，确定其形式与内容是否相符的定性过程。商业贿赂的重要隐匿手段是通过虚构经济活动来隐藏贿赂资金的法律属性，例如将贿赂资金包装成销售费用、会议费用、考察费用、咨询费用、劳务费等等。对于过高的此类账目金额，法务会计人员应保持高度的职业怀疑，并进行详细的内容审查、鉴定、定性。前述苹果公司采购经理人迪瓦恩成立了 CPK 工程公司，开立了公司银行账户，以咨询费的名义，收受供应商的商业回扣款，然后不法款项被转至其个人账户，通过洗钱达到掩盖非法资金来源的目的。在上述（201＊）苏 0106 刑初 ＊＊＊ 号，南京市 ＊＊＊ 人民法院刑事案件调查中，南京某专业法务会计事务所通过对受害公司会计资料与合同资料的对应检查，发现犯罪嫌疑人业务员张某增加交易环节、转移公司利润近百万元的犯罪事实。

（五）实物调查法

重大资产来源不明，常常是攻破商业贿赂犯罪中受贿者的有力武器。法务会计人员可以对受贿嫌疑人的有形财产与无形财产（如股票）进行登记核查，确认其价值，质询嫌疑人相关财产的来源。对于行贿的公司，可以核查其账面资产与实物资产是否存在数量上的差异，是否有缺失，调查缺失财产的去向，寻找行贿的财产证据。法务会计应实地盘点价值较大的，可用于私人生活中的财产，如汽车、房屋等。苹果公司采购经理人迪瓦恩持有高达 40 万美元的 JLJ 公司股份，却无法证明他以合法收入对这些股票支付了对价。实物调查法可以高效锁定受贿和行贿的实物证据。在上述（201＊）苏 0106 刑初 ＊＊＊ 号，南京市 ＊＊＊ 人民法院刑事判决书中，法院认可南京某专业法务会计事务所对受害公司仓库的实地盘点，确认被告业务员张某虚构库存单、转移侵占公司资产的犯罪事实，该所出具的专项法务审计报告成为定罪量刑的重要证据。

（六）大数据挖掘法

法务会计获取商业贿赂证据的目的性强、手段多样、技术先进。合格的法务会计人员应该是综合性人才，掌握着多种实物和数据侦查技术，从多方面来发现商业贿赂的线索。法务会计以大数据爬虫技术抓取相关贿赂证据，在今天已经被广泛应用。以迪瓦恩案为例，最初法务会计人员应用电脑数据恢复技术在公司为迪瓦恩工作提供的笔记本电脑上，查到迪瓦恩与行贿人安德鲁·昂往来电子邮件的缓存内容信息，开启了对迪瓦恩受贿案的调查。其后，法务会计在得到新加坡、泰国、马来西亚、韩国等国家银行系统配合的前提下，高效快捷地发现了迪瓦恩以其妻子名义在这些国家开设的多达 14 个银行账户，以及为迪瓦恩洗钱的 CPK 工程公司的银行账户，准确地确定了其收受商业贿赂的总金额。在上述（201＊）苏 0106 刑初 ＊＊＊ 号，南京市 ＊＊＊ 人民法院刑事判决书中，法院认可南京某专业法务会计事务所通过对犯罪所涉合同货物市场价格相关网络信息的广泛搜集与整理，发现犯罪嫌疑人张某在市场高价时放货、市场低价时收款，转移受害公司利润的犯罪行为。出具的专项法务审计报告，成为确定犯罪金额的计算依据，被法院认可与采用，成为定罪量刑的确凿证据。

结 语

我国 2018 年最新修订的反不正当竞争法第 7 条反商业贿赂条款规定：经营者不得采用财物或者其他手段贿赂交易相对方及其工作人员，以谋取交易机会或者竞争优势。我国 2015 年刑法第九修正案中，商业贿赂类犯罪涉及八个罪名：①非国家工作人员受贿罪（刑法第 163 条）；②对非国家工作人员行贿罪（刑法第 164 条）；③国家工作人员受贿罪（刑法第 385 条）；④单位受贿罪（刑法第 387 条）；⑤行贿罪（刑法第 389 条）；⑥对单位行贿罪（刑法第 391 条）；⑦介绍贿赂罪（刑法第 392 条）；⑧单位行贿罪（刑法第 393 条）。触犯商业贿赂罪，数额较大的，处三年以下有期徒刑或者拘役；数额巨大的，处三年以上十年以下有期徒刑，并处罚金。刑事责任的追诉金额起点为单次或累计 10 000 元人民币以上。商业贿赂违法行为提高了整个社会的交易成本，侵蚀公平竞争的基础，影响了市场资源配置的效率，是各国反不正当竞争法重点打击的违法行为。法务会计人员是熟知会计、审计、侦查、出庭程序、证据规则等知识的全方位、复合型人才，不仅在商业贿赂犯罪调查取证过程中，而且在开庭审判、证据开示、交叉盘问、定罪量刑过程中都发挥着积极和建设性的作用。在司法审判实践中，应更加明确法务会计专家证人的地位与证据效力，提高我国在打击包括商业贿赂在内的经济犯罪行为的效率和力度，为健康的社会主义市场经济保驾护航。

参考文献

[1] 刘宵仑. 美国反海外贿赂行为法 [M]. 北京：中国财政经济出版社，2007.

[2] 李若山. 论国际法务会计的需求与供给 [J]. 会计研究，2000 (11).

[3] 陈虎. 浅析美国《反海外腐败法》中的"会计条款" [J]. 唯实，2012 (11).

[4] 黄丽勤，周铭川. 论《刑法修正案九》及司法解释对商业贿赂犯罪的新规定 [J]. 刑法论丛，2019 (06).

[5] 南京市 *** 人民法院 (201 *) 苏 0106 刑初 *** 号刑事判决书.

[6] 南京审字〔201 *〕第 *** 号专项法务审计报告.

[7] G. JACK BOLOGNA, ROBERT J. Lindquist. Fraud Auditing and Forensic Accounting: New Tools and Techniques [M]. 2001.

[8] MARIKA MARIS, ERIKA SINGER. Foreign Corrupt Practices Act [J]. America Criminal Law Review, Spring 2008.

[9] MAK, YUEN TEEN. Apple Case Throws Spotlight on Corruption [J]. Business Times, 26 August 2010.

[10] WILLIAMS, MARTYN. Laptop E-mail Cache Tipped Apple to Kickbacks Scheme [J]. PC World. 13 April, 2011.

[11] NYSTEDT, DAN. Ex-Apple Manager Pleads Guilty to Fraud in Kickback Scheme [J]. Computer World, 11 April 2011.

法务会计在税务服务中的职业推动与发展思考
——以企业资产损失所得税税前扣除分析为例

张承建[1]

【内容摘要】企业资产损失所得税税前扣除业务涉及会计核算、税务抵扣、法务知识，需要应用"财、税、法"三位一体的职业思维，法务会计职业正是财、税、法有机融合的专业行为。将法务会计方法运用在企业资产损失所得税税前扣除鉴证业务中，能从"财、税、法"的融合思维充分把握税法要义的遵从度，降低企业税务风险与涉税鉴证机构及执业人员的执业风险。本文认为，法务会计在税务服务中的职业推动与发展中，可以全面反映并体现咨询职能与鉴证职能；并以企业资产损失所得税税前扣除业务案例分析为例，探索了法务会计作为"财、税、法"的融合思维对税收服务的职业推动。

【关键词】法务会计　税务服务　职业推动　资产损失所得税

依据我国会计准则及其税法的要求，准予企业在所得税税前扣除的资产损失，这是指企业在实际处置、转让资产过程中发生的合理损失（以下简称"实际资产损失"），以及企业虽未实际处置、转让上述资产，但符合《财政部国家税务总局关于企业资产损失税前扣除政策的通知》（财税〔2009〕57号）（以下简称《通知》）、《企业资产损失所得税税前扣除管理办法》（国家税务总局公告2011年第25号）（以下简称《办法》），及其他补充规定条件计算确认的损失（以下简称"法定损失"）。《办法》从总体上规定，企业资产损失相关的证据包括具有法律效力的外部证据和特定事项的企业内部证据。

企业资产损失所得税税前扣除，从字面上看是税务问题。但在我们多年的税务咨询和鉴证实务中，我们深刻体会到，企业资产损失所得税税前扣除业务会涉及财务、税务、法务问题。如果运用法务会计思维，在业务执行中达到财务、税务、法务问题的统一（即"财、税、法"三位一体），将大大提高对业务的风险管控水平，不仅能有效控制委托人的合规性风险，而且能把鉴证机构

1　张承建，重庆汇博烨煜税务师事务所。

及其鉴证人员的执业风险降至最低。法务会计在税务服务中的职业发展可以从以下两方面加以体现：一是咨询职能；二是鉴证职能。本文将以具体的企业资产损失所得税税前扣除业务案例，探讨法务会计的咨询职能和鉴证职能。

一、存货资产损失所得税的税前扣除咨询业务案例

（一）业务资料

2020 年 12 月，某税务师事务所接受 A 企业委托，提供资产损失所得税税前扣除专项咨询业务，针对企业年度资产清查产生的存货损失的税务处理进行全过程跟踪咨询、辅导，使存货损失税务处理符合税法规定，降低企业涉税风险。相关清查资料如下：

1. 企业盘亏原材料一批，账面成本 5 万元，原因不明。

2. 企业于 2020 年 10 月 16 日原材料库房发生火灾，造成价值 135.46 万元的原材料化为灰烬，保险公司根据消防部门的鉴定资料，对属于保险范围的产成品，给予了 67.34 万元的赔偿。

3. 按照企业存货管理制度，因管理责任导致存货流失的，相关责任人需按损失金额的 10% 进行赔偿。

（二）业务处理

某税务师事务所派出了由 1 名法务会计师和 1 名税务师组成的咨询项目组进驻企业，开展实地调查、核实，查找损失原因，根据税法相关规定，指导企业进行正确的税务处理。项目组进行了如下分工：法务会计师负责对原因不明的原材料盘亏的相关资料进行审核，并对存货管理制度的落实情况进行调查；税务师负责根据税法指导企业确定申报存货损失可税前扣除的金额，并备齐相关申报资料。法务会计师根据企业存货管理制度，对全年的各类原材料的入库、出库台账进行分析，根据疑点核查相关原始资料，并走访存货管理之外的部门和人员，交叉比对信息。经过 3 天紧张的现场工作，法务会计师发现如下情况：

1. 盘亏原材料账面成本 5 万元中，有 4.60 万元属于记录错误，为真实出库，剩余 0.40 万元属于收发正常误差。

2. 在分析出库台账时发现，10 月有两笔对同一家单位销售出库的产品账面成本均为 10 万元，分别是 10 月 10 日和 14 日发生的，该单位不是经常性客户，引起了法务会计师的注意。

3. 在检查火灾损失资料的过程中，发现损失清单中有一笔 10 万元的原材料和上述原材料品种、规格、数量雷同，也引起了法务会计师的注意。

针对上述 2、3 情况，是巧合还是有舞弊嫌疑？法务会计师出于职业敏感，

决定继续追查。为避免"打草惊蛇"，法务会计师请合同部门提交了3家客户的合同，包括认为有疑点的这1家，但这家仅有1个对应该产品的13万元的合同，合同部门由于合同管理不规范、不到位，认为可能是不经常性往来单位，并且数量金额都一样，就按前一个合同执行了。但法务会计师没有放弃，调取了销售人员的业务提成计算表，仅有1个13万元的销售业绩。为进一步弄清情况，法务会计师调取了财务的开票明细，发现财务于10月10日开具了1张13万元的销售发票，由于14日发票用完，14日尚未开具发票。18日销售人员以退货为由通知财务第2个13万元不用开发票了。法务会计师经核实，该月确有退货记录，但细心的法务会计师发现，火灾报损清单中的该10万元原材料对应的退货入库单编号大于16日火灾损失清单其他原材料的入库单编号，该异常引起了法务会计师的警觉。法务会计师再次复核了16日至18日的入库单，基本判断库管员有舞弊嫌疑，于是向公司总经理汇报了情况，并询问得知负责该单位产品的销售人员是库管员的远房亲戚，平时关系特别好。总经理随即邀请法务会计师参加对库管员和该销售人员的分别约谈。在事实面前，最终两人承认了由于购货单位是熟人，第2个13万元系两人想借库房发生火灾，向购货单位以不开发票少收13%的货款为诱饵，提出由销售人员现金收款，所收款项被库管员和销售人员平分的事实。

税务师根据已经查明的事实，结合《财政部国家税务总局关于企业资产损失税前扣除政策的通知》（财税〔2009〕57号）、《企业资产损失所得税税前扣除管理办法》（国家税务总局公告2011年第25号）对于存货损失所得税税前扣除的相关规定，计算出可税前扣除的准确金额，并指导企业做好了资产损失所得税税前扣除备查资料。

（三）案例启示

在本案中，舞弊的库管员和销售人员本以为提交的火灾损失清单顺利通过了消防部门和保险公司的核查就万事大吉了，根本没有料到会在法务会计师审查时"翻船"。而就一般的税务师执业而言，由于有外部的消防部门的火灾鉴定报告和保险公司的理赔核查，会信任外部的资料。由此，法务会计师不但为企业挽回了损失，降低了企业资产损失所得税税前扣除税收风险，而且为企业发现了内部控制环节存在的问题，得到了企业治理层和管理层的高度赞扬。

二、债务重组损失所得税税前扣除鉴证业务案例

（一）业务资料

2021年4月，某税务师事务所接受B企业委托，对该企业（债权人）的一笔 2150 万元债务重组损失所得税税前扣除进行鉴证，并出具鉴证报告。企业提供的资料如下：债务重组协议原件 1 份；债权人对该笔债务重组损失的记账凭证及内部审批资料；债务人对该笔债务重组利得的记账凭证和纳税申报资料。

（二）业务处理

税务师事务所派出了由两名税务师组成的鉴证项目组，进驻企业，开展实地调查、核实，并收集了上述资料和企业提供的已如实提供鉴证资料的管理层声明书。项目组根据收集的资料，通过"启信宝"客户端查询到债权人和债务人不存在关联方关系，编制了鉴证工作底稿，撰写了资产损失鉴证报告初稿，并经事务所一级和二级复核后，报送给事务所所长进行三级复核。事务所所长同时具有法务会计师和税务师资质，对于该债务重组损失所得税税前扣除鉴证业务，提出了如下意见：

1. 项目组根据《企业资产损失所得税税前扣除管理办法》（国家税务总局公告 2011 年第 25 号）第二十二条"企业应收及预付款项坏账损失应依据以下相关证据材料确认：……属于债务重组的，应有债务重组协议及其债务人重组收益纳税情况说明……"的要求收集了鉴证资料，形式上没有问题。

2. 根据 2019 年修订的《财政部关于印发修订〈企业会计准则第 12 号——债务重组〉的通知》及其应用指南，新准则规范的债务重组不强调在债务人发生财务困难的背景下进行，也不论债权人是否做出让步，只要在不改变交易对手方的情况下，经债权人和债务人协定或法院裁定，就清偿债务的时间、金额或方式等重新达成协议的交易，属于债务重组，项目组的判断也没有问题。

3. 项目组没有关注到以下两点：

（1）债务人债务重组利得全部用于弥补亏损；

（2）企业进行债务重组的动机和真实的目的。建议项目组提请企业提供债务重组具有合理商业目的的说明和不以减少税额为目的的特别声明。但经过多次沟通、交流，企业均以债务重组属于交易双方协商一致、签有债务重组协议、债务人也将债务重组利得进行了纳税申报为由，拒绝提供债务重组具有合理商业目的的说明和不以减少税额为目的的特别声明，并要求事务所认可该债务重组损失并出具鉴证报告。最后，事务所所长判断该债务重组业务的债权人和债务人很可能存在实际的关联方关系。只是企业登记信息不显示关联方关系。债权人 2020 年度如果没有债务重组损失，会有大额盈利，需要缴纳大额企业所得税，而债务人正好有大额的未弥补亏损，该债务重组很可能是双方通过避税安排，达到债权人减少税额的目的。基于实质性的鉴证风险，事务所合伙人一致决定：拒绝出具鉴证报告。

企业虽然没有取得事务所出具的鉴证报告，但还是自行申报了该债务重组损失。三个月后，在一次与企业财务的交流中得知，该债务重组损失被税务纳税评估认定为不具有合理的商业目的，存在故意避税行为。最终，该企业根据税务要求，补缴了企业所得税和税收滞纳金。

（三）案例启示

在本案例中，如果从形式要件进行判断，该债务重组损失税前扣除没有问题，但从交易实质进行判断，如果出具报告，具有重大执业风险。出于法务会计师的职业敏感，事务所所长叫停了该鉴证报告的出具，消除了执业风险。综上所述，法务会计师发挥专业特长，在税务服务中具有很大的职业发展空间。

三、融合"财、税、法"的法务会计对税务服务的职业推动思考

（一）对企业提供的财税服务可以为企业带来哪些超值的价值点

在对一些科技型企业提供服务实践工作中，难点不在于提供的政策的准确性及审计工作的财务合规性，而在于为企业特定财税目标提供各种解决方案并做比较分析，再结合企业现有及未来的资源条件，创造性地协助企业决策层确定规划方案并提供决策支持，达到企业的财务、税务、法务合规性控制并满足企业投融资、财政资金申报、特定重大税收优惠的享受等。比如，在服务一些科技型企业过程中，一些初创科技型企业往往前期为了研发、技术攻关突破等，只重视科研攻关，忽视了企业财税模式的优化，往往导致企业未能满足特定税收优惠条件而不能享受到特定的税收优惠待遇，甚至因不能满足特定财政资金支持条件而难以得到产业政策支持。一些企业在经营了很多年后，甚至连企业或企业集团（包含同一或相同股东名下的各类企业）整体的税负成本、运营成本、财务模式及节税路径都没有相关的评估总结及修订调整，导致企业在后期的投融资、上市、税务优化、财政资金支持等方面存在各类风险性障碍。由此，充分利用融合"财、税、法"的法务会计思维及其技术方法，可以在企业的财税服务中，全方位思考可以为企业带来哪些超值的价值点，并为企业创造更大的经济效益。

（二）应用"财、税、法"的法务会计实现跨界融合，助推解决系统性财税问题

近年来，政府不断深化财税体制改革，切实落实税收法定原则，推动财税制度更加成熟定型。然而，面对这种形势，"财务不懂法务，法务不懂税务，税务不懂财务"，却是很多中小民营企业财务管控所面临的通病。90%以上的中小民营企业普遍缺少税务职能部门和法务职能部门，直接或间接给企业经营活动

造成了较大的经济损失。而面对民营企业所面临的财、税、法专业服务跨界融合缺失的现状，让我们重新思考未来的"法务会计"职业定位及专业方向。同时，一些中小民营企业，往往只有在真正遇到税务稽查、法律纠纷的时候，才会想到聘请专业的服务机构为企业解决"燃眉之急"。如果我们在提供服务的工作过程中，选择这一类中小民营企业的同类型问题，且组成"财务+税务+法务"的专家团队，当然这类工作团队并不是临时组成的"门外汉之众"，而是经过团队长久融合且在该专业领域具备一定"财务+税务+法务"专业特长的"专业正规军团"，将会让企业真正感受到切实解决问题并"物超所值"。应用"财、税、法"融合的法务会计可以比较快地实现跨界融合，并在税收服务中解决系统性财税问题。即将法务会计作为转向"财务+税务"服务工作的重要动力，并通过事前的财税规划工作，可以为企业真正降低财务压力及税负成本。

参考文献

[1]《财政部国家税务总局关于企业资产损失税前扣除政策的通知》（财税[2009] 57 号）.

[2]《企业资产损失所得税税前扣除管理办法》（国家税务总局公告 2011 年第 25 号）.

[3]《财政部关于印发修订〈企业会计准则第 12 号——债务重组〉的通知》及其应用指南，2019.

[4] 黎仁华. 论法务会计的行为边界及其职业领域 [J]. 南京审计学院学报，2010（1）：51-58.

[5] 黎仁华. 论我国会计司法鉴定体制的发展模式 [J]. 会计之友，2011（5）：13-16.

[6] 黎仁华. 中国会计鉴定市场的执业效率与发展趋势研究：基于法务会计发展视角 [J]. 湖南财政经济学院学报，2016（12）：65-75.

[7] 刘剑文. 财税改革的政策演进及其内含之财税法理论 [J]. 法学杂志，2016（7）：14-31.

[8] 郑淇元、合理分配差异的财税法思考 [D]. 长春：吉林大学，2013（4）.

法务会计在化解央企经济纠纷法律风险中的应用研究

富晓霞[1]

【内容摘要】 随着法治社会构建的不断深化，更多的市场参与者选择采用法律手段维护和争取权益。作为国民经济发展的重要支柱，中央企业在市场运营过程中难免陷入经济纠纷。要解决经济纠纷案件，更好地维护自身权益，化解法律风险，就需要收集、整理和展示必要的、合法的财务数据。法务会计以其多专业、多领域的融合性和灵活性，在会计账簿、经济业务和诉讼案件相关方之间架设了一座桥梁，为妥善处理经济纠纷提供了专业化解决方案。本文从法务会计的基本内涵出发，对其在经济纠纷中的作用发挥、技术方法进行研究，对中央企业重大法律风险防范具有现实意义。

【关键词】 法务会计　中央企业　经济纠纷　法律风险

一、引言

法务会计理论起源于 20 世纪 40 年代的美国。美国会计师莫瑞克·派勒博特在 1946 年首次提出"法务会计"这一名词。20 世纪七八十年代，美国的股票舞弊案、储蓄信贷丑闻频发，法务会计学科应运而生并积极发展起来。20 世纪 90 年代末，法务会计的理念进入我国。随着市场经济的迅速发展，社会整体环境复杂多变，经济纠纷日益多样化、复杂化，特别是中央企业社会化、股权多元化程度的不断深化，对于会计和法律高端人才的需求日益凸显。

目前中央企业法律纠纷案件呈现高发态势，每年处理的案件数量已达近 10 万件。一些经济纠纷案例涉案双方在经济损失补偿的认定和核准、损失形成与违约行为关联性等要害问题上各抒己见，甚至不断提出新的认定方案持续推高索赔额度。这些问题往往涉及非常复杂的法律和会计专业知识，单一行业无法快速、全面地解决涉及多学科、多领域、复杂经济事项的现实问题，这也进一步促进了法务会计复合型专业知识的需求，使得法务会计在中央企业化解经济纠纷法律风险中的活力逐步彰显。

1　富晓霞，高级审计师，会计硕士，中国航天科工集团第三研究院审计与风险管理部。

二、法务会计的含义与特征

在我国，法务会计仍是一门新兴学科，专家对于法务会计含义的解读也各有侧重。盖地教授较早地从实物和学科的角度介绍了法务会计的基本定义；喻景忠、赵如兰等学者认为，法务会计是会计学和法学相结合形成的一门边缘性交叉学科；张苏彤教授认为，法务会计是提供、陈述或解释会计证据信息的会计，为解决法律问题提供诉讼支持与服务；刘晓善老师认为，法务会计是在特定领域对特定业务的舞弊的审计。中国总会计师协会对法务会计给出的定义是，综合运用会计学、法学及审计方法与调查技术，通过对有关会计证据资源的调查获取，向法庭展示与陈述，或以非专业人士能够理解的方式予以解释，以解决法律问题的一门学科。

随着理论与实务的不断发展，法务会计的内涵也在不断扩大，其专业特征主要体现在如下两个方面：

一是法律辅助性。法务会计的主要任务是查证或证明法律事项相关的财会事实，提供的是一种决策支持，也是法律的辅助性工作。它不能直接代替法律人员处理法律事项，而是通过会计语言解释法律问题，运用会计语言释译法律语言，以帮助任务委托人对自己的企业做出合理决策。

二是经济鉴定性。法务会计是一种特殊的调查取证过程，它基于货币计量这一重要会计假设，依照法律、法规，通过深入、细致的调查程序，不断筛选、谨慎取证，最终形成鉴定结论，对经济纠纷涉及的事项进行经济价值量化，起到诉讼支持的作用。

三、法务会计在央企化解经济纠纷中的作用

法务会计也被称为司法会计，具有专家证人、诉讼支持、调查舞弊、经济损失计量四大基本职能。对于企业经营过程中可能涉及的侵权、违约、资金安全、劳动用工等事项，法务会计作为一门集会计学、审计学、诉讼法学、证据法学、犯罪学与犯罪心理学等学科为一体的新兴综合学科，能够快速识别并采取有效的应对措施，以期获得法庭的支持，避免企业财产受到侵害。在化解中央企业经济纠纷法律风险的过程中，法务会计的作用主要体现在三个方面：

第一，让企业懂法律。中央企业多数处于关系国家安全、国民经济命脉的重要行业和关键领域，长期相对独立的经济环境使部分企业不习惯寻求法律手段解决经济纠纷的方式，在对手企业对自己启动法律程序时，不知道如何拿起法律武器维护自身权益，是否应及时起诉、如何积极应诉等。这就需要法务会计整理、分析已掌握的证据材料，特别是与经济纠纷业务相关的合同、协议、

账簿、票据、印章、审批和签收单据等，并根据这些资料所反映出的利与弊，判断胜诉可能性或诉讼可行性，这也在一定程度上，解决了中央企业法律专业人员与会计人员各司其职，面对突发事件分别从本专业角度推动，而缺乏协同性的问题；在法庭质证和判决阶段，快速、准确地读懂控辩双方所提供证据中的关键信息点，准确理解调解书、裁判书等法律文书中的术语，也能够为企业合理提出诉求，以及为是否上诉、如何应诉等决策提供法律支持。

第二，让法官懂财务。随着经济的发展，涉及新业态、新领域、新概念的疑难、复杂案件不断增加，但是法官很难对超出一般常识范围的各个领域都有深入研究，比如：中央企业介入新产业发展方向的深度不断增加，在强主业的基础上，对周边衍生产品的研发和新商业模式的尝试不断增多，常常面临信息化和智能化装备技术领域、金融衍生品领域、突破卡脖子技术的自主可控技术领域的新科学、新方式、新交易模式等。这些新生事物不仅对企业是全新的，对法官同样是全新的，超出了法官原有知识体系。此外，工程量和工程质量鉴定、产品技术鉴定等一些传统的业务，同样可能需要法律外的知识才能解决，这时，法务会计就可以利用自己的技术优势，将复杂的、晦涩的会计语言转为通俗易懂的商务语言、生活语言，以有效地补充法官在专门问题上的专业性和认知的不足。

第三，让法官懂企业。中央企业以保障国家安全和国民经济运行为目标，重点发展前瞻性和战略性产业，法官在衡量案件的时候，如果与其他企业一样考量，不利于对中央企业经济效益、社会效益、安全效益有机结合的理解。而法务会计可以综合运用会计、法律、审计、侦查等方面的技术手段，查明涉案业务的实际情况，并针对所掌握的原始资料开展进一步分析、审查，以增强证据材料的针对性和逻辑性，形成完整、精准的证据链，提高其证明力。法务会计能够在企业与法官之间建立起有效的沟通机制，便于法官在裁定中更准确地理解企业所提交的证据材料，理解企业实际的经营状况和商业模式，得出客观公允的结论。这也是法务会计为中央企业提供诉讼支持服务的关键价值体现，有助于中央企业获得更大的诉讼优势，甚至增大己方的胜诉概率或者戏剧性地推翻原有结论，避免重大经济损失。

四、法务会计提供诉讼支持的技术方法

(一) 法务会计技术方法的主要特点

一是融合性。法务会计融会了会计学、法学、审计学、经侦、心理学等多门学科的专业知识和技术方法，并且不是各个领域、各个专业、各个行业相关

技术手段的简单汇总，而是通过各种技术方法的交叉使用、互为补充达到提供专业支持的目的。在实践应用过程中，法务会计形成了自身独特的技术方法，自成一家。

二是实用性。法务会计在选择技术手段和确定工作目标时，都要服务于实践需求，根据企业具体业务的特性以及实际案件的具体情况，灵活运用两种或多种技术方法，其技术路径的选择、方法手段的运用、鉴定结果的出具等都体现出了很强的操作性和实施技巧。

（二）法务会计提供诉讼支持的常用技术方法

法务会计在提供诉讼支持过程中，常用的技术方法有系统分析法、实物勘验法、座谈询问法、鉴定法等。具体包括：

第一，系统分析法。系统分析法是指法务会计通过对所掌握的财务资料及其他相关资料进行全面审查和系统分析，对涉及经济纠纷案件的商业模式、会计核算以及与事项相关的票据、单据、合同、协议等资料进行综合归纳、对比分析，从而发现疑点，找出线索，进而揭露交易实质的一种方法。

第二，实物勘验法。实物勘验法是指法务会计通过对实物的实地勘察、盘点，审核实物数量、资金实有数，并进行账账核对、账实核对的一种方法，主要适用于对货币资金、固定资产、存货、无形资产等实物资产的审查，也可以通过对实物流转情况的穿行测试还原业务流与资金流的实际流转过程，从而揭示交易过程。

第三，座谈询问法。座谈询问法是指法务会计利用询问、座谈、交流等方式了解情况，以获取信息或线索，以便与所掌握的资料进行对比与判断，推测业务的实际操作路径，并得出结论；或适度纠偏，及时调整调查方向，结合专业知识进行逻辑判断，以预判可能出现的结果。

第四，鉴定法。鉴定法是指对获取的原始凭证真伪进行鉴定，对记账凭证签字进行鉴定，对经济活动的合理性进行鉴定等。这种方法集法学、会计学、鉴定学的理论与专业技术于一体，可保证法务会计的结论客观、公正。

除了上述四种方法外，法务会计在实践工作中还可能会用到资料分析法、指标对比分析法、数据汇总法等方法。

五、法务会计在化解央企经济纠纷中的实际应用

（一）诉前调查阶段，充分收集证据，研判案件走向

无论是准备通过起诉方式维权，还是将要面临被诉的局面，企业都需要对案件未来走势进行预判。法务会计在诉前准备阶段的主要工作就是为企业制订

有助于提高证据收集效率的方案，具体包括：

1. 明确证据收集的范围和内容

即确定需要收集的证据内容和证据收集所涉及的范围，并相应明确收集证据的途径，如：针对投资并购、股权转让、增减资等方面的纠纷，需要收集投资协议、股东意向书和确认书、验资报告、股东会和董事会决议等；针对债权、债务方面的纠纷，需要收集合同或协议、授权委托书、收货单或验货单、出库单或入库单、借款或还款凭证、发票、商业票据等；针对工程项目引发的纠纷，需要收集施工合同、建设项目立项报告、结算报告、验收报告、工程款支付凭证、施工现场的材料收发凭证、发票和商业票据等。

2. 准确进行诉前形势分析

即分析企业或诉讼对方所持有资料的优势与劣势，估算胜诉概率，进行诉讼成本收益分析，确定是否有必要通过诉讼方式解决纠纷。确定需要通过诉讼方式解决争议时，法务会计将根据所掌握资料的分析，协助企业制定诉讼策略，确定诉讼路径，提高胜诉概率，确定科学的损失计量方法，准确计算诉讼请求金额等。法务会计还可以帮助企业确定纳入起诉范围的对象，还可以追加被诉人，以最大限度地增加胜诉或执行的可能性，比如：是否存在住所、人员、业务、财务等关键资产混同，能否确认存在人格混同的问题，是否可以追加人格混同的法人主体作为被告；对方单位是否属于认缴制，即便存在认缴出资未到位、未到出资约定期限的情况，也可以要求其股东承担未出资部分的连带偿还责任等。

举例说明。H单位与S市城市开发有限公司共同签署了S市新华大街基础设施工程建设与移交合同，支付投资款6 000万元，并约定了利率和工程收益率。工程完工后，经过三年多的追缴，S市城市开发有限公司虽多次出具还款协议，仍有1 400万元投资款未收回。H单位决定向S市城市开发有限公司提起诉讼，通过法律手段督促其还款。H单位法务会计收集了涉案的合同及决策过程资料，查找到大量与投资合同相关的担保协议、补充协议，并通过对工程施工过程资料、单项验收报告等资料的整理，梳理清楚了项目的实施过程，以此明确了起诉将面临的形势：一是该应收款项虽已超过三年，但由于过程中对方单位两次出具还款协议，并未超过诉讼时效，具备起诉维权的条件；二是对方单位虽未出现信用危机，但由于其属于轻资产运行企业，资金来源主要通过承揽政府建设项目获得拨款，银行账户长期无大额余额，且原合同所附担保协议因H单位管理人员变更而长期未知晓，已超过担保期，如果现在起诉，诉前保全基本无法获得有效的资金或资产保障，也就是说，即使H单位胜诉，如果对方单位无力偿还，H 单位仍然要承受经济损失；三是涉案工程因政府部门人员变动导致验收迟缓，这是形成应收款项的主要原因，如果不能解决这个问题，胜诉后进入强制执行期，仍然可能不了了之。针对涉案工程及对方单位的实际情况，H 单位法务会计提出诉前调查建议：一是先行起诉，以此给对方单位施加压力，起到"以诉促收"的作用；二是设法解决对方单位资金紧张、涉及工程项目验收困难等问题，从源头化解风险。按照上述建议，H 单位一方面坚持通过起诉手段督促对方偿还欠款；另一方面多次赴 S 市与其上级单位进行有效沟通，协调政府相关部门完成工程验收和结算，收回了拖欠七年的本金 1 400 万元，并以不撤诉为手段，坚持不懈地追偿了对方所欠的全部利息和工程利润共 2 000 余万元。

3. 必要时申请财产保全

一些对企业至关重要的证据，可能会因为某些客观原因而无法取得，比如一些档案资料保管在相应机关，不会轻易向当事人出示，这时，法务会计可以建议企业及其诉讼代理人向法院提交取证申请书，请求法院调取证据或进行鉴定，必要时可协助企业申请财产保全，以最大限度地保证企业资产安全。

A 公司作为承包方与发包方 L 市 G 置业有限公司签订了某工程的节能系统安装合同，后将工程转包给合作方 B 装饰公司实施。2016 年 1 月 G 置业公司要求停工，并以未按时完成施工任务为由单方提出解除合同。此时，G 置业公司已支付工程款 1 700 万元，A 公司自行核定已完成工程量对应成本 5 000 万元，认定 G 置业公司尚未支付款项 3 300 万元。针对与 G 置业公司在工程量和结算等方面存在的争议，同年 12 月，A 公司向 L 市中级人民法院提起诉讼。为了保证胜诉后企业财产的安全，A 公司法务会计请求法院冻结 G 置业公司银行存款或查封、扣押同等价值的财产，并向法院提供了其在 L 市中心城区的民用住宅小区待售商品房财产信息。2017 年 1 月，法院根据上述线索查封了 G 置业公司 31 套房产，价值 2 900 万元。由于涉诉事项对应工程实际由 B 装饰公司实施，且 A 公司现场管理确实存在一定缺陷，2017 至 2018 年法院先后 6 次开庭质证，A 公司、代理律师与主审法官、G 置业公司等一同查看工程现场，仍因工程资料缺失而未能审判。A 公司法务会计考虑到城建档案馆有可能存有相关竣工资料，即向法院申请通过 L 市城建档案馆调取相关工程资料，并于 2019 年 10 月，赴 L 市城建档案馆、L 市档案馆调查相关竣工资料、竣工图等。该工程纠纷案件历时时间久、情况复杂，工程实施过程和结算等材料缺失严重，代理律师一度失去信心。A 公司法务会计坚持不断拓宽思路，集思广益研究获取证据的各种可能途径，厘清了 7 年前的工程实施情况，为法庭质证提供有力支撑，使历时4年的案件最终于2020年6月获得终审判决，并于7月收回资金近2 000万元，覆盖了大部分工程成本。

（二）庭审应对阶段，参与法庭质证，调整诉讼策略

在法院开庭审理、法庭调查和组织质证、法庭辩论、法庭调解以及最后陈述的过程中，法务会计可利用自己的知识优势帮助企业认真分析对方所提交的财务证据，围绕着证据的真实性、关联性与合法性发表意见，有效协助法官查明事实，正确适用法律，保障当事人的权益，具体包括：

1. 参与和应对法庭质证

法务会计可以作为具有专门知识的人员出庭，对本企业所提交的财务证据，要向法庭陈述证据名称和证明事项，用通俗易懂的语言详细阐述与案件相关的复杂财务问题，弥补法律专业语言与会计专业语言的差异，并针对对方提出的异议做出合理解释，以及回答法官等人员的询问。关于对方当事人提交的会计鉴定报告，法务会计需仔细阅读，查明是否存在违反鉴定程序等导致报告无效的情形；如果鉴定报告具有法律效力，则可以在审阅后，根据审阅结果，建议企业认可或否认该报告。法务会计可以帮助企业分析财务证据，并对提交与不提交哪些证据、提交的最佳时机应选择在什么时点、不提交的理由及可能面临的法律后果提出建议。

2. 根据庭审进程调整诉讼策略

法务会计可以结合法庭审理过程做出实时判断，帮助企业就是否适时调整诉讼策略做出判断。法务会计根据控辩双方所提供证据的充分性，以及对法官可能做出判决的预判，运用相关会计知识，结合诉讼作成本与收益的估算，权衡后续的证据提供策略以及是否有必要继续进行诉讼等，如果判断没有必要继续进行诉讼，比如胜诉概率小，或即使能够胜诉但成本过高等，则可以建议企业申请撤诉或与对方达成庭外和解协议，以尽可能降低诉讼成本和败诉损失，这也是对企业资产较为安全的一种维护形式。

C公司因购销合同纠纷被D公司起诉，并被冻结银行账户资金近3 000万元。庭审过程中，D公司出具了加盖C公司出库章并有C公司业务人员签字的交货单作为主要证据，说明其与C公司之间的交易已完成，C公司应偿还所欠货款。起诉初期，D公司所提交的证据链完整，且对C公司极其不利，诉讼中第三人和证人证词也都倾向于D公司，导致C公司聘请的10余个律师团队均认定难以摆脱责任、胜诉无望。面对上述不利局面，C公司法务会计历时一年多，深挖证据，系统梳理了两单位购销合同、执行各个环节的相应协议、交接单据、对账凭证等资料，将琐碎、散乱的碎片化证据逐一拼接起来，最终还原了业务

和资金链条，证明在两单位的数笔交易中，D 公司所诉事项并非诉讼标的对应合同的交易量，并组织律所进行案情分析，研判多种应诉路径，反复推演审理结果，历时三年，经过一审、二审 9 场庭审，最终获得法院支持，取得胜诉判决，避免了 2 200 余万元的经济损失。

（三）宣判解读阶段，深入理解判决，做出应对建议

法庭宣判后，法务会计可以分析裁判文书中关于财务知识的内容是否存在瑕疵或者错误，如果认为判决所述财务事实不清晰、所依据的财务证据不充分、数额明显不合理等，可以建议企业上诉。法务会计还可以根据法院裁判文书中所述的判决理由，分析败诉原因，相应变更上诉阶段的诉讼策略，以期得到更理想的判决结果。

2013 年 9 月，Y 公司与 M 集中供热有限公司签订了 2 套机组烟气脱硫工程购销合同书及技术服务协议，合同额 2 300 万元，约定货款分 4 笔支付，即：合同成立后一周内，支付 30% 预付款，合同生效；到货并预检后，支付 30% 货款；验收并调试后，支付 30% 货款；剩余 10% 货款，于验收合格之日起满 12 个月后支付。2016 年 5 月，Y 公司完成 1# 系统安装，等待调试；2# 系统除电气调试外已基本完成。后双方因货款支付和设备调试产生纠纷，M 公司于同年 7 月向 Y 公司发出《解除合同通知书》。2017 年 7 月，Y 公司向法院提起诉讼。经一审、二审，法院均认定 Y 公司未提供工程量证据资料，导致对案件争议的事实无法认定，驳回诉讼请求。在接到败诉判决后，Y 公司法务会计认真研判了败诉原因，针对法院根据施工承揽合同认定涉案事件性质、因工程施工相关证明资料不充分导致败诉的情况，建议 Y 公司调整诉讼策略，将争议的焦点调整为合同性质的认定，即该事项可以作为买卖合同认定，诉讼的焦点应关注 Y 公司是否已完成合同标的物的交付义务，以及 M 公司是否应相应支付货款及质保金等。Y 公司法务会计重新整理了涉案资料，分析双方签订的 2 套机组烟气脱硫工程购销合同书属于买卖合同范畴，从合同内容上看，可认为主要是 M 公司向 Y 公司购买脱硫装置，Y 公司送货上门并提供安装、调试服务。Y 公司的合同义务是提供装置，而安装、调试则是合同的附随义务。M 公司的主要义务则可认定为根据合同约定的付款节点支付合同价款，这符合买卖合同的法律特征。此外，Y 公司可以向法院提供验收申请表、工程联系单等涉案资料及当地环境保护监测站出具的监测报告，以证明涉案设备实际交付完毕，且通过了环保验收，这也是 Y 公司合同义务履行完毕的证据。按照以上思路，Y 公司法务会计提出了新的诉讼方案，协助企业向 M 公司所在省高级人民法院申请再审，并于 2019 年 6 月，再审胜诉，收回了 M 公司拖欠的货款。

（四）强制执行阶段，查找财产线索，合理处置资产

裁判文书生效后，如果对方当事人未能按照法院判决所确定的履行期限及时履行偿付义务，企业作为权利人可向法院申请强制执行，而"执行难"是目前司法实践中比较突出的问题。在北大法宝公开的法律纠纷案例中，2016 至2020 年执行案件累计多达 1 100 余万元件，其中 2019 年案件数量较上年增长29.06%，2020 年在案件数量受疫情影响整体减少的情况下，执行案件较上年才略有减少。造成"执行难"的因素是多方面的，一是法院案多人少、侦讯装备不足、异地办案困难等导致执行不力；二是部分被执行人藐视法律、恶意逃避且违法成本低造成侥幸心理盛行，给执行带来困难；三是申请执行人对被执行人财产线索的举证意识、举证能力较弱，执行过程"心有余而力不足"。面对以上问题，法务会计可以重点在对方当事人财产线索寻找和财产处置方式方面为企业提供服务，以实现法律诉讼环节的真正闭环。

1. 采取列入失信名单及限高等方式推进执行进度

在对方出现不按期执行法院判决情况时，法务会计应首先建议企业向法院申请强制执行，配合法院、律师团队紧盯执行进程，必要时申请将对方单位及其法定代表人列入失信名单、限制高消费，或在一定范围内公布其失信行为，以督促对方当事人尽快执行偿付义务。

2. 多种渠道查找对方财产线索

在强制执行阶段，法务会计可以协助企业通过分析财务资料，尽力寻找到对方当事人可能掌控的财产，并将这些情况报告给法院，以使案件尽快执行。

（1）资金账户方面：以收回现金为第一要求，法务会计应首先关注对方当事人资金现状，包括银行账户、保险保单、特殊行业政府补贴以及虚拟货币等，相应重点防范是否存在隐匿或转移银行账户等规避执行的行为，比如：执行前后是否存在对方单位银行账户大额资金往来频繁、注销或变更个人账户、信用卡还款期间以卡套卡，以及微信账户、支付宝账户、保险账户等快捷支付方式的资金变动，确认是否存在以支付、消费、存款、投资等其他财产权规避执行的可能。

（2）实物资产方面：法务会计应查证对方当事人是否有房屋、土地、车位、机动车、机器设备、股权等不动产，查明其权属关系，特别注意是否有恶意变动产权的行为，比如：将产权转移至他人名下；或征迁、出租、转包、抵押、质押；尚在偿还大额贷款；持有或处置未登记资产；设置虚假债权使资产二次抵押，登记后变现或查封后仍旧非法处置；被执行人为房地产开发商的，关注其所售商品房是否仅完成网签备案而未进行预告登记；涉及抵押登记的资产，是否存在涉及消费者生存权益，是否存在建筑工程款等执行等级高的执行

权利。法务会计也可以关注对方当事人是否有商品、原材料等存货，通过追回原已售出物资、物料、商品，或将其所有的存货变现，或以物抵债方式减少本企业损失；还可以分析对方当事人是否存在钢铁、煤炭、平板玻璃、电解铝等具有对岸价值的产能指标，通过公开拍卖等方式交易变现。

（3）经营状况方面：一些债务方单位为轻资产企业，或信用状况恶化，或负债较多、涉及诉讼案件较多，或银行账户和资产被冻结、查封、抵押、质押，甚至已停业、歇业等，已无可供执行财产，法务会计可重点关注其经营状况的变动，比如：是否恢复经营、更换经营场所、投标成功、法律纠纷案件获得胜诉等，可以根据这些线索发现新的资金流入，如：重新开展经营，中标新的项目就可能获得政府拨入补贴、扶持资金等，可以及时关注其银行账户是否存在新的资金流入，第一时间协调法院执行；法律纠纷案件获得胜诉，就可能获得债务方的资金偿付，可以及时关注相应案件的执行情况，如债务方已将执行款项汇入法院账户，应协调法院先行向本企业偿付执行款。

（4）分配程序方面：在执行程序开始后，法务会计可以关注被执行人的其他已经取得执行依据的债权人，发现被执行人的财产不能清偿所有债权的，可以向法院申请参与分配。

此外，还可以关注对方当事人与本企业合同相关的担保人的经营情况，一旦担保人具备偿还能力，也可以尽快执行。

3. 对抵债财产进行估值并给出处置建议

强制执行过程中，如涉及以物抵债事项时，法务会计可以协助企业对拟抵债的财产进行科学估价，法务会计亦可提出其他的执行和解方案，进而保障当事人债权的顺利实现。

随着世界经济不确定和不稳定因素增多，影响我国经济持续向好的风险和挑战不断增加，中央企业面临的外部环境日渐复杂。充分发挥法务会计多专业、多领域相融合的优势，在诉前、庭审、宣判、执行各环节提供诉讼支持，是有效化解经济纠纷案件、减少造成较大经济损失的可能性、更好地维护企业自身权益、更好地服务企业、提质增效的有效手段。

参考文献

[1] 邝敬康. 执行难环境下的新型财产线索发现方式 [J]. 法制与社会，2020（1）.

[2] 汪淳. "三个区分开来"原则下基于法务会计标准高质量审计证据 [J]. 现代商业，2020（1）.

［3］冯睿．浅析法务会计证据与审计证据的异同［J］．环渤海经济瞭望，2019（10）．

［4］程军凤．试论法务会计在企业的应用问题及对策［J］．纳税，2019（15）．

［5］黄海．建设法治社会必须铲除"执行难"［J］．中国律师，2017（4）．

［6］张馨蕊，刘雪晶．法务会计在经济纠纷中的应用研究［J］．现代经济信息，2016（1）．

［7］潘扬．会计证据在合同纠纷案件中的运用：以重庆重铁诉龙翔公司和杉杉公司合同纠纷案为例［J］．中国乡镇企业会计，2016（11）．

企业 ESG 水平、审计投入与审计意见

——基于 A 股上市公司 2015—2020 年的数据分析

罗金刚[1]

【内容摘要】 基于国内近年来企业 ESG 评估的发展分析，本文以商道绿融所发布的 ESG 评估信息为基本研究数据，并选取中国 A 股上市公司 2015—2020 年的数据，实证分析企业 ESG 对企业审计投入与审计意见的影响。研究结果表明：(1) 企业 ESG 表现与企业审计投入呈显著的负向关系，但与企业获得标准审计意见之间没有显著的直接关系；(2) 拥有较好 ESG 表现的企业，利用小规模事务所能够显著降低审计投入；(3) 企业的 ESG 表现通过审计投入来对审计意见产生正向影响，但审计投入会抑制企业 ESG 的作用。

【关键词】 企业 ESG 水平　审计投入　审计意见

一、引言

在人类发展史上，人类社会所经历的三次工业革命所产生的成果超过了以往数千年之和，在丰富人的物质生活并促进人口流动带来便利的同时，战争、疾病、恐怖主义、贫富分化等问题不断，人类为攫取利益而过度索取自然资源所带来的环境灾难等问题接踵而至。无论是亚当·斯密和大卫·李嘉图所代表的古典经济学理论，还是现代西方微观经济学理论，个体追求利益最大化而产生的外部性问题并没有得到根本解决。诸如产品质量、食品安全、消费者权益等问题层出不穷；现代工业的高速发展所带来的温室排放气体使得自然环境进一步恶化，极端气候频发给世人敲响了警钟。人们逐渐开始重视这些问题，并尝试给疯狂的"经济巨兽"套上枷锁。2004 年时任联合国秘书长的安南联合一些国家和世界投资机构发起"ESG"倡议，希望引导世界经济向更加绿色、高效透明、公平的方向发展。ESG（Environment，Society，and Governance）这一概念正式被提出是在 Ivo Knoepel 的《谁在乎谁赢》一文中。随后一些国家和组织团体开始一些尝试，美国 CDSB（气候披露委员会）、SASB（美国可持续发

1　罗金刚，中国建筑第七工程局有限公司。

展会计委员会）等相关机构应运而生，欧盟成员协定制定了《可持续金融计划》、《欧盟披露条列》、2019 年《欧盟绿色协议》等，以及 2019 年 IOSCO（国际证监会）颁布《关于发行人 ESG 信息披露事项声明》，这些都表明对 ESG 的重视逐渐成为世界可持续发展的应有之义。作为当今世界最大的发展中国家，习近平新时代中国特色社会主义理论在继承以往科学发展观的基础上，进一步提出了新发展理念，为实现可持续发展而不断地进行探索，使得"绿水青山就是金山银山，宁要绿水青山不要金山银山"这一可持续发展理念深入人心。2018 年，证监会颁布了《上市公司治理规则》，进一步规范了会计信息披露制度，ESG 基本披露框架逐步形成。近年来，随着国内经济由粗放向高质量发展的转变，监管者、投资者对于企业是否达到国家环保标准、对社会责任的履行、公司治理等指标的关注度不断提升，ESG 指标也在这样的风口之下引起了市场的广泛关注。为了满足市场的需要，国内的各大投资机构逐渐开始探索并形成自己的 ESG 评估体系。现行研究大多认为，ESG 信息的披露使得企业信息披露更加完整，有利于利益相关者以及审计师做出正确决策。

二、理论分析与研究假设

现有的四大会计假设，以往受限于一些项目资产难以量化评估的客观原因，以及技术条件、人员素质、国内资本市场完善程度等因素，会计信息主要以受托责任为主，多以历史成本计量，更不要说评估企业 ESG 水平。而随着国内资本市场的完善与计量评估技术的不断进步，ESG 等指标渐渐进入了投资者、债权人、监管者的视野。国外 MSCI 自 2007 年起开始的 ESG 研究的结果，已经证明 ESG 的信息对于信息使用者的作用；国内自 2015 年起，商道绿融、Wind、Csmar 等数据研究机构也开始将 ESG 分析的业务纳入业务范畴。由于企业经营所有权分离而产生的代理问题，通过第三方审计师的工作能够有效地提高财务报告的可靠性，从而减少由于信息不对称给报表使用者带来的决策困难，使得独立第三方审计工作变得十分必要。从信息使用者的角度来看，ESG 评估分析成果为报表使用者提供了一个新的视角作为决策的依据，从而有效地提高了企业信息披露的透明度；从审计师的角度来看，根据审计证据特征可以知道，外部独立证据的可靠性高于内部审计证据，并且外部环境的稳定程度、外部信息的可靠性与可获取信息的难易程度会影响审计工作的进行。

从企业 ESG 的作用来看，现有国内外研究认为 ESG 的披露有利于企业的绩效提高。国外学者 K. -H. Lee（2016）和 Atan（2018）等人通过对海外企业进行数据分析得出，ESG 的披露作为一种积极的信号传递，能够在一定程度上提高企业商誉；国内学者从 ESG 有助于减少审计费用支出（晓芳等，2021）、降低融资成本（邱牧远等，2019）、提高企业价值（张琳等，2019）等角度出发，同样证明了 ESG 的表现与企业的绩效呈正向关系。不可否认，尽管以现有的经济发展水平、技术条件能够让我们对 ESG 有所了解，但关于 ESG 的分析评价对于技术水平、资本市场规范程度、多部门协作能力等方面的要求很高，且评估分析需要评价的指标多且复杂。以 MSCI 的分析为例，ESG 分析的关键指标就涉及 37 项，并且这些项目的产生可能涉及多个企业和有关部门。因而，Franco，S（2020）和 Sanches Garcia，A（2017）等人从 ESG 评价分析的成本费用和难度等角度研究得出：ESG 的表现可能与企业绩效呈负向关系。

从审计投入的角度来看，根据中国注册会计师协会对审计的定义，审计师的责任在于，对财务报表是否存在由于错误或舞弊导致的重大风险以积极的方式做出合理保证，以增强财务报表的可靠性。因而，审计师为将审计风险和潜在诉讼风险降低至可接受低水平，有动机投入更多的审计资源来应对（杨金凤等，2018）。对于规模较大的事务所，很可能出于对自己的名誉维护，而进行审计客户的选择（宋衍蘅，2012）。审计证据是否充分适当决定了审计师所出具的审计意见类型，而审计证据的可获得性和可靠性程度会影响审计师对审计程序计划的制定和实施。现有国内学者发现，诸如媒体报道等社会监督的关注度，在一定程度上会引起审计师的警觉，因为事务所出于对潜在风险的弥补，可能会要求更高的审计费用并增加审计投入的时间（刘笑霞等，2017）。基于 ESG 信息可能对审计师收集获取审计意见带来的影响，本文提出以下假设：

H1：在其他条件一定的情况下，企业 ESG 水平越高，审计投入越少。

从审计意见的角度来看，审计意见作为企业会计信息质量的一种保障，能够在一定程度上为信息使用者揭示决策所面临的风险。在实际审计工作中，事务所和企业之间往往存在相互选择的关系，但当前国内会计师事务所之间还是存在巨大的发展差异，低价竞争的情况依然普遍存在，由于审计师说"不"的代价巨大，企业依旧处在优势的一方（李东平，2001）。与此同时，环境、社会责任、公司治理（ESG）三大方面对于企业是否能够持续经营、维护良好声誉并构建合理的治理框架与企业文化等产生深远影响。一方面，良好的金融环境不仅能够有效地降低企业的债务融资成本，还能够使得审计师通过审计意见传递出更加准确的信息（魏志华，2012）；申慧慧（2010）通过国内上市公司股权结构研究，证明环境中的不确定性与非标准审计意见出现的概率呈正向关系。另一方面，从社会责任上来看，企业社会责任的履行有助于保持良好商誉，向市场和监管者传递出积极的信息（李海芹，2010），但对于社会责任的忽视所带来的负面消息往往会让监管者和审计师提高警惕，从而影响审计意见的类型（刘笑霞，2017）。再者，有效的外部监督与内部治理结构能够在一定程度上增加外部审计利用内部审计的可能性，审计师为追求更低的成本可能缺少识别管理层进行盈余管理的动机（杨德明等，2010）；陈小林（2011）进一步对盈余管理的性质进行探讨，验证了出于恶意目的并采取不当手段进行的盈余管理较之合理的盈余管理更容易被出具非标准审计意见。基于以上分析，本文提出以下假设：

H2：在其他条件一定的情况下，企业 ESG 水平越高，被出具标准审计意见的可能性越大。

三、研究设计

（一）数据来源和样本选择

本文数据以 2015—2020 年 881 家沪深 A 股上市公司为样本，研究企业 ESG 评级对企业审计投入和审计师所出具审计意见的类型的影响。本文对于具体样本经过以下步骤的处理：①剔除了金融保险类的上市公司；②剔除了带星号（＊）的 ST 上市公司；③剔除了 ESG 数据缺失的样本数据。最后本次实验一共对 3 253 个样本进行研究，同时本文利用 winsor2 对于经过筛选后的样本进行 1%~9% 缩尾处理。本次数据全部选自 Wind 和 Csmar 数据库，其中 ESG 评级数据选自商道绿融。

（二）模型设定与变量的定义

为了验证 ESG 对于审计投入和审计师所出具审计意见的影响，本文借鉴了晓芳（2021）和洪金明等（2021）以及张琳（2019）的做法，分别设计了以下两种模型分别对假设 1 和假设 2 进行验证：

$$AIN_{i,\ t} = \alpha_0 + \beta_1 ESG_{i,\ t} + \beta_2 CONTR_{i,\ t} + \beta_3 YEAR_{i,\ t} + \beta_4 FIRM_{i,\ t} + \varepsilon_{i,\ t} \tag{1}$$

$$AOP_{i,\ t} = \alpha_0 + \beta_1 ESG_{i,\ t} + \beta_2 CONTR_{i,\ t} + \beta_3 YEAR_{i,\ t} + \beta_4 FIRM_{i,\ t} + \varepsilon_{i,\ t} \tag{2}$$

式中，AIN 与 AOP 分别代表审计投入和审计意见两种被解释变量，其中 i 表示不同的公司样本，t 表示不同的年份，$CONTR$ 表示控制变量，$YEAR$ 和 $FIRM$ 分别表示年份和不同行业之间的控制指标。

本次研究对模型（1）采用 logit 模型，对模型（2）采用多元线性回归模型。本文借鉴刘晓霞等（2017）的做法将所列第三种方式作为审计投入的衡量标准且数值越大表示审计投入越高。此外，针对审计意见所代表的 AOP，本文将未收到审计意见和收到的非标准审计意见均视为非标准意见并将其设为 0，否则设为 1。具体变量设计与说明参见表 1。

表 1　变量设计与说明

变量类型	变量符号	变量说明
被解释变量	AOP	企业被出具非标准审计意见取值 1，否则为 0
	AIN	年度会计报告日到次年审计报告出具日之间的天数并将其取对
解释变量	ESG	对 B + 以上等级取 1，否则取 0
控制变量	Lev	资产负债率 = 总负债／总资产
	Cfo	每股现金流量 = 经营活动现金净流量／总资产
	Size	公司规模 = ln(总资产)
	Roa	资产收益率 = 净利润／(期初总资产 + 期末总资产)
	Loss	当 Roa ≥ 0 则取 1，否则取 0
	Balance	股权制衡比 = 第二至第九大股东的前十大股数之和／第一大股东持股数
	Growth	公司成长性 = (期末总资产 + 期初总资产)／期初总资产
	Dir	独立董事占比 = 独立董事人数／董事会总人数
	Top1	第一大股东持股比
	Soe	产权性质，国有取 1，非国有取 0
	Complex	审计复杂程度 = (应收账款 + 存货)／总资产
	Big4	审计机构为国际四大取 1，否则取 0
	AltmanZ	破产风险，该值与企业存在破产的风险成正比，当 Z 值大于 2.675 时取 2，Z 值介于 1.81 与 2.675 之间取 1，其他取 0

　　针对解释变量 ESG，本文借鉴了张琳（2019）年的做法，根据从 Wind 获取商道绿融的等级分类信息进行变量设置，将等级高于 B+以上的 ESG 设为 1，否则为 0。商道绿融将 ESG 评级层次划分为"A+、A、A−、B+、B、B−、C+、C、C−"九种，从左往右等级呈递减趋势，等级越高表示企业的 ESG 表现越好。针对控制变量，参考现有研究习惯做法，并考虑到资产负债率（Lev）、现金流量（Cfo）、公司规模（Size）等因素对于企业财务状况和企业价值的影响，和独立董事占比（Dir）、产权性质（Soe）等因素可能对企业经营管理所带来的影响，本文选择引入以上表 1 的控制变量。为使研究结果更加准确，本文还就年份（YEAR）和行业（FIRM）两个因素进行控制来进行研究。在之后的稳健性回归中，考虑到变量之间的内生性问题，会将模型所涉及的企业特征变量进行滞后一期处理。

　　（三）描述性统计分析

　　表 2 是根据被解释变量、解释变量与控制变量进行描述性分析的结果。根

据分析的结果，我们可以看出，被解释变量 *AOP* 的均值为 0.823，代表着现有样本仅有 0.177 的比率为非标准审计意见；代表着被解释变量的审计投入指标 *AIN* 所显示的均值、四分位数等指标均在 4.5 左右，说明样本企业之间的审计投入并没有太大的差异。从控制变量来看，其中 *Lev*、*Cfo*、*Balance* 等变量，最大值与最小值的时间存在较大差异，表明企业偿债能力与股权结构之间存在着巨大的差异；*Roa* 与 *Loss* 的均值四分位值均为正值，这一结果说明样本企业大多处于盈利状态；*Dir* 的均值为 0.379，符合当前监管机构对于企业独立董事 30% 的要求。

表 2   描述性统计分析

变量	样本量	均值	标准差	最小值	p25	p50	p75	最大值
AOP	3 253	0.823	0.177	0	1	1	1	1
AIN	3 253	4.615	0.162	4.094	4.489	4.673	4.762	4.796
ESG	3 253	0.096	0.295	0	0	0	0	1
Lev	3 253	0.477	0.190	0.072	0.337	0.490	0.621	0.863
Cfo	3 253	0.068	0.063	−0.085	0.027	0.063	0.104	0.252
Size	3 253	23.93	1.260	21.53	23.02	23.75	24.64	27.57
ROA	3 253	0.025	0.031	−0.090	0.008	0.019	0.039	0.119
Loss	3 253	0.933	0.250	0	1	1	1	1
Balance	3 253	0.909	0.772	0.070	0.333	0.674	1.279	3.876
Growth	3 253	2.137	0.213	1.787	2.017	2.091	2.193	3.206
Dir	3 253	0.379	0.074	0.250	0.333	0.364	0.429	0.600
*TOP*1	3 253	0.381	0.165	0.083	0.248	0.372	0.503	0.768
Soe	3 253	0.542	0.498	0	0	1	1	1
Complex	3 253	0.235	0.164	0.012	0.102	0.201	0.339	0.690
*Big*4	3 253	0.187	0.390	0	0	0	0	1
AltmanZ	3 253	1.184	0.890	0	0	2	2	2

表 3 是根据年份、产权性质和审计师规模的差异来对 *ESG* 进行描述性分析，其中"（1）"表示全样本情况下的 ESG 分析，"（2）""（3）""（4）""（5）"分别表示不同的产权性质和不同的审计师规模，"*Mean*""*Std*"分别表示均值和标准差。从"（1）"的结果来看，*ESG* 的均值不断上涨，表明企业对 *ESG* 的重视程度不断上升；对比"（2）""（3）"可以得出国有企业相较于

非国有企业 ESG 表现更好；根据"（4）""（5）"两组数据得出，国际四大审计的企业在 ESG 的表现远高于非四大事务所审计的企业，这一结果证明 *ESG* 已经成为企业选择接受审计业务的重要参考标准之一。从总体来看，样本企业的 *ESG* 总体呈上涨趋势，其中 2018 和 2019 年上涨幅度最明显，这与中国证监会 2018 年所颁布的 *ESG* 信息披露规则密不可分，但 *ESG* 的均值偏低说明当前我国企业 *ESG* 表现多处于中下层次且仅有少部分上市公司对 *ESG* 进行披露。

表 3　ESG 根据年份、产权性质和审计机构规模的分类进行描述性统计的结果

年份	全样本（1）		Soe = 1（2）		Soe = 0（3）		Big4 = 1（4）		Big4 = 0（5）	
	Mean	Std	Mean	Std	Mean	Std	Mean	Std	Mean	Std
2015	0.056	0.230	0.063	0.244	0.039	0.195	0.116	0.323	0.033	0.179
2016	0.070	0.255	0.093	0.292	0.021	0.145	0.127	0.335	0.051	0.220
2017	0.079	0.270	0.109	0.312	0.032	0.177	0.133	0.342	0.062	0.242
2018	0.075	0.264	0.108	0.311	0.040	0.196	0.230	0.423	0.047	0.212
2019	0.101	0.302	0.143	0.35	0.059	0.235	0.315	0.466	0.059	0.236
2020	0.135	0.342	0.186	0.390	0.086	0.281	0.342	0.476	0.092	0.289

四、实证结果分析

（一）主要回归分析

为验证本文分析，本文采取了包含 Houseman 检验、Pearson 检验、Vif 值检验在内的多重共线性检验方法进行验证，结果均表明不存在严重的多重共线性问题。为了进一步分析 ESG 与审计投入和审计意见的关系，本研究按照前文设置的模型先后进行了普通回归、固定效应控制、随机效应回归、异质性回归、稳健性回归等多种方式回归，下文所列表 4、表 5 分别为主要回归和异质性分析回归的结果[1]。

表 4 中"（1）""（2）"代表着普通回归和进行固定效应控制的回归，其中 *AOP* 代表以审计意见作为被解释变量的回归结果，*AIN* 表示以审计投入作为被解释变量的回归结果。从"（1）"的结果中可以得出，*AOP* 列的 *ESG* 系数并不显著；*AIN* 列的 *ESG* 系数为 -0.051，并且在 1% 的水平下显著，表明 *ESG* 与企业的审计投入之间呈现高度的负向关系；从 *Loss*、*Growth*、*Soe* 系数和显著性结果来看，三个变量分别对 *AOP* 和 *AIN* 呈现正向和负向关系，即企业的 *ESG* 表现越好，审计师所投入的审计资源越少，这一点与现有的研究结果相符。从

1　限于文章篇幅，本文仅将普通回归、固定效应回归和异质性回归等数据结果列示。

"（2）"的结果来看，与"（1）"得出的结论仍旧相似。综上，我们得证假设 2，但审计意见与企业 ESG 之间的水平并没有呈现出显著的关系，但从表 4 的内容我们仍旧可以看出产权性质（Soe）、是否选择四大审计（Big4）两个控制变量比较活跃。

表 4   主回归结果

	(1)		(2)	
	AOP	*AIN*	*AOP*	*AIN*
ESG	0.310	−0.051 ***	0.376	−0.042 ***
	(0.46)	(−5.42)	(0.55)	(−3.40)
Lev	−5.770 ***	0.019	−6.152 ***	0.010
	(−4.62)	(0.79)	(−3.42)	(0.28)
Cfo	3.261	−0.149 ***	2.793	−0.221 ***
	(1.10)	(−2.72)	(0.59)	(−3.66)
Size	0.209	0.001	0.352	0.006
	(1.08)	(0.20)	(1.30)	(1.20)
ROA	−5.671	−0.372 **	−13.136 *	−0.288
	(−0.76)	(−2.54)	(−1.71)	(−1.64)
Loss	1.259 **	−0.033 **	1.719 ***	−0.039 ***
	(2.47)	(−2.44)	(2.72)	(−2.92)
Banlance	0.605 **	0.008	0.694	0.007
	(2.07)	(1.35)	(1.58)	(1.01)
Growth	5.071 ***	−0.038 ***	4.749 ***	−0.017
	(3.49)	(−2.63)	(3.22)	(−1.06)
Dir	−2.007	0.014	−2.032	0.016
	(−1.00)	(0.39)	(−0.76)	(0.36)
*TOP*1	5.008 ***	0.019	4.108 *	0.042
	(2.86)	(0.72)	(1.75)	(1.11)
Soe	1.328 ***	−0.045 ***	1.013	−0.035 ***
	(3.43)	(−7.35)	(1.58)	(−3.48)
Complex	0.787	−0.021	0.365	−0.005
	(0.82)	(−1.10)	(0.25)	(−0.14)
*Big*4	−0.338	−0.090 ***	−0.598	−0.088 ***
	(−0.67)	(−11.80)	(−0.84)	(−6.49)

续表

	(1)		(2)	
	AOP	AIN	AOP	AIN
AltmanZ	−0.236	−0.009*	−0.027	−0.015**
	(−0.94)	(−1.91)	(−0.10)	(−2.40)
常数项	−11.314**	4.763***	−1.532	4.583***
	(−2.35)	(62.17)	(−0.22)	(37.98)
行业年份	No	No	Yes	Yes
N	3 253	3 253	1980	3 253
R^2	0.248 7	0.119	0.279 4	0.255

注：$p<0.1$，** $p<0.05$，*** $p<0.01$，其中 AIN "（）" 表示 t 值，AOP "（）" 表示 Z 值。

（二）进一步分析

1. 企业异质性分析

首先，由于国有企业与其他企业之间，无论是经营管理、设立目的还是所承担的社会责任等都存在着一定的差异；其次，基于不同质量事务所在审计资源、审计执业的规范化与专业程度、审计声誉等方面存在的巨大差异，不同事务所对于客户 ESG 的信息和审计收益要求不同。基于不同产权性质和所选事务所审计质量对企业 ESG 表现、审计投入与审计意见的影响，本文进行了产权性质、审计师规模的分组研究，数据分析结果如表 5 所示。

表 5　按异质性的分组回归

	AOP				AIN			
	(1)	(2)	(3)	(4)	(1)	(2)	(3)	(4)
ESG	0.229	0.129	0.360	0.059	−0.052***	−0.032***	−0.042***	−0.025
	(0.786)	(0.911)	(0.664)	(0.980)	(0.005)	(0.004)	(0.002)	(0.121)
Lev	−7.641***	0.306	−4.531***	−34.097**	0.098***	−0.104***	−0.000	−0.154*
	(0.000)	(0.911)	(0.000)	(0.024)	(0.007)	(0.004)	(0.989)	(0.084)
Cfo	2.041	4.209	3.082	8.419	−0.116*	−0.336***	−0.235***	0.056
	(0.552)	(0.522)	(0.334)	(0.539)	(0.084)	(0.000)	(0.000)	(0.701)
Size	0.299	−0.018	0.235	1.507	−0.006	0.021***	0.014***	−0.001
	(0.200)	(0.965)	(0.275)	(0.183)	(0.253)	(0.000)	(0.001)	(0.919)
ROA	−1.661	−11.187	−4.967	−68.902	−0.366**	−0.021	−0.325**	−0.620
	(0.855)	(0.485)	(0.518)	(0.310)	(0.042)	(0.932)	(0.030)	(0.186)

续表

	AOP				AIN			
	（1）	（2）	（3）	（4）	（1）	（2）	（3）	（4）
Loss	0.573	2.849***	1.232**	6.001	−0.026*	−0.032*	−0.040***	−0.001
	(0.385)	(0.003)	(0.023)	(0.160)	(0.091)	(0.071)	(0.002)	(0.971)
Banlance	0.471	0.862	0.519*	1.585	0.008	−0.001	0.007	0.006
	(0.162)	(0.217)	(0.087)	(0.517)	(0.232)	(0.916)	(0.225)	(0.754)
Growth	4.957***	4.348	3.963***	35.002**	−0.026	−0.000	−0.032*	0.057
	(0.002)	(0.242)	(0.008)	(0.042)	(0.174)	(0.993)	(0.054)	(0.133)
Dir	−2.470	1.101	−2.757	9.628	−0.082	0.067	0.006	0.095
	(0.284)	(0.781)	(0.204)	(0.416)	(0.119)	(0.164)	(0.879)	(0.258)
*TOP*1	4.140*	5.138*	4.232**	0.462	0.019	0.043	0.052*	0.017
	(0.055)	(0.089)	(0.021)	(0.959)	(0.636)	(0.277)	(0.076)	(0.828)
Complex	0.573	1.559	1.572	1.562	−0.002	0.038	−0.005	−0.022
	(0.598)	(0.533)	(0.137)	(0.706)	(0.931)	(0.263)	(0.832)	(0.698)
Soe			1.327***	2.371			−0.034***	−0.025
			(0.002)	(0.285)			(0.000)	(0.181)
*Big*4	−0.343	−0.175			−0.057***	−0.112***		
	(0.591)	(0.843)			(0.000)	(0.000)		
AltmanZ	−0.223	−0.131	0.066	−4.144	−0.006	−0.031***	−0.015***	−0.016
	(0.448)	(0.813)	(0.813)	(0.109)	(0.342)	(0.000)	(0.008)	(0.245)
常数项	−10.943**	−8.987	−10.203**	−88.322*	4.749***	4.269***	4.454***	4.706***
	(0.046)	(0.458)	(0.050)	(0.068)	(0.000)	(0.000)	(0.000)	(0.000)
N	1 489	1 764	2 646	607	1 489	1 764	2 646	607
R^2	0.260 6	0.204	0.231 9	0.698 0	0.275	0.291	0.227	0.354

注：星号含义与表 4 相同，AOP 为 logit 模型，AIN 为线性回归模型。

表 5 中，*AOP* 和 *AIN* 两类的"（1）""（2）"是对产权性质进行分类，"（1）"表示"非国有企业"，"（2）"表示"国有企业"；"（3）""（4）"是对审计师规模的分组回归结果，"（3）"表示在所选事务所不是国际四大，"（4）"表示是国际四大。从 *AOP* 的结果来看，产权性质和审计师规模的差异并没有使企业 *ESG* 的变化对审计意见产生显著影响，这一点与表 4 的研究结果一致；*Loss* 的系数在"（2）""（3）"显著为正，这一结果说明出于净盈利状态的国有企业和采用非四大审计的企业更有可能被出具标准审计意见；"（3）"的 *Soe* 系

数为 1.327 且在 1%的水平下显著，这说明当国企选择非四大进行审计，出具标准审计意见的可能性会显著提高。表 5 中 AIN 组的结果显示，"（1）""（2）"产权性质的差异并没有对 ESG 和审计投入之间的关系产生巨大影响；"（3）" ESG 的 1%显著系数为-0.042，较之于"（4）"的不显著结果可以看出处于竞争劣势的小所，在审计资源有限的情况下为减少成本费用更有可能放松警惕参考企业 ESG 表现，这一点与杨金明（2010）的研究结果一致。因而，从企业异质性分析我们不难看出，企业的 ESG 表现与审计意见之间没有显著的直接关系，但良好的企业 ESG 表现有利于提高信息透明度，减少审计投入。

2. ESG、审计投入与审计意见的联系

结合审计实务与审计风险的理论来看，审计投入与所审客户的规模、审计承担的风险紧密相关。一方面，审计投入越高越有助于审计师实施更多的审计程序，从而有助于审计师降低审计风险；另一方面，审计风险较高的审计客户，需要更高的审计投入将审计风险降低到可接受的低水平。企业所获取的审计意见，在一程度上是对企业经营管理成果的验收，对于企业的 ESG 产生一定的影响。因而，基于上述分析和前文回归结果，为了研究三者之间存在的关系，本文在模型（1）的基础上，将 AIN 引入为模型的另一个解释变量，并建立 ESG 与 AIN 的交乘项来进行研究，结果如表 6 所示。表 6 中"（1）""（2）"分别表示在引入审计投入（AIN）的前提下，不建立交乘项与建立交乘项的结果分析。根据"（1）"的结果显示，在引入审计投入（AIN）作为解释变量之后，审计投入越高所出具标准审计意见的可能性越低。从"（2）"的数据来看，在引入交乘项之后，审计投入与企业审计意见之间关系的显著性降低，而 ESG 的系数为 7.834 且在 10%的水平下显著，交乘项为 10%显著性的-4.569，结合表 4、表 5、表 6 可以得出，企业的 ESG 表现通过降低审计投入来影响企业的审计意见，当企业的 ESG 表现较好时，审计师越有可能相信企业，更多地依赖企业内部控制信息和 ESG 表现以减少审计的成本，从而提高出具标准审计意见的可能，但审计投入（AIN）对于 ESG 具有抑制作用，这一结果与刘笑霞等（2017）的研究结果相符并使得假设 2 得以验证。

表 6　路径研究

	(1)	(2)
	AOP	AOP
AIN	-5.342 **	-3.283 *
	(0.017)	(0.056)

续表

	(1)	(2)
	AOP	AOP
ESG	0.208	7.834*
	(0.680)	(0.093)
AIN_ ESG		-4.369*
		(0.074)
控制变量	Yes	Yes
常数项	24.378*	23.691*
	(0.051)	(0.094)
N	1 980	1 980
R^2	0.299	0.325 4

注：星号的含义与上文表 4 相同。

（三）稳健性检验

首先，本文对前文实证分析的结果在控制行业和年份的前提之下进行了稳健性测试，并在此基础上进行分簇检验，结果与本文结论相差不大；其次，考虑到所选样本期内样本数据的变化，本文进行了自变量替换的稳健性检验，将 *ESG* 的数据由年末数据变为年度中期数据，用审计费用来替代审计投入（*AIN*），并将变更之后的数据进行异质性分析和变量之间的关系分析，实证的结果与本文结果一致；最后，考虑到模型的稳健性，本文还就所有控制变量进行滞后一期来进行分析，并将原来使用的 logit 模型改为 Probit 模型来进行验证，实证的结果与本文一致。

五、研究结论与启示

上述研究选取 2015—2020 年 881 家 A 股上市公司 3 253 个样本进行研究，分析了企业 *ESG* 的水平与审计投入与审计意见之间的关系。研究的结果表明：企业的 *ESG* 表现较好能够有效地降低企业的审计投入；企业的 *ESG* 表现对于企业是否被出具标准审计意见没有显著的直接关系；从异质性分析的结果来看，在 *ESG* 表现较好的企业利用审计师规模较小的事务所可以有效地减少审计的投入，处于净盈利的国有企业和选取小规模审计事务所的企业，得到标准审计意见的可能性更高；通过对本文主要三个研究对象的关系分析，我们得出企业的 *ESG* 通过审计投入（*AIN*）作为中介变量来对审计意见形成联系，当企业 *ESG* 表现较好时，企业被出具标准审计意见的可能性更大，但审计投入（*AIN*）对于 ESG 对审计意见的影响具有抑制作用。

基于以上研究，本文得到如下的启示：

第一，近几年来 ESG 在中国乃至全球经济活动中变得愈加重要，关于企业 ESG 信息披露的要求和规范也日趋严格，但总的来说我国企业的 ESG 表现多处于中下的水平。企业的 ESG 管理和披露需要在不断完善评估技术的基础上进行更加规范和全面的信息整合，而这些离不开更加完善的资本市场和法律法规，当然，企业自身建设也不容忽视。

第二，以现有 MSCI 的 ESG 评估为例，ESG 评估设计了众多的参考指标并且这些指标信息的获取需要强而有力的部门协作，而多数指标可能由于自身的性质或者需要利用专业人员的主观判断等原因难以量化且成本较高，因而开发并完善一套合理有效的评估机制变得更加重要。

第三，尽管现有企业对于 ESG 的重视程度不断提高，但现有的数据仍旧显示中国 ESG 信息披露的实现状况还有待提高，这一点在非国有企业之中体现的尤为明显。在当前的环境下，企业不论是出于持续经营还是进一步发展的需求，ESG 的作用都是不可忽视的。

参考文献

[1] 李东平，黄德华，王振林. "不清洁"审计意见、盈余管理与会计师事务所变更 [J]. 会计研究，2001（6）：51-57.

[2] 魏志华，王贞洁，吴育辉，李常青. 金融生态环境、审计意见与债务融资成本 [J]. 审计研究，2012（3）：98-105.

[3] 邱牧远，殷红. 生态文明建设背景下企业 ESG 表现与融资成本 [J]. 数量经济技术经济研究，2019，36（3）：108-123.

[4] 杨德明，胡婷. 内部控制、盈余管理与审计意见 [J]. 审计研究，2010（5）：90-97.

[5] 陈小林，林昕. 盈余管理、盈余管理属性与审计意见：基于中国证券市场的经验证据 [J]. 会计研究，2011（6）：77-85.

[6] 申慧慧，吴联生，肖泽忠. 环境不确定性与审计意见：基于股权结构的考察 [J]. 会计研究，2010（12）：57-64.

[7] 刘笑霞，李明辉，孙蕾. 媒体负面报道、审计定价与审计延迟 [J]. 会计研究，2017（4）：88-94+96.

[8] 晓芳，兰凤云，施雯，熊浩，沈华玉. 上市公司的 ESG 评级会影响审计收费吗?：基于 ESG 评级事件的准自然实验 [J]. 审计研究，2021（3）：41-50.

［9］宋衍蘅，肖星．监管风险、事务所规模与审计质量［J］．审计研究，2012（3）：83-89.

［10］李海芹，张子刚．CSR 对企业声誉及顾客忠诚影响的实证研究［J］．南开管理评论，2010，13（1）：90-98.

［11］黄世忠．ESG 理念与公司报告重构［J］．财会月刊，2021（17）：3-10.

［12］张琳，赵海涛．企业环境、社会和公司治理（ESG）表现影响企业价值吗?：基于 A 股上市公司的实证研究［J］．武汉金融，2019（10）：36-43.

［13］SULLIVAN M W. The Effect of the Big Eight Accounting Firm Mergers on the Market for Audit Services［J］．Journal of Law and Economics．2002（2）．

［14］AUPPERLE K E, CARROLL A B, HATFIELD J D. An Empirical Examination of the Relationship between Corporate Social Responsibility and Profitability［J］．The Academy of Management Journal．1985（2）．

四、企业合规管理与反舞弊探讨

法务会计职业化继续教育策略研究：基于风险管理视角[1]

杜永奎[2]　王　晶[3]

【内容摘要】 经济行为的复杂性提高了财务舞弊的发生概率。随着经济诉讼案件的增多，法务会计的社会需求更加多元，其角色也逐步演变为兼具诉讼"风险识别、风险规避、风险分担"的混合主体。从业者需具备相应的专业技能和综合素质。然而，由于人才供需矛盾突出，导致我国目前法务会计行业道德风险、行为风险和法律风险剧增，开展职业化继续教育的必要性和重要性进一步凸显。鉴于此，提升风险意识以突出法务会计职业化继续教育的实用性，建立长效机制以保障继续教育的常态化，分层分类实施以形成继续教育模式的多元化，丰富培训内容以体现继续教育内容的专业性，成为法务会计人员规避从业风险、促进行业健康发展、提升公信力的有效途径和重要保障。

【关键词】 法务会计　职业风险　继续教育

财政部在"十三五"期间，已明确将法务会计服务列入我国会计师事务所可提供的新型业务。会计改革与发展"十四五"规划纲要中，也将"服务机构鉴证"作为完善和有效实施注册会计师职业准则体系的重要举措，为法务会计行业健康有序发展提供了方向指引。我国司法制度改革中对"有专门知识的人"拥有出庭参与诉讼权利进一步指出，法务会计从业人员出具的鉴定意见，在法庭上具有法律效力，同时，也意味着其需要承担相应的法律责任。互联网技术的进步、财务软件的普遍使用及商业活动的日益复杂，使得经济犯罪活动中的舞弊、欺诈手段更加隐蔽和多元，外部环境因素导致法务会计从业人员获取有效会计证据的难度不断加大，也对其职业胜任能力提出了更高的要求。2020 年初的瑞幸咖啡事件中，安永会计师事务所发现其在年初突增十几家 B 端大客户及供应商、代理业务迅速增长，遂高度重视和怀疑，派出反舞弊法务会计

1　项目来源：①甘肃省教育科学规划项目"甘肃省高校法务会计人才培养模式研究"（GS〔2015〕GHB176）；②甘肃政法大学教学改革研究项目"'法商管理'创新人才培养模式研究"（GZJG2012-A14）。

2　杜永奎，甘肃政法大学教授，会计学硕士生导师，研究方向：法务会计与审计。

3　王晶，山西工商学院会计学院教师，研究方向：会计理论。

团队介入，聘请独立法律顾问和法务会计专家展开独立内部调查取证，并进行了广泛的法务会计和数据分析测试，证实了财务造假数额。由此可见，法务会计在相关事件中的舞弊识别和损失计量服务职能无可替代。然而，在我国司法实践中，作为诉讼专家辅助人，大量法务会计从业者的职业胜任能力不足，增加了误判的概率和由此引发的法律风险，导致行业公信力大打折扣。通过分析法务会计的社会需求和职业技能要求可知，在人才供求矛盾无法有效解决的背景下，基于规避职业风险的需要，对从业者开展继续教育显得更加必要和可行。

一、法务会计的社会需求与职业技能要求

（一）法务会计的社会需求

市场经济的发展、我国诉讼制度的改革、司法鉴定管理体制的革新以及"专家辅助人制度"的建立等外部因素，有力地推动了法务会计的迅速发展，政府部门、司法机关、企业以及其他主体对法务会计业务的需求日益增加。

1. 政府部门

随着国家治理体系和治理能力现代化的持续推进，政府职能不断改革，政府部门在经济领域内治理能力的专业性和综合性愈加凸显，对法务会计的需求进一步增强。工商部门借助于法务会计可有效识别商业欺诈、商业贿赂手段，准确计量欺诈造成的经济损失，确定贿赂金额；纪委监察部门运用法务会计专业技术，能够快速准确地跟踪官员财产变动情况，有效控制公职人员贪污挪用财产，预防非法侵占国家财产，从而限制官员的贪污腐败行为；税务机关利用法务会计开展鉴证业务，能够高效解决税务争议；金融管理机构运用法务会计，能够迅速识别洗钱及违反证券法律法规的行为，计量涉案金额。法务会计在保障和促进政府部门转变职能、提高工作效率方面，均具有不可替代性。

2. 司法机关

作为最早的需求方之一，司法机关目前仍然是法务会计服务最大的需求主体，且伴随着司法体制改革的持续推进，其对法务会计的需求也日益增加。20世纪 50 年代开始，借鉴苏联的司法体制，我国会计鉴定以司法会计鉴定的形式引入公安、检察院、法院等司法机关。随着中国经济的不断发展、公民维权意识的增强，司法机关接触的经济纠纷案件骤增。但由于司法人员缺乏专业财务会计知识，仅通过自身所具备的专业知识难以获取侵犯财产、贪污公款的会计证据，无法准确计量涉案金额。而法务会计则弥补了司法机关在经济、企业经营管理等方面的不足，其有效运用降低了司法机关处理经济纠纷案件发生误

判的概率，维护了司法公正和当事人的合法权益。

3. 企业

随着对外开放步伐的不断加快，越来越多的中国企业在"走出去"的同时，因为不熟悉国际规则和其他国家的法律制度，往往成为贸易摩擦的受害者。而将法务会计运用于贸易救济调查中，可最大限度地维护企业的正当合法权益。在反倾销调查中，法务会计向检察机关提供表明被调查企业具有市场经济地位的相关证据，通过提供诉讼支持，帮助企业获取主动，维护其海外经营的正当权益；在防范上市公司财务舞弊风险问题上，法务会计可发挥外部监督职能，保障公司会计信息的真实可靠，进而推动资本市场的健康有序发展。此外，诸如保险理赔、业务纠纷、管理层舞弊、白领侵占资产等涉及法律法规的事项，法务会计均发挥着无可替代的保障作用，通过有效降低经营风险，确保实现企业经济利益的最大化。

4. 其他

个人知识产权侵权损害评估，需要法务会计鉴定侵权程度及相应的赔偿金额；个人保险索赔金额确定和纠纷协调，需要法务会计参与；离婚案件中的财产分配，依赖于法务会计的测算与协调。同时，法务会计还可解决其他涉及经济纠纷的法律问题，以防范当事人权益受到侵害，维护司法公正。

（二）法务会计应具备的职业技能

经济、文化、法律以及科学技术等外部环境变化，使法务会计需求趋向多元化，其承担的社会角色定位由传统"风险识别者"，逐步演变成兼具"风险识别、风险降低、风险分摊"等多种角色的混合主体。法务会计从业者应具备多元的知识体系、批判性思维和逻辑推理能力、良好的沟通技巧、熟练的数据信息处理技术等相应的职业技能。

1. 多元知识体系

法务会计的职业判断需要专业知识支撑，会计、审计、法律等专业知识是从业者提供法务会计服务的知识基础。查错纠弊等审计技术的运用，能够有效识别会计资料中的舞弊；掌握舞弊调查、侦查学等知识，能够帮助法务会计从业人员有效识别案件中的舞弊手段及易发点，以获取充分有效的会计证据；公司法、商法、经济法等法律知识是衡量舞弊程度的标尺，诉讼支持、会计鉴定均需要对诉讼法律法规及证据制度有充分的了解。这一系列知识的综合运用，保证了法务会计鉴定结论的科学性。

2. 批判性思维和逻辑推理能力

批判性思维和逻辑推理能力是处理法务会计业务的基本技能。敏锐的批判性思维，使从业者能够保持理性，中立地考虑所有已知的证据，同时，还需不断质疑其存在的合理性；既要无偏见地接受新信息和他人想法，又要坚守自我，不能草率做出决定。严谨的逻辑推理是帮助法务会计从业者根据识别的线索、收集的证据，从已知或假设的事实中解决争论、形成推论以解决问题的技能。法务会计从业者在批判性思维框架的指导下，运用归纳和演绎两种推理方式，应确保识别问题、收集和分析数据、得出结论和沟通结果全过程的科学性和完整性。

3. 良好的沟通技巧

法务会计从业者在书面和语言表达上，均应具有过硬的沟通技巧。作为专家证人，其提供的书面报告必须清晰、简明而全面，专家意见需基于可靠的事实、数据及方法论，并以一种合理、合法、论证充分的方式进行陈述。娴熟的口头表达技巧，能够帮助法务会计从业者与律师、法官、陪审团以及客户高效交流，以简洁、专业、有说服力的方式表述相关意见，并获取对方的认同。在与可疑对象沟通交流过程中，灵活运用沟通技巧，有助于其获取除书面资料以外的证据，从沟通对象的肢体语言、语调、用词中可以发现更多的有用信息。法务会计从业者精准、完整、恰到好处的沟通技巧，也是其职业价值最直观的体现。

4. 熟练的数据信息处理技术

经济业务的复杂性、各类财务处理软件的普遍应用，导致发生错误和舞弊的可能性剧增，而账务处理和报表编制需要专门的技术，愈加繁杂的处理技术是引发经济犯罪的重要诱因。这一切使得电子法证技术、计算机鉴证技术以及数据收集分析能力，成为法务会计从业者适应当前从业环境所必须具备的专业技能。掌握证据学知识，尤其是电子证据采集方法、电子数据分析技术，能够帮助法务会计从业者找到最有说服力的财务证据。熟练运用数据信息处理软件，将数据转变为证据，成为法务会计从业者出具强有力的鉴证意见的重要保证。

二、我国法务会计的现实困境

（一）我国法务会计的社会供给

1. 需求方自我供给是目前法务会计从业人员的主要来源

随着我国司法制度的改革，面向社会服务的鉴定业务从司法机关逐渐剥离出来，会计师事务所、律师事务所等已成为向社会提供法务会计服务的主要供给方。注册会计师具备专业的会计及审计知识，使其从事法务会计业务有着天然的优势。国际"四大"会计师事务所自2002年开始就在我国开展法务会计业务。随着我国法务会计理论研究的不断推进，本土会计师事务所也开始增设法务会计业务。经验丰富的注册会计师在补充了法学专业知识的基础上，已成为当前提供法务会计服务的主要从业者；司法鉴定服务是律师事务所的基本业务，优秀的律师通过弥补会计学、审计学等方面的专业知识，也逐步成为法务会计的主要从业者。法务会计已经发展成为会计师事务所、律师事务所的新兴业务和拓展业务范围的重要领域。

2. 高校学历教育是未来法务会计从业人员的主力军

培养社会需要的专门人才，是高等院校的主要职能之一。河北职业技术学院是我国较早开办法务会计学历教育的高校之一。随着法务会计人才需求的不断增加，越来越多的高校增加了此类人才的针对性培养工作。当前，中国政法大学、复旦大学、北京大学等高校先后开办了法务会计方向的研究生教育；西南政法大学、甘肃政法大学等政法类高校，在会计学、法学本科和研究生培养方案中设置了法务会计方向。高校充分利用自身学科专业优势，通过构建完备的课程体系，为社会培养了大批懂法通商的法务会计复合型人才，成为我国未来提供法务会计服务的主力军。

3. 在职教育培训是当前法务会计从业人员的补充

作为法务会计职业化的重要标志，福建省法务会计促进会、山西省法务会计促进会相继成立，为法务会计从业者、注册会计师、律师、法官以及各类司法人员、科研院校专家搭建了交流和沟通的平台，推动了法务会计理论研究以及行业的发展。中国政法大学法务会计研究中心、湖南省法务会计研究基地是我国当前从事法务会计研究、对外提供培训服务、开展学术交流以及法务会计人才培养的重要基地，上述研究中心还与其他高校、研究机构开展广泛合作，成为推动我国法务会计行业发展及相关学科建设的主要力量。这些协会组织的在职教育培训，是对我国当前法务会计人才供给的有效补充。

（二）法务会计供需矛盾分析

1. 法务会计供需矛盾的表现

与法务会计人才市场需求迅速增加相反的情形是，其供给来源单一、数量有限，从业者职业胜任能力不足与多元化、个性化的市场需求之间存在明显差距。外部环境的多变性、司法体制的不断改革增加了对法务会计服务的需求，导致从业领域的多元化拓展与人才供给数量的有限性之间的矛盾凸显。一方面，高校培养的很多法务会计毕业生并未从事与其专业相关的职业；另一方面，当前提供法务会计服务人员的职业胜任能力，还不能完全满足社会对复合型高素质人才的要求，绝大多数高校法务会计专业的人才培养方案中，实质性、核心课程较少，仅能够培养学生基本的法律知识和会计技能，无法达到社会对其职业胜任能力的要求。借鉴法务会计发展较为成熟的美国可知，在职业技能"金字塔"模型（见图1）中，"经验"处于最顶端，充分表明"经验"在其从业中的重要性。然而，当前在我国从业者中，仅有少部分人拥有相关经验，绝大多数从业者的经验普遍比较匮乏。

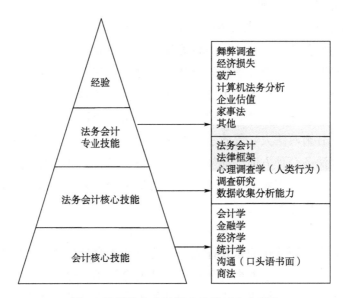

图1　美国法务会计职业技能"金字塔"

2. 法务会计供需矛盾加大了职业风险

作为司法活动的参与者，法务会计从业行为具有司法活动的固有风险。我国法务会计人才供不应求、从业者的风险意识不足，极大地提高了其职业行为出现差错的概率，增加了产生不良后果应由其承担责任的可能性。法务会计的职业风险主要表现为道德风险、行为风险和法律风险。供需矛盾增加了法务会计从业者以不诚实、欺诈等行为追求自身利益的道德风险；职业胜任能力不足，加剧了从业者与当事人的信息不对称程度，不能全面获取必要的信息，再加上工作程序欠妥、独立性丧失等因素的影响，使案件当事人遭受更为严重的直接或间接经济损失，提高了法务会计从业者的行为风险；法务会计从业人员受到客户、第三方起诉的可能性增大，将会面临较高的行政处罚等法律风险。

三、风险视角下法务会计职业化继续教育的必要性

财政部《会计改革与发展"十四五"规划纲要》提出，"以经济发展需求和行业发展趋势为导向，以能力框架为指引，制定会计人员继续教育专业科目指南"。多元化的知识结构和能力要求，使解决法务会计从业人员供给的单一性和数量的有限性，需要一个相对较长的时间周期。然而，法务会计从业人员职业胜任能力不足的问题若不能及时解决，将会面临极大的从业风险。鉴于此，为降低供需矛盾给从业者带来的职业风险，目前最便捷、最有效的方式就是开展继续教育，尤其是对从业者职业技能的培训，继续教育的独特优势和必要性进一步凸显。

（一）继续教育是推动法务会计行业健康发展的重要保障

行业的健康发展离不开人才的发展，而职业胜任能力不足，增加了法务会计从业者自身的职业风险，降低了其市场认可度和社会公信力，也加大了行业的整体风险。继续教育正是完善从业人员知识体系、促进自身职业能力发展、更新从业观念最快捷的方式，能够在短期内有效提高从业人员的职业能力，提升行业的服务质量。同时，经济环境的变化，也倒逼法务会计从业者需通过继续教育不断更新知识体系、学习新的处理技能；提升职业胜任能力，以达到市场需求、保障其服务质量，进而推动行业健康有序地发展。

（二）继续教育是缓解法务会计人才供需数量失衡的有效途径

互联网技术的迅速发展、国际贸易摩擦的不断升级，使经济纠纷频发，而公民法治意识和维权意识的提高，也使法务会计从业领域进一步扩大，人才的市场需求急剧增加。尤其是企业内部员工犯罪、保险纠纷、个人知识产权侵权、金融诈骗等经济案件的增加，审理和协调都需要法务会计人员的参与。当前解决这一问题最有效的办法就是继续教育。法务会计继续教育在对具有会计学专业背景的人员进行法学知识培训、对具有法学专业背景的人员进行会计知识培训的基础上，提供针对性的专业技能和职业素养训练，能够在短期内缓解人才供需数量失衡的矛盾。

（三）继续教育是提升法务会计从业人员职业胜任能力的迫切需要

市场经济环境的变化以及科学技术的进步，经济犯罪中鉴定环境、鉴定内容的变化，使得法务会计从业人员需具备综合性更高、专业性更强的知识体系和技能。注册会计师、律师直接处理法务会计业务，知识"嫁接"的痕迹明显，系统性不足；高校培育的法务会计人才在知识体系以及技能方面，只能满足法务会计的基本要求，尤其是缺乏"经验"这一职业技能教育，理论与实践

存在较大差距，尚未真正达到从业所需要的专业化和职业化水平。专业知识体系不完备、职业技能更新不及时，将会增加法务从业者的职业风险，降低委托人的信任，从而削弱法务会计维护市场公平公正的效果。在我国当前学历教育无法有效满足人才需求的背景下，继续教育必将成为有效解决法务会计从业者知识体系及专业技能不完备问题的重要途径。

四、风险视角下法务会计职业化继续教育策略

（一）法务会计继续教育理论基础

1. 保险理论

保险理论认为，继续教育是降低从业者误判风险的一种行为活动。财务证据的采集、案件分析等鉴定过程中都需要法务会计从业人员承担相应的风险。继续教育通过更新从业人员的知识体系、弥补其在职业判断方面短缺的专业技能，从而达到降低从业者误判风险的目的。法务会计从业者所必需的专业性、综合性知识体系、处理技能和经验并非"与生俱来"，而是一个不断积累、循序渐进的过程，后者与社会需求不衔接，则很容易将从业者自身置于风险之中。为了顺利通过市场的考验、有效规避职业风险，法务会计从业者需要通过继续教育来提升职业素养。

2. 需求层次理论

马斯洛需求层次理论认为，继续教育应该满足不同职业阶段的需要，从业人员在不同阶段的需求会发生改变，当处于该阶段的需求获得满足后便会追求下一阶段的需求。初入职场的法务会计从业者，希望尽快熟悉和了解本行业的基本情况，相应的继续教育应该广泛且浅显易懂；熟练的从业者希望继续教育能够弥补自己不擅长但重要的知识技能，更加注重继续教育的实用性；成熟的从业者则希望继续教育能够更新自己在从业过程中的陈旧理念及一些落后的技术，重视新知识、新技术在业务中的应用，使自己的理念、技术等各方面都能够适应时代发展的需要；卓越的从业者更希望继续教育能够从宏观的角度去看待目前存在的问题并规避未来可能发生的风险，这一阶段的人员已成为行业的领军人物。因此，继续教育的规划应满足各阶段法务会计从业者的需求。

3. 终身学习理论

终身学习理论认为，学习是个人不断完善自我、循序渐进的过程，不仅能够帮助从业人员掌握适应客观世界发展所需要的知识和技能，而且是推动社会进步的不竭动力。终身学习理论强调学习方式由被动变为主动，从个人的思想意识出发重视学习，根据从业需要不断调整自己的从业行为。终身学习理论可

以帮助法务会计从业者形成接受继续教育的正确态度，从被动变为主动接受继续教育，帮助从业者打破对现有工作僵化的分析处理模式，实现技术上的创新，降低从业风险。经济纠纷处理的专业性、复杂性、综合性表明，合格的法务会计从业者，需通过不断学习来完善自身的专业素养及处理能力，降低自身能力与社会需求脱节的风险。

（二）法务会计继续教育的具体措施

1. 提升风险意识，突出法务会计继续教育的实用性

社会对法务会计需求的变化，使得法务会计的角色定位由传统的风险识别者，逐步演变成为兼具风险识别、风险规避、风险分摊等多种角色的混合主体。要想真正发挥继续教育的实用性，必须使从业人员认识到知识体系更新不及时产生的严重后果，如增加出错概率、行业公信力缺失等，进而导致法务会计存在的意义和价值大打折扣。行业协会组织可加强法务会计领域存在的问题和案例的综合梳理和系统分析，尤其是出具鉴定意见案件所产生的行为风险、法律风险的宣传，使从业者自身认识到只满足于当前拥有的经验，不及时主动地接收新技术、新方法，将对客户和自己带来巨大威胁。法务会计从业人员在认识到自身能力不足所带来的职业风险后，主动参与继续教育的学习，从而自觉更新自己的知识体系，提升职业能力，以适应行业发展和法治社会建设的现实需要。

2. 建立长效机制，保障法务会计继续教育的常态化

行业协会在继续教育中具有重要的组织功能和保障作用，充分发挥协会的优势，建立长效机制，加强指导和监管，使继续教育成为一种常态。美国法务会计协会承担着法务会计人员的资格考试以及认证工作，并提供继续教育和舞弊调查的技巧、技能方面的培训，同时也负责提供关于舞弊的各种资料和服务。加拿大特许会计师协会推动了法务会计的专门化发展，形成诸如调查与法务会计杰出专家联盟等6个专门化组织，共同负责对法务会计人员从业资格的认证，分别进行财务证据调查分析等专业方面的培训教育，共同保障了会计鉴定服务质量。借鉴相关国家经验，我国可成立专门的法务会计协会组织，一方面，制定相应的管理制度、行业标准、从业准则等规章制度，规范法务会计从业人员的职业行为，包括资格考试与认证、从业管理、继续教育以及培训，从源头提升对从业人员职业能力的要求；另一方面，积极开展法务会计理论的创新性研究，与大学、研究机构合作拓展法务会计的从业范围，并不断探讨有效解决经济纠纷新技能的继续教育，内容可包括如欺诈调查、财务证据调查与分析、电子数据分析、诉讼预防与计算机犯罪的预防等。

3. 分层分类实施，探索多元化法务会计继续教育模式

针对不同学历背景、知识结构、从业经历和从业领域的法务会计人员，设置不同的继续教育内容，分层分类实施，以针对性地弥补其知识和能力的短板，提高职业胜任力。法务会计的多元化教育模式包括：第一，以情景模拟、案例教学为主。法务会计从业者职业技能的综合性特征中，"经验"这一职业技能的继续教育，决定了其在教育模式的选择上，要改变以往或其他行业知识讲解的传统方法，加入情景模拟、案例分析等模式，让所有学员均参与其中，增强学习的互动性。第二，定期与不定期相结合。定期教育是每年都安排固定集中培训的时间，使继续教育成为一种常态；不定期教育则是针对突发性重大案件的审理、计算机处理技术在法务会计实践中的应用等热点话题进行的专题培训，故需做到主题清晰、目标明确，对于调查取证等方面的学习。可结合重大典型案件，深刻分析法务会计如何在审理过程中发挥其功能作用，采用情景模拟的方式，提高学习的实践效果；对于财务舞弊等方面的内容，可通过自行设计案例、分析经典案例等方式，在实践中学习识别舞弊的思路和方法。第三，线上线下相结合。系统性的理论知识主要采取线上培训，对重点难以理解的理论知识在线下予以强化，线下继续教育则主要集中于专业技能及经验的运用。待行业监管机制成熟后，可要求学员在完成继续教育后参加统一考试，成绩合格获取继续教育证书，杜绝线下教育流于形式、线上教育挂靠时间的"走过场"式学习，保障继续教育的质量，使从业人员自身职业能力获得实质性提升，为有效降低其从业风险提供保障。

4. 丰富培训内容，体现法务会计继续教育的专业性

（1）法务会计职业道德教育。职业道德教育是降低从业者道德风险的基础。由于行业的特殊性，"独立公正、合理谨慎、保守秘密"是法务会计从业人员必须具备的职业道德。独立公正，一方面要求法务会计从业者在执业时，应当确保与当事人无任何利害关系，独立于当事人之外，以客观公正的心态发表意见；另一方面，要求必须以客观事实为依据，对相关事项的调查判断不能掺杂个人情感，要做到客观公正、不偏不倚。合理谨慎，是指从业者在获取证据以及得出相关结论时，都要仔细斟酌，反复推敲。保守秘密，要求法务会计从业者在向客户提供服务获取相应的纠纷信息之后，要严格遵守诚实守信的原则，不得为谋取利益而泄露客户信息。职业道德需贯穿在法务会计服务的始终，时刻约束指导自己的行为。然而，由于自然人的社会属性以及人际关系在中国的特殊性，决定了法务会计从业行为易受到外部环境的影响，故开展职业道德教育，深化对职业精神的认同，强化行业对职业道德的认识，是帮助从业人员

规范职业行为、保障服务质量、降低从业风险的重要举措。

（2）法务会计专业技能教育。借鉴国际经验，美国、加拿大等国家法务会计继续教育，都十分注重诸如调查会计与欺诈检验、法务与调查会计、舞弊调查技巧等实践操作课程的安排。因此，我国法务会计的继续教育，应重点围绕电子法证技术、计算机鉴证技术、数据收集以及舞弊调查等专业技能培训开展，并注重"经验"的分享，必要情况下，可借助专业的教育培训机构、高等院校的力量，充分发挥各培训主体自身的资源优势，形成互补。在培训内容的设计上，分为普适性和针对性两个方面。普适性知识是围绕近年来法律、会计专业知识等变化较大、具有一定理解难度的内容进行统一梳理、解读，具体培训内容由参加继续教育的法务会计从业者根据各自的需求选择修读；针对性培训是通过设置专门模块，诸如舞弊调查知识等内容，进行专题分析。同时，继续教育的内容可根据适用范围、难易程度等标准，划分初、中、高级等不同层次，以满足不同阶段从业者对培训难易度的需求。此外，继续教育的内容也需满足时效性的要求，密切关注当前法务会计领域的热点问题，聚焦具体案例深入剖析，以体现其时代特点和应用价值。

参考文献

［1］董仁周. 法务会计治理腐败研究［J］. 湖南社会科学，2014（5）：128-130.

［2］周友梅，阚京华. 法务会计本质及职业教育的剖析与思索［J］. 会计之友，2014（15）：34-37.

［3］黎仁华. 中国法务会计的职业定位与发展分析［J］. 会计之友（下旬刊），2009（11）：9-12.

［4］张苏彤，法务会计研究［M］. 北京：中国时代经济出版社，2009：25-26.

［5］ROBERT J，RUFUS LAURA S，MILLER. 法务会计［M］. 杨书怀，译. 北京：北京大学出版社，2017.

［6］齐兴利，王艳丽. 法务会计学［M］. 北京：中国财政经济出版社，2011.

［7］王玉兰. 我国法务会计人才培养现状及方案研究［J］. 会计之友（下旬刊），2009（1）：86-88.

［8］王玉兰. 法务会计的前世今生：兼论法务会计职业前景［J］. 会计之友，2019（5）：24-27.

　[9] 李若山，谭菊芳，叶奕明，等. 论国际法务会计的需求与供给——兼论法务会计与新《会计法》的关系 [J]. 会计研究，2000 (11)：2-10.

　[10] 陈秧秧. 美国高校法务会计教育现状考察 [J]. 南京审计学院学报，2012，9 (1)：91-97.

高管权力、法务会计与高管腐败

李欣彦[1]　　王玉兰[2]

【内容摘要】文章首先从理论层面探讨诱发高管腐败的根源——高管的权力；通过归纳梳理法务会计在中西方的实践以及法务会计在调查舞弊、腐败过程中发挥的功能的相关文献，从理论层面探讨法务会计对腐败行为起到的抑制作用。随后，本文提出研究假设，选取样本上市公司进行实证检验，得出以下研究结论：（1）高管权力会诱发上市公司高管腐败行为。（2）法务会计能抑制上市公司高管腐败行为。（3）法务会计能削弱上市公司高管权力对高管腐败的诱发作用。

【关键词】高管权力　高管腐败　法务会计

一、引言

高管腐败不仅会严重损害上市公司形象，更会破坏资本市场公平秩序，是企业利害关系人关注的焦点，也是监管部门打击的重点。中央纪委与国家监委对国企高管腐败采取"无禁区、全覆盖、零容忍"的态度。证监会稽查局也不断加大对参与腐败机构与人员的监督与打击力度。但在如此高压态势之下，高管腐败仍然以"野火烧不尽，春风吹又生"之势蔓延。高管腐败与其拥有的权力密切相关。2013—2017年我国上市公司中有近三千名高级管理人员因腐败而涉嫌犯罪，其中，上市公司的"一把手"占比最多。要形成制度约束，营造"不敢腐"的氛围，构筑"不能腐"的铜墙铁壁，法务会计要从会计资料和相关文件中剥丝抽茧，运用会计学、证据学知识，解决现时存在或潜在的与经济相关的法律问题。在美国，法务会计已被广泛应用于调查经济犯罪的会计证据的取证中。在震惊世界的"安然事件"的调查中，法务会计师在财务造假证据搜集、案件审理与判决中发挥了关键作用。国内，法务会计人员为检察机关办案、公安机关侦查以及法院的审判工作中提供专门服务，包括辅助侦查人员

1　李欣彦，山西昆明烟草有限责任公司财务管理部，会计师，注册会计师。
2　王玉兰，山西财经大学会计学院教授，硕士生导师。研究方向：法务会计、会计职业道德。

查账、对诉讼中涉及的专业性证据进行司法会计鉴定以及以专家辅助人的身份对鉴定意见进行质证。法务会计人员可以利用其独特的专业优势在调查商业贿赂、贪污挪用、职务侵占、官员贪腐方面发挥作用，所以把法务会计纳入公司腐败治理机制对于预防和调查高管腐败具有不可替代的作用，对其展开研究意义重大。

二、文献回顾

（一）高管权力与高管腐败的关系

有关高管权力与高管腐败关系的研究结论基本一致，认为高管权力会增加高管腐败的可能性。Hung（2008）统计发现，在中国大部分国有企业以及较大的民营企业中，高管会通过设置"小金库"来躲避监管，利用"小金库"的资金为自己发放高额薪酬以及进行奢靡的在职消费。Hongbin Cai（2011）将国企招待费、差旅费支出合成企业腐败指标（ETC），研究发现 ETC 中包含着高管为自身谋利的过度消费支出。国内学者徐细雄、刘星（2013）等人研究发现高管权力越大，越容易诱发企业内高管贪污腐败等行为。胡明霞、干胜道（2015）发现提升企业内部控制水平能阻碍高管权力对高管腐败的促进作用。

（二）中西方法务会计实践

西方法务会计的萌芽可以追溯到 1720 年的"英国南海公司造假案"，当时的英国政府为调查南海公司的造假行为，找来查尔斯（Charles Snell）对案件进行梳理和调查，其出具的会计账簿虚假记载的报告成为法官判案的依据，其提供服务的本质是诉讼支持服务，即法务会计的功能之一。一直到 20 世纪初，虽然"法务会计"这一名称没有出现，但英国和美国有很多会计人员在法庭审判中提供专业服务。1920 年后，美国自由资本主义如火如荼地蔓延，企业财务舞弊的行为频繁出现，会计人员常常为法庭提供诉讼支持服务。1940 年发生了一起超过 5.38 亿美元的财务违规案，美国联邦调查局雇用了 500 多名会计人员对案件进行了为期一年的调查。1946 年，莫里斯·佩卢贝特（Maurice Peloubet）首次提出"法务会计"这一名词。20 世纪 80 年代后，法务会计职业发展愈发成熟，美国、加拿大、澳大利亚、英国纷纷成立了与法务会计相关的职业组织，法务会计提供的服务也越来越规范化，注册会计师是组织内部重要成员，为经济案件的调查提供诉讼支持等专业服务。1996 年，美国 20 种"热门行业"中，法务会计位列榜首。在 2001 年震惊世界的"安然事件"中，法务会计师参与到安达信会计师事务所财务造假的调查中，收集整理有关财务舞弊证据，对虚假信息进行专业判断，为案件的审理节省了大量时间与资金。21 世纪以来，经济业务越来越复杂化，诉讼案件涉及会计估计、会计选择的也越来越多，法官在案件审理中愈发需要法务会计提供的专家证言来支持其审判。

我国法务会计起步较晚，在我国最早从事法务会计业务的是注册会计师。第一次世界大战期间，由于西方国家放松了对中国经济的打压，再加上政府实行的对经济有利的政策，我国民族工商业得到了空前发展，但经济纠纷也随之增加，许多公司聘请外国注册会计师帮助其解决经济纠纷。在此期间，《会计师暂行章程》出台，规定了我国从事会计职业的人员和机构的业务范围，包括证明、鉴定等法务会计范畴的工作。新中国成立后，我国司法机关在调查贪腐案件时，曾聘请财务会计专家协助查账、计算贪污金额。1954年，"司法会计鉴定"一词从苏联引入中国，其含义与法务会计的诉讼支持服务如出一辙。改革开放后，为打击经济犯罪，检察机关首先开始设置司法会计技术门类，在此之后，一些地方公安、法院也开启了司法鉴定服务。进入21世纪，《司法鉴定机构管理办法》出台，司法鉴定服务的主体从过去只能由公安、法院提供，延伸到社会中的一些具备一定资质的中介机构也可以提供，这极大促进了司法鉴定职业的发展，但司法会计鉴定活动只能由司法机关启动。2005年的第十届全国人大会议中，提出要加强对司法鉴定主体和机构的管理。随着近些年的司法改革，我国法务会计业务也逐步跳出司法会计鉴定的范畴。除接受公、检、法的委托进行司法会计鉴定之外，法务会计人员也可接受涉诉当事人委托，对司法会计鉴定意见提出质证，还可以受聘于检察机关参与办案。我国法务会计职业发展水平与美国等发达国家相比仍处于相对落后的状态，目前还没有法务会计相关组织，也尚未出台法务会计人员相关执业准则。

（三）法务会计预防和调查舞弊、贪腐的作用

针对法务会计对贪污腐败的预防作用的文献较少。董仁周（2011）认为，法务会计可以利用其专业手法，监控一些重点官员的财产流动情况，可以通过这种动态的监管机制，把腐败扼杀在摇篮里[7]。关于法务会计对舞弊、贪腐行为调查作用的相关文献较为丰富。国外学者主要采用案例研究法，强调法务会计在舞弊调查中起到的作用，还有部分文献就如何提升法务会计在实际应用中的调查技术进行了阐述。Anthony Birritteri（2001）认为，法务会计可以通过透视财务报表数字背后的真实情况抑制公司高管经济犯罪。George L Johnson等（2001）构建了法务会计专家在案件调查中可以应用的可视化框架，这一框架中包含的要素有事实、主张、数据、责任以及模型，为法务会计师的工作逻辑提供了帮助。SO Effiok（2014）针对尼日利亚上市公司财务舞弊行为的特点，探究法务会计如何利用计算机辅助技术对虚假财务比率进行调查，并且建议相

关法务会计人士关注财务报表的可靠性的信息质量要求。Francisco（2018）介绍了几种法务会计普遍使用的欺诈检测技术，并对检索数据库中的舞弊数据的运营商进行了定义。Chih-Hao Yang 和 Kuen-Chang Lee（2020）建议，将法务会计融入企业的风险战略管理中，法务会计师可以为企业制定战略图，并对有关舞弊风险关键指标进行优先级排序，确保企业决策者按照战略图执行决策，从而降低企业的舞弊风险。国内学者也针对法务会计在舞弊、腐败调查中的作用展开了相关研究。刘明辉、胡波（2005）通过梳理审计师对于查错揭弊责任的历程，认为法务会计能够弥补审计失败中体现出的审计的局限性，揭露财务报表中的虚假信息。万宇洵、曹爱兰（2006）认为，法务会计能在审计的计划、控制测试、实质性测试、报告阶段揭示公司舞弊。党夏宁、韦国妮（2007）分析了财务舞弊的动因，结合国内外舞弊案例，认为法务会计可以发挥对审计结果的再审计的作用，促使审计师承担揭露舞弊的责任。苏欣（2016）提出法审计这一概念，认为其可以运用法律中调查取证的技术手段对舞弊行为进行治理。齐兴利等人（2018）提出应从防控、揭露两个角度构建治理管理层腐败的法务审计模式。景秋云、姚好霞（2019）通过对上市公司惯用的财务舞弊手法进行分类，分析了法务会计如何在预防、识别、调查上市公司财务舞弊过程中发挥作用。

三、研究设计

（一）样本选取、数据来源

本文选取 2012—2019 年，因高管腐败被处罚的上市公司，以及采用一定规则进行配对后的未因高管腐败被处罚的上市公司，组成 750 个研究样本。

高管腐败样本通过国泰安的违规处理数据库取得，对数据库中数据进行两轮筛选：第一轮，筛选出因擅自改变资金用途、占用公司资产（非经营性资金占用）、内幕交易、操纵股价、违规担保等违规行为，受到中国证监会、省证监局、上海证券交易所、深圳证券交易所处罚的样本。第二轮，针对筛选出的样本，逐一阅读证监会行政处罚决定书、证券交易所处分决定、警示函、监管关注函等公告中披露的违规行为，筛选出违规主体为上市公司高管，其主要目的是为自身谋取利益的样本，作为高管腐败样本。此外，处罚公告的公布年份往往滞后于高管腐败行为发生的年份，且多数高管腐败行为具有连续性，跨越多个年度，考虑到样本的重复性，故将高管腐败样本的时间调整为腐败行为的最早发生年度。最后，对高管腐败样本进行整理，整理出腐败高管的职务、腐败的具体类型。经筛选，取得高管腐败样本 250 个。

非高管腐败的样本的取得：由于高管腐败总体样本为 250 个，非高管腐败总体样本超过了一万个，为了使研究结果更具可验证性，本文需在一万多个非高管腐败样本中选取配对样本。配对原则为：①未受过中国证监会、省证监局、上海证券交易所、深圳证券交易所处罚、处分；②处于同一行业；③注册会计师出具的审计报告为标准无保留意见的审计报告。④由于本文主要研究法务会计作为公司内部治理机制对高管腐败的治理作用，所以做完上述筛选后，本文采用倾向得分匹配法，按照外部治理环境类似的标准，采用资产负债率、产品市场竞争、机构投资者监督指标，以 1∶2 的比例，匹配非高管腐败的样本。经上述配对后，最后取得 250 个高管腐败样本观测值，500 个非高管腐败样本观测值，共计 750 个样本观测值。

样本数据来自 CSMAR 数据库、迪博内部控制数据库，行业分类参照 2012 年证监会行业分类标准，并按照如下标准对数据进行筛选：

（1）剔除 ST 和 * ST 类上市公司；

（2）剔除金融保险类上市公司；

（3）剔除数据缺失样本；

（4）为排除异常值对研究结论的影响，对所有连续变量进行了上下 1% 的缩尾处理。

（二）变量设计

1. 被解释变量

高管腐败（Corrupt）：虚拟变量，上市公司某一年度是否发生高管腐败。若发生高管腐败，赋值为 1，否则，赋值为 0。

2. 解释变量

高管权力（Power）：参考周美华、林斌、林东杰（2016）的文献。本文从三个维度识别高管权力的大小：

（1）组织结构权力（Power_ 1）：从组织结构权力维度来看，总经理董事长为同一人担任时，是公司内部权利金字塔的最顶端，可以影响甚至决定董事会议程，故兼任总经理和董事长职务的高管权力最大；

（2）所有权权力（Power_ 2）：从所有权权力维度来看，部分上市公司的股东同时在公司内担任高管职务，高管持股比例越高，所有权与管理权重合度越高，高管权力越大；

（3）声誉权力（Power_ 3）：从声誉权力维度来看，总经理如果在公司上市前就在公司内任职，其在公司内部的资源、人脉网就更加稳固且广泛，做出重大决策时遇到的阻力更小，高管权力更大。

这三个维度均设置为虚拟变量，本文对这三个虚拟变量取均值，形成高管权力变量，具体计算方法见表1。

表1　高管权力变量衡量方法

衡量维度	衡量方法
组织结构权力	总经理是否兼任董事长。若是，赋值为1；否则赋值为0
所有权权力	企业高管持股比例。若高于同行业样本的中位数，赋值为1；否则赋值为0
声誉权力	总经理（包括CEO、首席执行官）是否长期任职。若在公司上市前就在公司担任职务，赋值为1；否则赋值为0

3. 调节变量

（1）法务会计腐败治理效率（FA）：由于法务会计在我国企业内的应用并不普及，学术界对法务会计对高管腐败的治理效率也无普遍认可的衡量标准，本文通过能与法务会计发挥类似作用的公司内部组织结构特征以及承担的诉讼风险共计6个指标来衡量法务会计腐败治理效率：独立董事特征，又可细分为包括独立董事专业能力、独立董事比例、独立董事会议出席率3个指标，四会完备程度（四会包括审计委员会、战略委员会、提名委员会、薪酬与考核委员会），公司被起诉的频率，公司的内部控制质量。由于缺乏权威专家或著作对每个变量的权重进行界定，本文对每个变量的取值范围都限定在0~1之间，并对每个变量的权重都取1/6。

法务会计腐败治理效率=（独立董事专业能力+独立董事比例+独立董事董事会会议出席率+四会设立情况+上市公司被起诉频率+内控有效性）/6

具体指标计算见表2。

表2　法务会计腐败治理效率变量衡量方法

衡量角度	衡量指标	指标计算
独立董事特征	独立董事专业能力	独立董事团队中是否具有法律背景的独立董事。若是，赋值为1，否则赋值为0
	独立董事比例	独立董事人数/董事会总人数
	独立董事会议出席率	独立董事亲自出席董事会会议次数/应出席董事会会议次数
四会完备程度	四会设立情况	审计委员会、战略委员会、提名委员会、薪酬与考核委员会的设立个数。若高于同一年度同行业样本的中位数，赋值为1；否则赋值为0

续表

衡量角度	衡量指标	指标计算
法律诉讼	上市公司被起诉频率	一年内公司作为被告参与法律诉讼的次数。若高于同一年度同行业样本的中位数，赋值为 0；否则赋值为 1
内部控制质量	内控有效性	企业内部控制评价报告中披露的内部控制有效性。内控有效，赋值为 1；否则赋值为 0

（2）独董法会能力：反映独立董事对高管腐败行为的敏锐度。《关于在上市公司建立独立董事制度的指导意见》（2001 年）要求，上市公司的独立董事中，必须配备一名会计专业人士，但对于是否需要配备法律专业人士无明确要求。当上市公司独立董事团队既有会计专家又有法律专家，可对公司高管的违法违规行为进行更有效的监督。指标计算方法：是否有具有法律背景（包括律师、法官、司法会计鉴定师、司法鉴定人等）的独立董事，若是，赋值为 1；否则为 0。

独立董事比例：反映公司董事会的独立性。《关于在上市公司建立独立董事制度的指导意见》（2001 年）要求，上市公司独立董事的人数不应小于董事会总人数的 1/3。公司独立董事比例越高，理论上监督高管腐败的力度越强。独立董事比例＝独立董事人数/董事会总人数。

独立董事会议出席率：反映独立董事勤勉程度。独立董事既可以亲自出席上市公司的董事会会议，也可以委托他人出席上市公司董事会会议。独立董事越是积极参加董事会会议，其对公司董事会决议事项的参与度越强，理论上监督高管腐败的力度也越强。独立董事董事会会议出席率＝独立董事亲自出席董事会会议次数/应出席董事会会议次数。

四会设立情况：反映对公司决策不同层面的监督程度。《上市公司章程指引》（2019 年 4 月修订）规定，上市公司必须设立审计委员会，根据需要设立战略、提名、薪酬与考核专门委员会。四会能从不同层面对公司高管腐败行为进行监督，理论上设立个数越多，对高管腐败行为的监督力度越强。四会设立情况＝（审计委员会、战略委员会、提名委员会、薪酬与考核委员会的设立个数）/4。

上市公司被起诉频率：反映上市公司对法律法规的遵守程度。上市公司因合同违约、违规排污、拖欠货款、涉税事件等事件被起诉的频率越高，说明公司整体法律意识越淡薄，公司对高管腐败这种违法违规行为的监督力度越弱。

一年内公司作为被告参与法律诉讼的次数，若高于同一年度同行业样本的中位数，赋值为 0；否则赋值为 1。

内部控制质量：反映上市公司内部治理机制的完善程度。企业可以通过设计审批流程、权责分配、问责机制等内部控制制度，约束管理层的权力，减少高管实施腐败的机会。本文采用企业内部控制评价报告中披露的内部控制有效性，内控有效，赋值为 1；否则赋值为 0。

4. 控制变量

参考池国华、朱俊卿（2019）[20]，徐细雄、刘星（2013）[5] 等人有关高管腐败治理的文献，本文选取公司规模、第一大股东持股比例、主营业务收入增长率作为控制变量。

（1）公司规模（Size）。公司内部腐败是影响公司可持续发展的一大阻碍，为实现长远发展，规模较大的公司倾向于投入资源设置更为健全的公司内部治理结构，对于公司内的腐败行为监督更为严格。故本文认为公司规模越大，发生高管腐败行为的可能性越小。

（2）第一大股东持股比例（First）。大股东在公司中充当的角色的到底是"制约管理层"还是"与管理层同流合污"的角色，一直是学术界争论的焦点。本文认为，公司第一大股东的持股比例越高，越有动力对有损于公司和股东利益的腐败行为进行监督，进而抑制高管利用权力进行寻租，减少高管腐败。

（3）主营业务收入增长率（Growth）。企业的主营业务收入增长率可以反映企业发展能力。本文认为，当公司发展情况较好时，高管更容易对公司未来发展过度乐观，更容易对腐败后果存在侥幸的认知偏差，产生腐败行为。参见表 3。

表 3　控制变量计算方法

衡量指标	指标计算
公司规模	ln（公司年末总资产）
第一大股东持股比例	第一大股东持股数/公司总股数
主营业务收入增长率	（期末主营业务收入-期初主营业务收入）/期初主营业务收入

（三）研究假设

寻租理论认为权力是腐败的根源。当权力失去制衡与约束，就演化为"绝对的权力"，英国思想史学家 Action 提出"绝对的权力导致绝对的腐败"，说明当权力大到失去制衡时，腐败是必然的结果。企业高管作为代理人，被股东赋予管理企业的权力，股东对代理人的期望是提升企业价值，为股东谋取经济利益。然而企业高管作为一名经济人，其内驱动力是谋取自身利益的最大化。虽然高管通过努力经营公司会获取一定的报酬，但报酬是有限的，无法满足高管无穷的欲望。当高管可以利用手中的权力为自身谋取更大的利益，并且承担的风险小于获取的收益时，他们就会倾向于做出对自己有利但有损公司利益的行为。徐细雄、刘星（2013）将腐败的研究领域从政府机构拓展至公司制企业，发现公司 CEO 权力与腐败存在正相关关系。基于以上分析，本文提出第一个假设：

H1：高管权力会诱发上市公司高管腐败行为，即高管权力越大，高管腐败的可能性越高。

董仁周（2014）认为，法务会计是治理官员与公司腐败的一大利器，我国应大力促进法务会计职业化发展。法务会计专家熟知法律、会计知识，对公司内控设计与执行方面的缺陷具有很强的敏感性，能够运用侦察技术对管理层舞弊进行调查取证。通过在公司内设立法务会计部门，让法务会计专家参与公司治理，能够在事前完善公司规章制度，加强对高管腐败行为的预防监督；在事中展开调查，搜集证据线索，及时掌握高管腐败动态；在事后计算贪腐金额，追究相关人员责任，最大程度减少公司损失。综上，将法务会计纳入公司治理机制，能够对高管腐败起到很好的监督与震慑作用。基于以上分析，本文提出第二个假设：

H2：法务会计能抑制上市公司高管的腐败行为，即法务会计腐败治理效率越高，高管腐败的可能性越低。

（四）模型设计

在理论分析与变量设计的基础上，为验证假设 H1、H2 等指标，本文构建了三个模型。由于因变量高管腐败在本文中是虚拟变量，因此在进行回归分析时，采用 logit 回归模型。

为验证假设 H1：高管权力对高管腐败行为的影响，构建模型一：

$$Corrupt = \alpha_0 + \alpha_1 Power + \alpha_2 Size + \alpha_3 First + \alpha_4 Growth + \varepsilon_1 \qquad (1)$$

为验证假设 H2：法务会计腐败治理效率对高管腐败行为的影响，构建模型二：

$$Corrupt = \beta_0 + \beta_1 FA + \beta_2 Size + \beta_3 First + \beta_4 Growth + \varepsilon_2 \qquad (2)$$

为验证假设 H3：法务会计对高管权力与高管腐败关系的调节作用，构建模型三：

$$Corrupt = \gamma_0 \alpha + \gamma_1 Power + \gamma_2 FA + \gamma_3 FA \cdot Power + \gamma_4 Size + \gamma_5 First + \gamma_6 Growth + \varepsilon_3 \quad (3)$$

四、实证检验与结果分析

（一）描述性统计分析

本文运用 stata15.1，对模型中所涉及的自变量、因变量、调节变量、控制变量的总体样本进行了描述性统计分析，具体结果见表 4。

表 4 描述性统计分析

变量	样本个数	均值	中位数	最小值	最大值	标准差
Corrupt	750	0.340	0	0	1	0.470
Power	750	0.480	0.330	0	1	0.230
Power_1	750	0.290	0	0	1	0.450
Power_2	750	0.530	1	0	1	0.500
Power_3	750	0.620	1	0	1	0.480
FA	750	0.730	0.730	0.560	0.820	0.060
First	750	34.59	33.23	3.890	86.35	15.18
Size	750	22.17	21.93	19.76	26.40	1.320
Growth	750	5.870	0.150	-4.200	3 107	118.3

通过表 4 得出以下分析结果：

（1）高管腐败（Corrupt）的样本均值为 0.34，最小值为 0，最大值为 1，这是对腐败样本按照 1∶2 进行倾向得分匹配非腐败样本后，得到的总样本的结果。其中，高管腐败样本占总样本个数的 1/3，非高管腐败样本占总样本个数的 2/3。

（2）高管权力（Power）的样本均值为 0.48，最大值为 1，最小值为 0，标准差为 0.23，表明总体来看，样本高管权力的大小适中，分布较为均匀。构成高管权力的三种权力分布较为不同，高管组织结构权力（Power_1）的均值为 0.29，中位数为 0，标准差为 0.45，说明董事长与总经理兼任的情况在样本公司中较少存在；高管所有权权力（Power_2）、声誉权力 Power_3 的均值分别为 0.53 与 0.62，中位数为 1，标准差分别为 0.5 与 0.48，说明高管持股比例与其在公司上市前就任职是高管权力的普遍来源。

（3）法务会计腐败治理效率（FA）的样本均值为 0.73，中位数为 0.73，最大值为 0.82，最小值为 0.56，标准差为 0.06，说明法务会计的腐败治理功能在样本公司中的应用程度普遍较高，应用程度最好的企业与应用程度最差的企业差异不大。

（4）控制变量存在以下特征：第一大股东持股比例（*First*）的均值为34.59，最小值为3.89，最大值为86.35，标准差为15.18，说明第一大股东持股比例在样本公司间差异很大，既存在股权十分集中的上市公司，也存在持股较分散的上市公司；公司规模（*Size*）的最大值为26.40，最小值为19.76，标准差为1.32，说明样本公司的总资产数量差异不大；主营业务收入增长率（*Growth*）在样本间差异很大，最大值为3107倍，最小值为-4.2倍，标准差为118.3，而从平均值5.87倍和中位数0.15倍可以看出，大部分公司的主营业务收入增长率较为平缓，介于0~10倍之间。

（二）相关性分析

下面对本文涉及的因变量、自变量、调节变量、控制变量进行 Pearson 相关性分析，具体结果见表5。

表5　相关性分析

	Corrupt	*Power*	*FA*	*FA × Power*	*First*	*Growth*
Corrupt	1					
Power	0.135 ***	1				
FA	− 0.143 ***	0.004	1			
FA · Power	− 0.100 ***	0.979 ***	0.187 ***	1		
First	− 0.114 ***	− 0.234 ***	0.050	− 0.197 ***	1	
Size	0.003 *	− 0.193 ***	− 0.086 **	− 0.186 ***	0.240 ***	1
Growth	0.043 *	− 0.029	− 0.001	− 0.025	0.006	0.037

注：* 表示在10%水平上显著；** 表示在5%水平上显著；*** 表示在1%水平上显著。

表5列出了自变量、调节变量、控制变量之间的相关性系数，均小于0.8，说明自变量、调节变量、控制变量间不存在多重共线性。

其中，高管权力（*Power*）与高管腐败（*Corrupt*）的相关性系数为0.135，在1%水平上显著，说明高管权力越大，公司高管腐败的可能性越高，与 H_1 的假设相一致；法务会计腐败治理效率（*FA*）与高管腐败（*Corrupt*）的相关性系数为-0.143，在1%水平上显著，说明法务会计腐败治理效率越高，公司高管腐败的可能性越低，与 H_2 的假设相一致；高管权力与法务会计腐败治理效率的交乘项（*FA · Power*）与高管腐败（*Corrupt*）的相关性系数为-0.1，在1%的水平上显著，说明法务会计能有效抑制高管权力对高管腐败的正向促进作用，与

H3 的假设相一致。

控制变量中，第一大股东持股比例（*First*）与高管腐败（*Corrupt*）的相关性系数为-0.114，在 1%水平上显著，说明第一大股东持股比例与高管腐败存在显著负相关关系；公司规模（*Size*）与高管腐败（*Corrupt*）的相关性系数为 0.003，在 10%水平上显著，说明公司规模与高管腐败存在正相关关系；主营业务收入增长率（*Growth*）与高管腐败（*Corrupt*）的相关性系数为 0.043，在 10%水平上显著，说明主营业务收入增长率与高管腐败存在正相关关系。

（三）回归结果分析

为进一步验证假设 H1、H2、H3，本文针对前面构建的三个模型进行了 logit 回归，表 6 中（1）（2）（3）列分别表示模型一、二、三的回归结果。其中：

（1）列为检验高管权力对高管腐败的作用；

（2）列为检验法务会计腐败治理效率对高管腐败的作用；

（3）列为检验法务会计腐败治理效率对高管权力与高管腐败关系的调节作用。

从（1）列的回归结果看，高管权力（*Power*）与高管腐败（*Corrupt*）的回归系数为正，在 1%的水平上显著，验证了本文假设 H_1。由此可见，高管权力越大越会诱发公司高管进行腐败行为。

从（2）列的回归结果看，法务会计腐败治理效率（*FA*）与高管腐败（*Corrupt*）的回归系数为负，在 1%的水平上显著，验证了本文假设 H_2。由此可见，法务会计能抑制上市公司高管的腐败行为，即法务会计腐败治理效率越高，高管腐败的可能性越低。

从（3）列的回归结果看，法务会计腐败治理效率与高管权力的交乘项（*FA·Power*）的回归系数为负，在 5%的水平上显著，验证了本文假设 H3。由此可见，法务会计能削弱高管权力对高管腐败的诱发作用，即法务会计腐败治理效率越高，高管权力对高管腐败的影响越弱。

综合看（1）（2）（3）列中的控制变量，其中：第一大股东持股比例（*First*）与高管腐败（*Corrupt*）的回归系数为负，在 5%的水平上显著，说明第一大股东持股水平越高，对高管腐败越具有抑制作用；主营业务收入增长率（*Growth*）与高管腐败（*Corrupt*）的回归系数为负，在 10%的水平上显著，说明公司发展越快，高管腐败的可能性越大；公司规模（*Size*）与高官腐败（*Corrupt*）的回归系数为正，但不显著。

表6　回归结果分析表

	（1）	（2）	（3）
	Corrupt	Corrupt	Corrupt
Power	1. 235***		11. 208**
	（3. 361）		（2. 200）
FA		−5. 231***	1. 869
		（−3. 544）	（0. 475）
FA×Power			−13. 848**
			（−1. 964）
First	−0. 014**	−0. 018***	−0. 014**
	（−2. 496）	（−3. 079）	（−2. 353）
Size	0. 071	0. 034	0. 068
	（1. 120）	（0. 497）	（0. 981）
Growth	−0. 011*	−0. 219**	−0. 211*
	（−1. 962）	（−2. 086）	（−1. 956）
_ cons	−2. 338	3. 094	−3. 519
	（−1. 636）	（1. 621）	（−1. 057）
N	750	750	750
McFadden's R^2	0. 468	0. 509	0. 523

注：括号内为 Z 值。*表示在10%水平上显著；**表示在5%水平上显著；***表示在1%水平上显著。

表7为自变量、调节变量、控制变量对因变量的平均边际贡献。从（1）列可以看出，高管权力每增加1个单位，高管腐败的可能性增加27.1%；从（2）列可以看出，法务会计腐败治理效率每增加1个单位，高管腐败的可能性减小113.8%；从（3）列可以看出，法务会计腐败治理效率每增加1个单位，对高管权力与高管腐败关系的抑制作用增加294.8%。

表7　平均边际贡献

	（1）	（2）	（3）
	dy/dx	dy/dx	dy/dx
Power	0. 271***		2. 386**
	（3. 46）		（2. 23）

续表

	（1）dy/dx	（2）dy/dx	（3）dy/dx
FA		−1.138***	0.398
		（−3.67）	（0.47）
FA · Power			−2.948**
			（−1.98）
First	−0.003**	−0.004***	−0.003**
	（−2.53）	（−3.16）	（−2.39）
Size	0.016	0.007	0.0148
	（1.12）	（0.5）	（0.98）
Growth	−0.002*	−0.048**	−0.045*
	（−1.88）	（−2.11）	（−1.97）
N	750	750	750

注：括号内为 *Z* 值。* 表示在 10% 水平上显著；** 表示在 5% 水平上显著；*** 表示在 1% 水平上显著。

（四）稳健性检验

1. 均值 T 检验

本文对腐败样本与非腐败样本的自变量以及控制变量进行了均值 T 检验，检验结果见表8。

表8　腐败样本与配对样本相关变量的均值 T 检验

	均值（Corrupt=0）	均值（Corrupt=1）	均值差	T 值
Power	0.46	0.52	−0.06	−3.71***
Power_1	0.26	0.33	−0.07	−1.90*
Power_2	0.51	0.55	−0.04	−1.16*
Power_3	0.6	0.68	−0.08	−2.27**
FA	0.73	0.71	0.02	3.82***
First	35.84	32.18	3.66	3.15***
Size	22.17	22.18	−0.01	−0.08
Growth	2.21	12.8	−10.59	−1.15

注：* 表示在 10% 水平上显著；** 表示在 5% 水平上显著；*** 表示在 1% 水平上显著。

通过表8可以看出：

（1）高管权力（*Power*）、法务会计腐败治理效率（*FA*）的分组均值，均通过了1%显著性水平下的*T*检验。高管权力（*Power*）在高管腐败样本中的均值为0.52，在非高管腐败样本中的均值为0.46，均值检验的*T*值为-3.71，表明高管腐败样本的高管权力均值显著高于非高管腐败样本的高管权力均值；法务会计腐败治理效率（*FA*）在高管腐败样本中的均值为0.71，在非高管腐败样本中的均值为0.73，均值检验的*T*值为3.82，表明高管腐败样本的法务会计腐败治理效率均值显著低于非高管腐败样本的法务会计腐败治理效率均值。

（2）第一大股东持股比例（*First*）的分组均值通过了1%的显著性水平，公司规模（*Size*）、主营业务收入增长率（*Growth*）的高管腐败样本的均值高于非高管腐败样本，但未通过均值检验。第一大股东持股比例（*First*）在高管腐败样本中的均值为32.81，在非高管腐败样本中的均值为35.84，均值检验的*T*值为3.15，表明高管腐败样本的第一大股东持股比例均值显著低于非高管腐败样本的第一大股东持股比例的均值。

以上均值T检验的结果与前文实证结果相符，验证了本文研究结果的稳健性。

2. 更换法务会计腐败治理效率指数的衡量方法

本文更换了法务会计腐败治理效率中内控层面的衡量方式，使用内部控制审计意见类型衡量内部控制质量，若意见类型为"标准无保留意见"，则赋值为1，否则赋值为0。并使用更换衡量方法后的法务会计腐败治理效率（FA_2）进行了回归分析，回归结果如表9所示。

表9　更换法务会计腐败治理效率指数的衡量方法后的回归结果分析

	（1）	（2）
	sCorrupt	Corrupt
Power		1.423
		(0.579)
FA_2	-3.781***	-0.447
	(-3.799)	(-0.121)
$FA_2 \cdot Power$		-2.923***
		(-2.643)
First	-0.016***	-0.013**
	(-2.909)	(-2.293)

续表

	(1)	(2)
	sCorrupt	Corrupt
Size	0.095	0.114*
	(1.428)	(1.685)
Growth	0.001*	0.001*
	(1.914)	(2.005)
_ *cons*	0.352	−1.305
	(0.234)	(−0.673)
N	750	750
McFadden's R^2	0.358	0.409

注：括号内为 Z 值。*表示在 10%水平上显著；** 表示在 5%水平上显著；*** 表示在 1%水平上显著。

表 9 的回归结果表明，变更衡量方法后，法务会计腐败治理效率的系数为负，且在 1%水平上显著；法务会计腐败治理效率与高管权力的交乘项系数为负，且在 1%水平上显著，与前文实证结果一致，验证了本文的研究结果的稳健性。

五、研究结论与政策建议

（一）研究结论

本文选取 2012—2019 年因擅自改变资金用途、占用公司资产（非经营性资金占用）、内幕交易、操纵股价、违规担保等违规行为，受到中国证监会、省证监局、交易所处罚的高管腐败公司以及配对的非高管腐败公司作为研究样本，采用 logit 回归的方法，实证检验了高管权力对高管腐败行为的诱发作用、法务会计腐败治理效率对高管腐败行为的抑制作用，以及法务会计腐败治理效率对高管权力与高管腐败关系的调节作用，研究发现：

1. 高管权力会诱发高管腐败行为

公司高管所具备的组织结构权力、所有权权力、声誉权力越大，公司高管发生腐败行为的可能性越大。

2. 法务会计能抑制高管腐败行为

企业内部应用法务会计的程度越高，法务会计腐败治理效率越高，高管腐败的可能性越低。

3. 法务会计能削弱上市公司高管权力对高管腐败的诱发作用

企业内部应用法务会计的程度越高，法务会计腐败治理效率越高，越能削弱高管权力对高管腐败的诱发作用。

（二）政策建议

1. 企业应关注公司高管权力的构成因素

权力是腐败的根源，打击高管腐败应注重对高管权力的监督，尤其是对于拥有结构权力、所有权权力、声誉权力的高管。首先，应尽量避免企业董事长与总经理兼任，不给搞"一言堂"留下任何机会；其次，对于持股比例较高的高管，同样也应加强对其权力的制衡，高管决策应经过多方合议达成一致才能生效；最后，对于公司"元老级"的高管，在尊重其对公司付出的同时，不能纵容其利用权威在公司内部拉帮结派，完善公司高管换届和任期制度，把道德自律作为量化考核高管的一项重要标准，选拔有能力并且廉洁的人员担任公司高管。

2. 将法务会计融入公司治理机制，强化对高管腐败的事前预防监督、事中调查取证、事后追责整改

（1）充分利用法务会计优势，完善公司内部高管腐败的事前预防监督机制。在公司内部成立独立的法务会计部门，法务会计部门对公司股东负责，应有一定的实权以及独立于高管的管理权。建立公司内部合规体系，形成对高管腐败行为的长效监督机制。第一，制定公司反腐的诚信政策以及员工行为守则。可由法务会计部门牵头，公司其他部门配合，明确公司合规职责、合同签署、决策审议等内控制度。第二，法务会计部门加强对全体员工的反腐培训及指导。法务会计部门对企业中高层人员开展定期培训与考核，并为如何遵守公司反腐制度提供指导与建议。公司高管应签署反腐承诺书，将反腐决心层层传递给全公司普通员工，确保反腐政策充分被公司上下理解，形成对腐败零容忍的企业文化。第三，法务会计专家应联合信息技术专业人员，建立公司内部联网监督系统，法务会计人员应结合公司易腐领域以及自身专业判断，合理设置相应参数，对大额支出进行预警审核，及时掌握公司账务的异常变动，如记账错误、往来账项长期挂账、审批手续不全、原始凭证缺失等问题，识别假账与腐败问题。除此之外，法务会计部门也应使公司腐败举报通道畅通，加强对举报人的匿名保护。

（2）充分利用法务会计优势，健全公司内部高管腐败的事中取证调查程序。法务会计部门侦测到可疑行为时，应迅速做出反应，成立调查小组，在公司腐败触及违法犯罪底线之前，针对性展开调查，防止事态进一步恶化。调查组成员应由法务会计专家组成，公司应赋予其适当的调查权，深入各部门调查取证，翻阅相关会计资料、检查公司账目、及时掌握腐败线索、捕获关键信息，

并对相关信息进行全面、如实、及时的记录。证据搜集完毕后，对证据进行梳理，公正客观地判定是否违反公司规章、法律法规，并指明腐败方式、过程、时间、涉及人员，计算出腐败金额。法务会计人员的调查对象除了公司内部外，也可涉及公司第三方，包括公司代理商、分销商、供应商、中介服务提供商以及顾问。对第三方展开调查时，应注意调查其专业资质、商业信用、商业合作的合理性与必要性、是否具备正常的商业逻辑，警惕公司高管利用关联方交易侵占公司资产。

（3）充分利用法务会计优势，优化公司内部高管腐败的事后追责整改方式。法务会计人员将准确计算出的贪腐金额及有关财产损失分摊至腐败人员，可最大程度追偿被贪污挪用的公司财产。情节严重的要移交司法机关，追究有关人员的刑事责任。公司法务会计人员在此时可配合司法机关的调查，将自身搜集到的证据线索提供给侦查人员，加速案件的侦破。法务会计部门应提前确立对腐败行为的惩罚条款，对有关责任人加以惩处，在企业内部公开通报企业采取的惩处措施，对其他员工起到警示作用。法务会计人员也可促进企业与同行业公司共建高管诚信档案，明确禁止有不良记录的人员进入公司管理层。最后，法务会计人员应在事后深刻分析腐败发生的原因，形成专项报告，对公司内部存在的漏洞提出整改建议。

参考文献

[1] 王玉兰. 法务会计的前世今生：兼论法务会计职业前景 [J]. 会计之友，2019（5）：24-27

[2] 董仁周. 法务会计治理腐败研究 [J]. 湖南社会科学，2014（05）：128-130.

[3] HUNG H. Normalized collective corruption in a Transitional Economy：Small Treasuries in Large Chinese Enterprises [J]. Journal of Business Ethics，2008，79（2）：69-83.

[4] HONGBIN CAI，HANMING FANG，LIXIN COLIN XU. Eat，Drink，Firms，Government：An Investigation of Corruption from the Entertainment and Travel Costs of Chinese Firms [J]. The Journal of Law and Economics，2011，54（1）：55-78.

[5] 徐细雄，刘星. 放权改革、薪酬管制与企业高管腐败 [J]. 管理世界，2013（3）：119-132

[6] 胡明霞，干胜道. 管理层权力、内部控制与高管腐败 [J]. 中南财经

政法大学学报，2015（3）：87-93.

［7］董仁周. 法务会计的概念与特征探析［J］. 南京审计学院学报，2011，8（2）：56-64.

［8］ANTHONY BIRRITTERI. Forensic Accountants：Private Eyes Combatting White Collar Cri［J］. New Jersey Business，2001（5）：77.

［9］JOHNSON，Cynthia Waller Vallario，Metcalf Jr. An Expert Witness Can Make or Break a Case［J］. Journal of Accountancy，2001，33-38.

［10］SO EFFIOK. Detecting Fraudulent Manipulation of Accounting Ratios in Financial Reporting of Nigerian Corporations through Forensic Accounting Technique［J］. Lwati：A Journal of Contemporary Research，2014，11（1）：67.

［11］FRANCISCO JAVIER，MORENO ARBOLEDA. Fraud detection-oriented operators in a data warehouse based on forensic accounting techniques［J］. Computer Fraud & Security，2018（1）：13.

［12］CHIH-HAO YANG，KUEN-CHANG LEE. Developing a strategy map for forensic accounting with fraud risk management：An integrated balanced scorecard-based decision model［J］. Evaluation and Program Planning，2020，80.

［13］刘明辉，胡波. 法务会计、舞弊审计与审计责任的历史演进［J］. 审计与经济研究，2005（6：）10-13.

［14］万宇洵，曹爱兰. 法务会计对会计舞弊的揭示机理探析［J］. 法制与社会，2006（18）：106-107.

［15］党夏宁，韦国妮. 财务舞弊、舞弊审计与法务会计［J］. 西安财经学院学报，2007（06）：86-90.

［16］苏欣. 公司管理层舞弊治理优选路径：法审计机理及实现［J］. 经济问题，2016（08）：126-129.

［17］齐兴利，刘何斌，沈红. 法务审计防控民营企业管理层职务犯罪问题研究［J］. 黑龙江社会科学，2018（5）：16-22.

［18］景秋云，姚好霞. 法务会计在治理上市公司财务舞弊中的作用［J］. 山西省政法管理干部学院学报，2019，32（4）：91-93.

［19］周美华，林斌，林东杰. 管理层权力、内部控制与腐败治理［J］. 会计研究，2016（03）：56-63+96.

［20］池国华，朱俊卿，内部控制制度能治理高管腐败吗：来自国有上市公司的实证研究［J］. 广东财经大学学报，2019，34（1）：46-59.

VIE 架构公司审计风险分析及应对

张 卓[1]   操 群[2]

【内容摘要】本文研究中国 VIE 架构公司所面临的一系列审计风险问题。基于美国审计标准所确定的审计风险模型，结合 VIE 架构特有的组织结构及运作模式，从固有风险、控制风险及检查风险三要素对 VIE 架构的中国公司进行审计风险分析，并提出了相关审计应对措施。本文可为 VIE 模式上市公司的审计提供参考，同时亦有助于公众股东、风险投资人及私募股权投资人正确认识 VIE 架构内部的固有风险和控制风险，防范其投资损失风险。

【关键词】VIE 架构　审计风险　固有风险　控制风险　检查风险

一、引言

2003 年 1 月，美国标准会计准则委员会（FASB）首次提出可变利益实体（Variable Interest Entities，VIE）的概念。根据 FASB 定义，在中国，当境外上市实体与境内运营实体相分离，境外上市实体通过协议的方式控制境内运营实体，使得境内运营实体成为境外上市实体的可变利益实体。以协议控制模式，可以实现将境内运营实体的利益转移至境外上市实体，使得境外上市实体股东分享境内运营实体所产生的利润，VIE 的架构模式也由此产生。

近几十年，中国经济高速发展，越来越多的中国公司选择在海外上市融资。然而，工信部在 2017 年新修订的《外商投资产业指导目录》中明确规定国内某些产业（如新闻、媒体、互联网等产业）禁止外国资本涉足类似领域。如何解决该矛盾？VIE 架构有效解决了该问题。即外商股东控制一个境外上市公司的实体，该实体以契约协议的方式建立与国内运营实体之间的利润分享以及资源分配的合约关联。自 2000 年新浪网以 VIE 模式在美国纳斯达克交易所成功上市，据统计，目前已经在美上市的中国公司已超过 250 家，其中八成以上都搭建了 VIE 架构[3]，例如阿里巴巴、百度、京东及新东方教育科技等公司。VIE 结

1　张卓，澳门科技大学商学院副教授、系主任。
2　操群，澳门科技大学商学院助理教授，CPA，CFA，律师。
3　https://www.163.com/dy/article/GJB188520511QVBU.html.

构因其非股权控股的性质，引起了监管机构和投资者对协议控股模式稳定性的担忧；同时，现行 VIE 契约式的特点也会带来潜在的风险，如协议违约的法律风险。

本文将从审计角度来解析 VIE 结构所形成的审计风险，通过对它的分析，帮助会计师对 VIE 架构公司进行审计时，对其内在风险有一个客观正确的认识，从而减少 VIE 公司审计的报告偏误，更进一步地减少因此而给投资者带来的决策失误风险。从另外一个角度，对 VIE 审计风险的分析对于资本市场监督者制定合理的规范性措施也有其重要意义。

二、文献回顾

近几年，随着 VIE 架构的中国公司成功在海外上市，国内开始了对 VIE 研究的热潮。目前研究大多都聚焦于 VIE 架构的概念、内容以及相关的会计处理，对于风险的分析大多是从 VIE 组织结构及其独特的协议控制方面分析其风险。

唐志贤（2012）通过解析 VIE 利益实体的结构，指出 VIE 的组织结构实质是违背外资行业准入政策的，为部分机构和个人非法转移资产提供了便利的协议控制模式。陈玥、鲍大雷（2014）研究了可变利益实体的基本架构、潜在风险及应对措施，通过解析可变利益实体架构的形成步骤，分析了形成过程中每个环节可能存在的风险，并具体列出了协议控制模式中可能出现的协议以及协议的具体内容。卢宇峰（2014）分析了 VIE 架构公司的市场风险、运营风险、法律风险以及财务风险，并提出了应对措施。王娜（2015）通过对阿里巴巴案例的分析，提出了 VIE 协议控制的违约风险、汇率风险及税务风险。刘安钦和韩金红（2020）分析了 VIE 架构给我国现有税务监管体系带来的冲击，并厘清了各层架构的税务风险。

以上研究大都站在 VIE 架构公司自身角度分析其存在的风险及解决措施。本文从审计会计师的全新视角，分析 VIE 架构所存在的审计风险。

三、VIE 架构公司审计风险分析

审计风险是指会计报表存在重大错误或漏报，而注册会计师审计后发表不恰当审计意见的可能性。

美国审计标准（AU320，AS8）明确提出了决定审计风险的模型，即审计风险＝固有风险×控制风险×检查风险。故研究审计风险，通常从固有风险、控制风险以及检查风险这三个角度进行分析。由于我国 VIE 架构公司绝大部分都是在美国资本市场上市筹资，因此，以此模型来研究 VIE 架构公司的审计风险具有一定客观性和实用性。

（一）VIE 架构公司较之其他类别的公司存在更高的固有风险

固有风险是指在不考虑被审计公司相关的内部控制政策或程序的情况下，其会计报表上某项认定会产生重大错报的可能性。

1. 更多的关联方交易增加了 VIE 架构公司的固有风险

国内 VIE 架构的公司结构复杂，关联方包含内资实体运营公司（亦称OPCO）、外商投资公司（即 WFOE）、风险投资人（亦称 VC 投资人）、私募股权投资人（亦称 PE 投资人）、自然人股东这几方。各方的资金往来构成了比一般公司更多、更为复杂的关联方交易，存在巨大的潜在风险。如相互间可能的无息或低利率的借贷业务，甚至有相互欺诈的可能。另外一方面，VIE 架构中境内运营实体 OPCO 与外商独资公司 WFOE 之间基于契约的利益分配，也比一般公司之间业务往来交易更为频繁和复杂，这使得 VIE 架构上市公司固有风险较一般类别的上市公司更大。比如阿里巴巴 VIE 架构实体，公司创始股东在海外设立上市公司主体，即"阿里巴巴（开曼）Alipay"。海外上市主体在中国境内设立外商独资公司（WFOE），由 WFOE 与境内运营实体（OPCO，亦指该公司支付宝、淘宝网、雅虎中国以及阿里软件等实体）签订一系列协议，由此间接地达到海外上市实体对境内运营实体的控制。根据一系列的排他性协议，境内运营实体（OPCO）需以咨询费，管理费用以及软件安装费用等方式向外商独资公司（WFOE）转移利润等，这些费用是外商独资公司的主要利润收入，对境内运营实体以及外商独资公司的财务报表都有着重大影响。若这些费用的确认和计量出现重大纰漏或者被高估或低估，无疑将对财务报表产生重大影响。从另外一个角度看，协议模式下利润的转移也存在极大的欺诈可能性。

2. 协议控制下借款协议存在极大的风险

VIE 架构公司通常由 WFOE 与 OPCO 的股东签署《借款协议》，约定 WFOE 向 OPCO 的股东提供投资境内 OPCO 的资金。此种无利率或低利率的关联方借贷存在极大的风险，加大了其固有风险。此外，值得注意的是，该借款方式在现有规范体系内，会面临资本金结汇上的困难。

3. VIE 组织结构本身固有的不稳定性以及不可控制性

VIE 组织结构本身固有的不稳定性以及不可控制性，使得会计师在审计时，需要更加谨慎地判断公司的价值以及持续经营的可能性。这种 VIE 结构不稳定性，也导致了固有风险的加剧。

尽管我国在 2015 年 1 月 19 日颁布的《外商投资法（草案征求意见稿）》中，将 VIE 架构协议控制明确为外国投资，并提出公司会计报告以受益人实质控制进行合并。然而，至目前为止，还未有完整的成套的针对 VIE 架构公司规范的法律法规。当 VIE 架构协议控制发生纠纷争议诉诸司法时，国家仲裁机构通常做出"VIE 协议无效性，表面以合法形式掩盖其非法目的"判决。如 2012年 10 月，最高院对香港公司与境内公司（VIE 架构模式）投资委托协议民事诉讼纠纷的终审判决。此种协议控制使得 VIE 架构公司的存续较之其他类别公司更为脆弱，一旦面临违约纠纷等负面因素影响，VIE 架构也立即面临解体的风险。因此，对 VIE 架构公司可持续经营的估计应持审慎态度。

（二）VIE 架构公司更高的控制风险

控制风险的大小与被审计公司的内部控制水平有关，若被审计公司未能建立良好的内部控制系统用于防范错误的发生，必然会加大控制风险。

VIE 架构下，外商独资公司（WFOE）通过"协议控制"方式对境内经营实体（OPCO）实施控制，即各方签署的一系列契约协定。从根本上看，此种协议控制仍属于较为间接的控制方式。一方面，WFOE 并不能直接行使股东权利，需依赖 OPCO 的股东对其 VIE 协议下义务的遵守。另一方面，协议控制结构本身并不会对公司本身的内部控制产生威胁。正因如此，当境内外股东出现分歧且境内股东无法通过正常内部控制程序解决分歧时，就很可能出现境内股东单方面违反协议来保护自身利益的事情。如著名的"阿里巴巴支付宝事件"。

（三）注册会计师对 VIE 架构公司审计的检查风险

检查风险是指注册会计师通过预定的审计程序未能发现被审计单位会计报表上存在的某项重大错报或漏报的可能性。检查风险是审计风险要素中唯一可以通过注册会计师进行控制和管理的风险要素，且它独立存在于整个审计过程中，不受固有风险和控制风险的影响，它与注册会计师的工作有效性直接相关。如果注册会计师在审计工作中能充分有效地收集证据，并进行严谨的专业判断，就可以降低检查风险。基于某些原因，若注册会计师不能收集到充分的证据，甚至放纵审计对象的造假行为，检查风险必然会加大。从近 20 年中外资本市场发生的一些相关事件来看，不乏注册会计师在审计工作中出现严重纰漏，甚至违反注册会计师职业道德，对被审计公司的财务造假行为视而不见。通过以上分析，VIE 架构公司因自身复杂的结构以及独特的运作模式，会直接和间接导致固有风险和控制风险的加大，但是如果审计师在审计过程中收集充分的证据，做到判断严谨，检查风险是可以大大降低的。VIE 架构公司的审计对会计师专业水平和个人素质提出了更高的要求。

四、VIE 架构公司审计风险的应对措施和建议

（一）理解认识 VIE 组织结构，辨清关联方交易，正确估计影响 VIE 公司可持续经营的重大要素，合理估计审计风险

1. VIE 架构公司的审计风险估计

首先应通过组织结构图的解析，确定关联方。其次，通过关联方账务的记录及披露确定重大往来关联方交易，针对其账务处理及披露程度，来分析其重大错误或欺诈风险可能性。

2. 判定 VIE 架构公司是否存在影响持续经营的重大要素

若存在影响持续经营的可能，会计师应积极和管理沟通，看公司是否有相应的减轻持续经营要素影响的应对措施。这些都是合理判定内部固有风险的重要依据。

（二）对于内部控制风险，应更多地关注 VIE 架构中关于契约协定的内容披露

VIE 契约协定包括独家服务协议、业务合作协议、委托协议、独家购股权协议、借款协议以及股权（份）质押协议等。会计师审计 VIE 公司应重点审阅协议里面包括的内容，关注责、权、利的界定以及违约补偿措施。2014 年 4 月，香港联交所再次更新关于 VIE 架构公司的上市政策，增加了上市申请人对 VIE 结构的披露义务。如要求上市申请人在其官方网站上披露其协议控制的详细内容，因此，会计师评估 VIE 公司财务报告中对内部契约协定的披露程度，也应成为考量 VIE 公司风险一个很重要的指标。

（三）提高注册会计师对 VIE 架构公司的理解和认识，降低检查风险

注册会计师对 VIE 专业问题的理解程度以及个人素质直接影响 VIE 审计的检查风险。

（1）在对 VIE 架构公司进行审计的团队中，至少要有 1~2 名有 VIE 或相关组织公司审计经验的注册会计师。

（2）加强 VIE 相关专业知识的学习，提高审计团队整体专业水平。注册会计师后续持续教育课程中应将 VIE 相关的法规知识包含进来。最新的注册会计师的考核应纳入 VIE 风险控制的相关内容。会计师事务所应定期组织相关议题的业务讨论，深化审计团队对 VIE 相关专业知识的理解和认识。

（3）为了合理估计公司固有风险和控制风险，在 VIE 架构下设计公司的审计流程时，要重点应对 VIE 公司的一些独特要素。如对涉及 VIE 关联方的重要账户和披露，必须调高检查风险程度，扩大审计样本，降低审计风险。

五、结论

对 VIE 架构公司审计风险的理解和认识应该有异于对其他类别的公司。作为独立审计会计师，面对 VIE 审计时，首先应该对 VIE 组织结构足够了解，重点关注关联方交易以及辨识公司持续经营的影响要素，正确地估计内部固有风险。对于 VIE 内部控制，则需要进一步关注其境外公司通过外商独资公司（WFOE）协议控制境内经营实体（OPCO）的控制流程。对于协议中是否存在违约责任的划分及相应处理措施，客观评估其控制风险。而对于检查风险则需要提高审计会计师相应职业技能，如加强组织注册会计师对 VIE 的组织结构相关会计制度及法律法规的学习。另外，针对 VIE 公司的独立审计，由于其组织结构的特殊性和复杂性，对于审计报告结果要加强事后监督，从而进一步提高审计质量。自 2015 年初开始，因国内 A 股市场的繁荣以及新三板市场的活跃，国内又出现了 VIE 公司架构拆除以及红筹回归 A 股的新浪潮。因 VIE 架构拆除回归重组过程中涉及一系列问题，如投资人的权益问题、关联方往来清理的问题、员工期权变更的问题以及所涉及的外汇登记问题等，都给 VIE 重组审计带来一系列新的困难和挑战，更进一步潜在地增加了对该类别公司的审计风险，也引发了对 VIE 回归重组审计风险的继续探讨和研究。

参考文献

[1] Public Company Accounting Oversight Board（PCAOB）. Auditing Standards（AS）No. 8, Auditing Risk［S］, 2010.

[2] 唐志贤. 可变利益实体原因、风险分析及对策［J］. 财会通讯，2012（8）：29-31.

[3] 陈玥、鲍大雷. 可变利益实体的基本架构、潜在风险及应对［J］. 财务与会计，2014（6）.

[4] 王娜. 基于 VIE 模式的企业风险及对策分析［J］. 商业经济，2015（1）：111-112.

[5] 刘安钦，韩金红. VIE 架构税务监管问题探析［J］. 国际商务财会，2020（8）：90-92.

不同国家及地区舞弊现状及反舞弊措施研究

陈金勇[1] 刘 俊[2] 张 玥[3] 沈佳星[4]

【内容摘要】 舞弊不仅给组织造成巨大损失，更是影响到了全球经济的发展与稳定。本文以 ACFE 发布的 2014 年、2016 年、2018 年报告为数据来源，运用对比分析的方法，比较不同国家及地区舞弊的损失、特定反舞弊措施和舞弊损失与舞弊持续时间的关系，介绍不同国家及地区舞弊的现状以及反舞弊措施的特点和存在的问题。研究发现：（1）舞弊造成的损失与经济发展程度无关；（2）从舞弊的分类来看，资产侵占最常见但造成的损失最小，财务报表舞弊造成腐败发生的频率以及损失居中；（3）经济越发达、社会越安定，腐败案件发生率越低；（4）男性舞弊者的比例与女性的解放程度负相关；（5）相对于被动检测方法，主动检测舞弊更能降低损失和舞弊持续时间；（6）举报是最常见的检测舞弊的方法；（7）反舞弊控制措施的实施率存在地区差异，但是部分措施在各地区得到普遍使用；（8）反舞弊控制能显著减低舞弊造成的损失以及舞弊持续时间；（9）许多有效的反舞弊控制手段没有得到重视。本文从国家和地区的层面探究舞弊的现状和反舞弊的措施，丰富和拓展了对舞弊的宏观层面的研究，并结合中国的制度背景提出反舞弊的对策建议，希望有助于加强对舞弊的认识和改进对舞弊的防范。

【关键词】 舞弊 反舞弊 控制措施

一、引言

舞弊是全球组织面临的普遍问题。根据 ACFE 的调查显示，2014 年、2016 年和 2018 年每年组织因舞弊而损失 5% 的收入。在 2014 年 ACFE 研究报告中，舞弊造成的损失中位数为 145 000 美元。此外，22% 的舞弊案件涉及至少 100 万美元的损失。2016 年舞弊案件造成的总损失超过 63 亿美元。2018 年舞弊案件

---

1 陈金勇，湖北大学会计系副教授，系主任，硕士生导师，研究方向为法务会计、无形资产。
2 刘俊，中石化重庆涪陵页岩气勘探开发有限公司财务计划部。
3 张玥，中国农业发展银行黄冈市分行。
4 沈佳星，国家税务总局崇阳县税务局。

造成的总损失超过 71 亿美元，舞弊造成的平均损失为 275 万美元，损失中位数为 130 000 美元。舞弊对组织发展的危害具有普遍性，舞弊无处不在。虽然反舞弊控制可以有效降低舞弊发生的可能性和潜在影响，然而没有任何组织可以免受这种威胁。每年舞弊对全球经济造成的重大损失，直接影响组织创造就业机会、生产商品和服务以及提供公共服务的能力。因此，深入了解舞弊的特征和反舞弊的措施，特别是探究不同国家和地区舞弊的特点以及反舞弊措施的实施效果，对更好地了解中国组织的舞弊及制定科学合理的反舞弊措施具有理论和实践上的重要意义。

二、文献综述

对舞弊与反舞弊的研究主要围绕以下几个方面展开：

（一）舞弊概念的界定

1996 年美国注册审计师协会将舞弊分为三大类：腐败、资产侵占和财务报表舞弊。对于腐败的定义，学者一般把腐败限定于公共部门或公权力的行使者中，Svensson（2005）认为，腐败是指为了私人利益滥用公共权利。在当今社会，腐败不仅存在于公共部门，也存在于企业的一些经济犯罪中。学者主要从政府管制、公司结构等方面来研究企业高管腐败的原因。资产侵占是指组织中的管理层或员工非法占用组织的资产，现有文献大多认为资产侵占与财务报表舞弊相关联。Zabihollah Rezaee（2005）认为，所有的贪污导致的资产侵占行为都会导致财务报表舞弊。财务报表舞弊是指管理层或员工为了获取更大利益，有预谋地对会计报表信息进行造假的非正当行为。现有学者大都认为，在财务报表舞弊中，主要分为管理层舞弊和员工舞弊，其中管理层舞弊占据主要部分。Robert K. Elliott 和 John J. Willingham（1980）认为，财务报表舞弊是管理层通过错误虚假的财务报表来损害财务报表预期使用者利益的故意舞弊行为。朱锦余（2006）认为，财务报表舞弊主要是管理层自主选择进行的舞弊行为。赵德武、马永强（2006）认为，要兼顾管理层舞弊审计和员工舞弊审计，仅仅只有管理层舞弊不足以反映出我国企业财务报表舞弊，而且管理层舞弊也会通过员工舞弊完成。2007 年执行的《中国注册会计师审计准则第 1141 号——财务报表审计中对舞弊的考虑》把舞弊定义为企业的管理层、治理层、员工或第三方使用欺骗手段获取不当或非法利益的故意行为。ACFE 将舞弊定义为通过故意滥用或误用组织的资源或资产，利用自己的职业谋取个人财富。

（二）舞弊动因的理论研究

现有舞弊动因理论基本是通过大量选取舞弊案例，对其进行分析并筛选出影响舞弊发生的因子，进而总结出相关结论。主要理论有：舞弊冰山理论、舞弊三角理论、GONE 理论以及舞弊风险因子理论。1993 年 Bologua 提出了 GONE 理论，G 代表贪婪（Greed），O 代表机会（Opportunity），N 代表需要（Need），E 代表暴露（Exposure）。GONE 理论首次提出了舞弊行为被发现和舞弊者被惩罚的考虑因素，这四个因子互相影响，密不可分，他们共同影响着企业舞弊动机的大小。之后 Bologua 等人根据 GONE 理论又提出舞弊风险因子理论，该理论认为舞弊影响因子分为一般和个别风险因子。个别风险因子是指个人的道德品质和舞弊动机，对应 GONE 理论中的贪婪与需求因子。而一般风险因子是指舞弊的机会、舞弊行为被发现的可能性以及舞弊发生后受惩罚的性质和程度，对应 GONE 理论中的机会和暴露因子。舞弊三角理论由 W. Steve Albrecht 于 1995 年提出。该理论认为舞弊是由压力、机会和借口三要素组成，这三个因素缺一不可。冰山理论于 1999 年提出，该理论把舞弊分为显性的、客观存在的组织内部管理结构和隐性的、主观的个体行为两个部分，冰山理论强调个体行为带来的隐性损失比组织内部结构造成的损失更值得关注。

上述四个理论虽然表述有较大差异，但基本均从组织或个体两个角度来分析舞弊动因，构建各自的理论框架，都较少考虑环境因素。舞弊行为的发生是组织内外部因素共同导致的，娄权（2004）根据我国实际环境对舞弊动因提出了新的四个因子：文化、机会、动机和权衡。

（三）舞弊特征的研究

关于舞弊的特征，从腐败、资产侵占和财务报表舞弊三方面来研究。

在关于舞弊中腐败案例特征的研究方面，现有文献大都认为经济发展的水平、国家对外开放的程度等都会对腐败的发生产生一定的影响。Judge 等（2001）对 42 项实证研究进行了多元分析，研究证实国家腐败程度与以下三类宏观环境因素有关：政治、经济以及教育水平。曾起郁、陈建平等（2019）认为，随着反腐力度的加大，与廉政文化相对的腐败文化在新时期呈现出一些新的特征，集中体现为人情文化的庸俗化、不作为的"软腐败"现象凸显、官僚主义和形式主义等。

关于资产侵占案例的特征，学者也进行了大量的研究。张蕊（2013）认为，资产侵占具有发生率高、金额庞大、潜伏期长、频发的特点。企业高管的资产侵占手段与一般员工不同，其往往利用信息不对称和企业管理体系的漏洞进行侵占犯罪。李平（2007）认为，国有企业高管侵占国有资产的手段主要是虚增增值税发票以及增加账面款项等手段。

关于财务报表舞弊的特征研究，邢婷婷（2017）认为，我国上市公司管理舞弊行为的主要特点表现为故意欺骗性、强功利性、隐蔽性和强危害性的特点。现有文献大都从舞弊企业特点和舞弊方式两方面来具体分析。对于财务舞弊的企业的特点研究，现有学者大多选取被证监会处罚的公司，对其所处行业和公司背景进行深入分析，发现发生舞弊的企业大多是制造业行业。李平，林建飞等（2009）认为，发生舞弊的公司主要集中在制造业和综合类行业。刘桂良等（2009）研究发现，舞弊的行业主要以制造业和信息技术业为主。关于舞弊方式的研究，现有学者大多认为舞弊发生与财务报表因素的变动相关联。刘元、林爱梅等人（2015）基于2008—2013年证监会处罚公告得出财务报告舞弊主要是以下几类：调节利润类、调节资产负债类和财务报表附注类。黄世忠等（2019）认为，舞弊与行业特性、经济发展情况、公司经营规模等有关，利用关联方和虚构交易操纵收入是上市公司舞弊的常见手段。郑伟宏、李晓等（2019）认为，财务报表舞弊的主要手段是隐瞒重大事项披露、虚增收入和利润、篡改资产负债表科目等。

（四）反舞弊的研究

美国 Treadway 委员会于1987年提出了反舞弊四层次机制理论，该理论认为组织可以通过高层的管理理念、内部控制、内部审计、外部注册会计师审计四方面来防范舞弊。目前对于反舞弊的文献研究着重于内部控制体系的构建，李若山等（2002）调查发现，防范舞弊的有效措施包括建立良好的内部控制体系和内部审计制度。杨文娟（2009）详细介绍了如何构建良好的内部控制体系并进而构建反舞弊机制。

关于如何防范舞弊，现有文献不仅从理论上对其进行分析，还结合案例进行实践研究。大多学者运用实证分析，对舞弊征兆从财务因素以及非财务因素进行识别。从财务因素分析，Beneish（1997）认为，财务杠杆、销售增长速度等可以作为识别财务报告舞弊的特征。吴革、叶陈刚（2008）认为，在 A 股上市公司的财务指标和财务舞弊的关系中，股权集中度、每股净资产差异率、非主营业务利润率、存货占流动资产的比重等特征指标在不同程度上会对财务舞弊行为产生影响。从非财务因素分析，国内外研究者都意识到股权结构和董事会特征会导致舞弊。Johnson（2000）发现，在股权高度集中的上市公司中，大股东会通过转移资金来谋利，损害其他股东的利益。Bell等（2000）研究认为，管理层欺骗或逃避审计师、薄弱的控制环境、不合理的所有权结构都是舞弊的征兆。唐清泉等（2005）的研究表明，拥有控制权的股东会利用信息不对称获取更大利益。关于反腐败的研究，国际社会为腐败这类严重犯罪制定了有效预防和惩治腐败犯罪的国际法律文件。张东辉

（2002）认为，要充分发挥社会监督功能，应进行强制度建设创新和完善来消除腐败。习近平总书记在 2014 年提出惩治腐败要"零容忍"，反腐倡廉必须坚持依法治国和以德治国相结合。

（五）现有文献的评述

国内外现有文献对舞弊以及反舞弊程序进行了深入的研究，但是已有研究主要偏向于舞弊的界定、舞弊动因及特征的探究，以及反舞弊特别是财务报表舞弊的防范与治理，研究视角更偏向于微观组织。现有文献对从中观产业层面以及国家和地区等宏观层面进行的舞弊以及反舞弊研究尚需丰富和完善。因为不同国家和地区的舞弊与反舞弊措施除了具有普遍性，还具有显著的异质性，特别是发达国家与发展中地区会因为社会制度、经济发展水平、法律环境以及观念等具有显著的差异。因此，本文依据 ACFE 2014 年、2016 年、2018 年的研究报告，提取相关数据，对不同国家和地区舞弊的现状和趋势，及反舞弊的措施与其实施效果进行探究。不仅丰富和拓展了对舞弊与反舞弊的理论研究，还从实践上为中国特殊制度背景下的反舞弊提供了可供参考的实践经验，具有重大的理论和现实意义。

三、不同国家及地区舞弊现状及发展趋势

（一）舞弊的现状及趋势

ACFE 发布的 2014 年、2016 年、2018 年报告的案例，损失中位数分别为 145 000 美元、150 000 美元、130 000 美元，此外每年超过 1/5 的案件至少造成 100 万美元的损失。每年 ACFE 会员报告的舞弊案例造成的直接财务损失高达数十亿美元。据反舞弊专业人士推算，组织每年因舞弊而损失 5% 的收入。随着全球生产总值的不断增长，舞弊造成的全球直接财务损失呈上升趋势，2017 年全球舞弊损失总额接近 4 万亿美元。根据全球生产总值推算的全球舞弊损失总额如图 1 所示。尤其是当考虑到间接损失时，例如声誉受损和丑闻之后的业务损失，舞弊的全球实际损失可能要高得多。不仅如此，全球经济发展的稳定性也受到了某些大型舞弊丑闻的影响。

不同国家及地区舞弊的损失中位数如表 1 所示。ACFE 将 100 多个国家划分为 9 个国家及地区，舞弊带来的损失中位数最小为 56 000 美元，损失中位数最大的是 383 000 美元。南亚、美国、撒哈拉以南非洲地区舞弊造成的损失中位数相对较小。中东和北非地区、亚太地区、西欧地区舞弊造成的损失中位数较大。东欧和西亚、东亚地区舞弊损失中位数从 2014 年的 383 000 美元降低到 2018 年的 150 000 美元，变化幅度最大。虽然不同年份、不同国家及地区舞弊

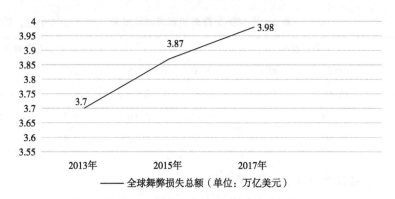

图 1 根据全球生产总值推算的全球舞弊损失总额

造成的损失中位数差异很大，但是总的来说，舞弊带来的损失不容小觑。舞弊造成的损失大小与地区经济发展程度没有必然联系。

表 1 不同国家及地区舞弊的损失① 金额单位：美元

	美国	撒哈拉以南非洲	亚太地区	西欧	东欧和西亚、东亚地区	加拿大	拉丁美洲和加勒比地区	南亚	中东和北非地区
2014 年	100 000	120 000	240 000	200 000	383 000	245 000	200 000	56 000	248 000
2016 年	120 000	143 000	245 000	263 000	200 000	154 000	174 000	100 000	275 000
2018 年	108 000	90 000	236 000	200 000	150 000	200 000	193 000	100 000	200 000

　　不同类型舞弊的频率以及损失中位数如表 2 所示。在舞弊的三个主要类别中，资产侵占是迄今为止最常见的，约占 ACFE 报告案例数的 85% 左右。然而，它造成的损失往往是三类中最低的。与之相反的是财务报表舞弊，它是最不常见但损失最大的舞弊形式，发生在 9.5% 左右的案例中，造成的损失中位数近百万美元。腐败案件在频率以及损失中位数方面都处于中间位置。许多案件涉及不止一类舞弊，约有 30% 的案件包括舞弊三种主要形式中的两种及以上。

---

① 由于 ACFE 研究中包含的超大案例往往会使平均损失不成比例地向上倾斜，因此损失中位数更能代表典型的舞弊案例。后面所有表格中损失均采用中位数计量，其单位为美元。

表 2　不同类型舞弊的频率以及损失　　　　金额单位：美元

	资产侵占		腐败		财务报表舞弊	
	频率	损失	频率	损失	频率	损失
2014 年	85.4%	130 000	36.8%	200 000	9.0%	1 000 000
2016 年	83.5%	125 000	35.4%	200 000	9.6%	975 000
2018 年	89.0%	114 000	38.0%	250 000	10.0%	800 000

（二）腐败案件发生的频率及损失

腐败是一个全球性问题，它影响各种行业、各种类型和各种规模的组织。不同国家及地区腐败案件的频率及损失中位数如表 3 所示。从腐败案件的频率上来说，不同年份、不同国家及地区腐败案件的比例差异较大。加拿大、美国和西欧的腐败案件发生率在 ACFE 划分的 9 个国家及地区中是最低的，腐败案件比例最高的都不超过 40%。中东和北非地区、南亚、东欧和西亚、东亚地区腐败案件比例较高。从腐败案件造成的损失中位数来看，加拿大、美国和西欧的腐败案件造成的损失中位数依旧较低，中东和北非地区、东欧和西亚、东亚地区腐败案件造成的损失中位数较高，而南亚的腐败案件造成的损失中位数则最低。结合国际反腐败组织"透明国际"推出的清廉指数或者腐败印象指数来看，影响腐败的关键因素是社会稳定性和经济发展状况。经济越发达、社会越安定，往往腐败案件发生率越低。经济最发达的加拿大、美国和西欧，腐败案件的发生率和损失中位数都较低。

表 3　不同国家及地区腐败案件的频率及损失　　金额单位：美元

	加拿大		美国		拉丁美洲和加勒比地区		西欧		中东和北非地区	
	损失	频率	损失	频率	损失	频率	损失	频率	损失	频率
2014 年	100 000	32.8%	261 000	26.6%	250 000	40.4%	200 000	37.8%	425 000	66.0%
2016 年	250 000	26.7%	200 000	24.9%	400 000	45.5%	300 000	40.0%	500 000	57.0%
2018 年		40%		30%		51%		36%		49%

	撒哈拉以南非洲		东欧和西亚、东亚地区		南亚		亚太地区	
	损失	频率	损失	频率	损失	频率	损失	频率
2014 年	150 000	54.3%	500 000	52.6%	98 000	45.5%	400 000	52.7%
2016 年	150 000	48.4%	200 000	55.1%	112 000	67.3%	285 000	48.4%
2018 年		49%		60%		62%		51%

(三) 舞弊者的性别

根据 ACFE 的调查，世界范围内舞弊者中约有 2/3 是男性，各年份的报告结论基本一致。然而不同地区男性和女性舞弊者的比例差异非常大。不同国家及地区舞弊者中男性的占比如图 2 所示。男性舞弊者占比最小的三个国家或者地区依次是美国、加拿大和亚太地区。男性舞弊者占比最大的地区是南亚、中东和北非地区。可以看出男性舞弊者的比例与女性解放程度呈负相关关系。女性社会地位越高，就业机会越多，职场参与率越高，发生舞弊行为的机会也相应越多，男性舞弊者的占比则相对较低。

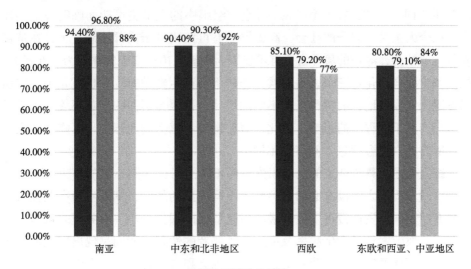

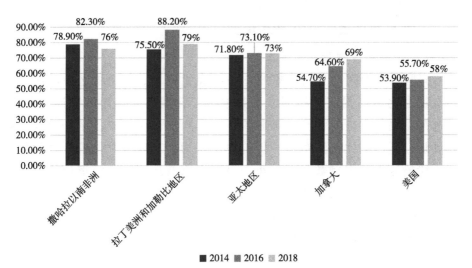

图 2　不同国家及地区舞弊者中男性的占比

（四）基于舞弊三角理论的问题分析

不同国家及地区有着不同的政治、经济、社会和技术背景。一个国家或者地区独特的宏观环境，影响着组织的形式、治理结构，造就了不同的组织文化与管理风格，对组织运行以及人员行为的方方面面都有着深刻的影响。宏观环境对组织人员的影响不仅体现在职务行为上，更体现在作为独立个体的员工的行为上，同时员工作为个体的需求也会投射到职务行为中。宏观环境对组织及人员会有一定的影响，不同的国家及地区组织中的人员承受着不同程度的压力，得到的作案机会不同，潜在的舞弊者实施舞弊行为所需要自我合理化的"阈值"也不同。例如，在奢靡成风的社会，组织中的人员更可能面临财务上的压力；在个人主义意识强的社会，高管层更有可能凌驾于内部控制之上；在贫富差距大的社会，潜在的舞弊者更有可能因为心理失衡而实施舞弊行为。在压力、机会和自我合理化这三个因素的共同作用下会产生舞弊行为。也就是说，之所以不同国家或者地区的舞弊呈现不同的现状，是因为不同的宏观环境对组织及人员会产生不同程度的影响，因此，潜在舞弊者感受到的压力、面临的作案机会和所需的自我合理化"阈值"不同。

综上所述，舞弊造成的全球损失总额不断上升，舞弊造成的损失大小与地区经济发展程度之间没有必然的关联；不同类型的舞弊，其发生频率及损失中位数有所不同，资产侵占发生率最高但是造成的损失最小，财务报表舞弊则与之相反；腐败案件的发生频率及损失、舞弊者的性别比例则呈现出较大的地区异质性；不同的宏观环境背景下，压力、机会和自我合理化三个因素的差异导致了不同国家及地区舞弊现状的差异。

四、不同国家及地区反舞弊状况研究

（一）识别和检测舞弊的方法与手段

不同国家及地区检测到舞弊的方法如表 4 所示。各个地区检测出舞弊案件数量占比最高的三种检测方法是举报、管理审查和内部审计。另外，通过对账、文件审查的手段检测出舞弊的比例也较高。IT 控制和舞弊实施者主动坦白所占的比例则最低。传统观点认为，对反舞弊比较有效的外部审计手段检测出的案例数占比较小。不同国家及地区，内部审计检测出舞弊案件的比例差异较大。相比于其他国家及地区，中东和北非地区、拉丁美洲和加勒比地区通过内部审计检测到舞弊的比例更高，而加拿大通过内部审计检测到舞弊的比例较低。

表4 不同国家及地区检测到舞弊的方法

	美国		撒哈拉以南非洲		亚太地区		西欧		东欧和西亚、中亚地区	
	2014年	2016年	2014年	2016年	2014年	2016年	2014年	2016年	2014年	2016年
举报	38.4%	37.0%	42.4%	37.3%	53.9%	45.2%	39.8%	40.9%	53.8%	47.4%
管理审查	18.4%	14.3%	15.1%	10.2%	11.7%	13.1%	16.3%	11.8%	10.3%	12.4%
内部审计	13.1%	14.1%	16.3%	16.2%	10.9%	15.8%	12.2%	16.4%	16.7%	20.6%
意外	8.2%	7.2%	3.5%	5.3%	3.1%	2.7%	10.2%	3.6%	5.1%	2.1%
对账	5.3%	6.1%	13.4%	7.4%	6.3%	5.0%	7.1%	1.8%	3.8%	4.1%
文件审查	5.9%	4.8%	2.9%	4.9%	1.6%	1.4%	2.0%	4.5%	1.3%	1.0%
外部审计	4.0%	4.0%	1.2%	4.9%	3.1%	5.9%	2.0%	4.5%	2.6%	1.0%
监控	2.5%	1.9%	2.9%	2.1%	2.3%	0.9%	3.1%	3.6%	1.3%	1.0%
被执法部门通知	2.0%	2.5%	0.6%	2.1%	2.3%	4.5%	6.1%	2.7%	2.6%	1.0%
IT控制	1.1%	1.5%	0.6%	3.2%	1.6%	0.9%	0.0%	0.0%	1.3%	1.0%
坦白	0.6%	1.2%	1.2%	1.4%	1.6%	1.0%	1.0%	1.8%	1.3%	2.1%
其他	0.5%	5.5%	0.0%	4.9%	1.6%	4.1%	0.0%	8.2%	0.0%	6.2%

	加拿大		拉丁美洲和加勒比地区		南亚		中东和北非地区	
	2014年	2016年	2014年	2016年	2014年	2016年	2014年	2016年
举报	43.9%	32.6%	36.8%	36.9%	54.5%	53.1%	35.3%	39.2%
管理审查	19.3%	20.9%	14.0%	17.1%	12.7%	9.4%	15.7%	11.4%
内部审计	3.5%	16.3%	22.8%	19.8%	14.5%	21.9%	33.3%	25.3%
意外	8.8%	7.0%	7.0%	3.6%	1.8%	4.2%	5.9%	3.8%
对账	8.8%	3.5%	7.0%	4.5%	7.3%	5.2%	3.9%	5.1%
文件审查	5.3%	3.5%	3.5%	2.7%	1.8%	0.0%	0.0%	3.8%
外部审计	3.5%	2.3%	1.8%	2.7%	1.8%	1.0%	0.0%	1.3%
监控	5.3%	0.0%	1.8%	2.7%	0.0%	3.1%	2.0%	3.8%
被执法部门通知	1.8%	2.3%	3.5%	0.0%	1.8%	0.0%	0.0%	1.3%
IT控制	0.0%	1.2%	0.0%	0.0%	1.8%	0.0%	3.9%	0.0%
自我坦白	0.0%	1.2%	1.8%	1.8%	0.0%	1.0%	0.0%	0.0%
其他	0.0%	9.3%	0.0%	8.1%	1.8%	1.0%	0.0%	5.1%

通过某种方式检测出舞弊的可能性会受到组织实施的程序和控制的影响，

同时也会受到检测方法本身的有效性的影响。我们认为，运用某种检测方法的效率和效果会反映到舞弊损失中位数、持续时间中位数上。表5反映了检测方法与舞弊损失中位数、持续时间中位数的关系。损失最小、持续时间最短的五种检测方法——监控、对账、内部审计、IT控制、文件审查，均属于主动检测舞弊的方法。相比之下，不是通过组织内部努力检测舞弊的方法——坦白、意外、外部审计和被执法部门通知，往往舞弊持续时间更长、损失更大。在所有检测方法中，被执法部门通知的相关损失中位数最高（100万美元），持续时间最长（36个月）。换句话说，有足够的控制制度来发现识别舞弊，而不是依赖外部或者被动检测方法，可以显著降低舞弊的损失和持续时间。

表5　2016年检测方法与舞弊损失中位数、持续时间中位数的关系

	分类	损失中位数	持续时间中位数
监控	积极检测方法	48 000	6个月
IT控制	积极检测方法	150 000	6个月
对账	积极检测方法	85 000	12个月
内部审计	积极检测方法	100 000	12个月
自我坦白	消极检测方法	500 000	12个月
文件审查	积极检测方法	104 000	12个月
举报	潜在的积极或者消极检测方法	147 000	17个月
管理审查	积极检测方法	135 000	18个月
外部审计	潜在的积极或者消极检测方法[1]	470 000	24个月
意外	消极检测方法	250 000	24个月
被执法部门通知	消极检测方法	1 000 000	36个月

由于举报是最常见的检测方法，因此，了解这些举报信息的来源非常重要。2016年舞弊举报信息来源如图3所示，略高于一半（51.5%）的举报信息由受害组织的雇员提供。同时，近1/3（29.3%）的举报信息来自组织外部人员：客户、供应商和竞争对手。积极建立举报和投诉制度，如推广反舞弊的举报热线，往往主要针对员工。但这些数据表明，组织还应该考虑向外部各方，特别是客户和供应商推广举报机制。此外，14%的举报信息来自匿名来源，表明举

1　主动检测方法涉及在组织内部人员或有助于查找舞弊行为的内部控制或者流程的指导下故意搜索不当行为。相对的，被动检测发生在组织意外、舞弊者坦白或另一方主动通知而获悉舞弊行为时。根据具体情况，某些检测方法可能是主动的或被动的。例如举报可能通常是被动的，但有效推广举报机制的组织则属于积极获取舞弊证据。此外，虽然典型的外部审计主要不是为了寻找舞弊行为，但组织可能会针对可疑的舞弊行为进行专门的外部审计，因此外部审计被视为主动还是被动，具体取决于具体情况。

报舞弊行为的人中有一部分不希望自己的身份为人所知。举报人往往害怕被识别或者被报复，这就是为什么在法律允许的情况下，允许匿名举报是很重要的。

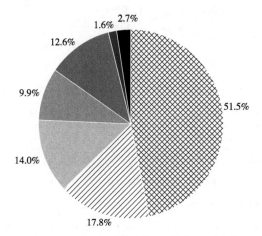

图 3 2016 年舞弊举报信息来源

注：由于同一舞弊案件可能涉及多个举报信息来源，所以该饼状图数据合计大于 100%

（二）反舞弊控制措施

反舞弊控制实施率提供了一个了解世界各地的组织正在采取哪些措施来管理舞弊风险的视角，并为组织的反舞弊计划提供了有用的参考。表 6 反映了 2016 年基于受害组织地理区域的反舞弊控制实施率。对于所有地区，在 18 项反舞弊控制措施中，最常用的前五个反舞弊控制措施均包括财务报表的外部审计、行为规范和财务报表的管理认证。除加拿大以外，各地区最常用的前五个反舞弊控制措施中均包括内部审计部门（在加拿大内部审计部门排第六）。相反，工作轮换/强制休假和对举报人的奖励都是每个地区最不常用的反舞弊控制措施。

表 6 2016 年不同地区的反舞弊控制措施

	美国	撒哈拉以南非洲	亚太地区	拉丁美洲和加勒比地区	西欧	东欧和西亚、中亚地区	南亚	加拿大	中东和北非地区
行为规范	74.6%	91.9%	85.2%	84.8%	83.7%	90.9%	89.0%	79.2%	81.1%

续表

	美国	撒哈拉以南非洲	亚太地区	拉丁美洲和加勒比地区	西欧	东欧和西亚、中亚地区	南亚	加拿大	中东和北非地区
财务报表的外部审计	74.2%	88.8%	88.2%	82.2%	88.8%	88.2%	96.5%	83.3%	95.9%
员工支持计划	66.0%	50.9%	48.3%	46.1%	51.2%	28.6%	34.6%	77.0%	25.4%
财务报表的管理认证	64.1%	79.9%	80.2%	70.3%	76.9%	75.0%	91.6%	79.7%	82.4%
内审部门	61.4%	91.6%	83.6%	80.7%	80.7%	82.8%	94.7%	64.7%	90.9%
财报内控的外部审计	59.8%	77.6%	74.5%	66.7%	75.8%	69.4%	86.7%	65.8%	80.6%
管理审查	57.3%	70.8%	72.3%	68.0%	74.7%	70.1%	79.8%	61.5%	73.2%
热线	54.5%	67.7%	65.7%	68.5%	63.8%	65.6%	70.5%	52.5%	62.2%
独立审计委员会	53.8%	69.6%	68.1%	67.6%	75.7%	70.3%	82.6%	59.2%	75.7%
管理人员反舞弊培训	50.5%	55.0%	50.8%	53.9%	52.5%	56.8%	61.2%	35.4%	44.4%
员工反舞弊培训	49.3%	55.0%	53.3%	54.4%	54.4%	60.5%	54.9%	38.0%	47.9%
反舞弊政策	45.2%	59.2%	46.8%	51.0%	54.9%	61.4%	58.1%	39.0%	50.7%
正式的舞弊风险评估	36.5%	48.2%	32.6%	38.1%	49.0%	45.3%	44.6%	35.5%	41.7%
专门的反舞弊部门、职能或团队	36.4%	47.7%	44.4%	44.0%	45.8%	50.0%	53.8%	38.6%	44.6%
主动数据监控分析	35.5%	38.5%	34.4%	26.7%	37.1%	39.0%	44.7%	37.2%	46.5%
突击审计	31.8%	52.8%	41.8%	31.0%	27.4%	35.3%	57.1%	31.1%	61.6%
工作轮换/强制休假	16.1%	27.8%	24.6%	17.0%	17.7%	17.6%	23.5%	16.2%	24.6%
奖励告密者	12.7%	20.0%	7.8%	6.1%	6.1%	1.1%	20.3%	8.0%	14.9%

除了这种一致性外，不同地区的反舞弊控制措施也存在着一些显著差异。例如，与其他地区相比，美国和加拿大的内部审计部门往往不太常见，而员工支持计划在美国和加拿大比在其他地区普遍（实施率分别为 66% 和 77%）。在南亚、东欧和西亚、中亚地区、中东和北非地区，员工支持计划却是最不常见的反舞弊控制措施之一。此外，南亚管理审查程序、专门的反舞弊部门、职能或团队和财务报表管理认证的实施率明显高于其他地区。虽然奖励举报人是所有地区中最不常见的反舞弊控制措施，但是实施率差异很大——从东欧和西亚、中亚地区的 1.1% 到撒哈拉以南非洲的 20.0%。

（三）反舞弊控制措施的效果

虽然反舞弊控制的存在有助于阻止一些潜在的舞弊，但不同反舞弊控制措施的作用大小是不一样的。究竟哪些控制措施最能发挥反舞弊的作用？现在世界各地区的组织采用的反舞弊控制措施是否是最有效的呢？ACFE 通过比较实施了特定控制措施的组织与缺乏这些控制措施的组织的舞弊损失中位数以及舞弊持续时间来测度反舞弊控制措施的有效性。不同控制措施减少舞弊损失和持续时间的效果如表 7、表 8 所示。总的来说，反舞弊控制的存在与更低的损失和更快的舞弊检测相关，在存在控制的情况下，舞弊损失降低了 14.3% ~ 54%，舞弊的检测速度提高了 33.3% ~ 50%。

许多最有效的反舞弊控制措施被大部分组织忽视了。例如，只有 36.7% 的组织使用了主动数据监控分析，但是这种控制的存在能使舞弊损失降低 54%、持续时间缩短 50%。其他不太常见的控制措施，包括突击审计、专门的反舞弊部门、职能或团队、工作轮换/强制休假制度，也显示出了明显的效果。在决定如何分配反舞弊资源时，管理层应该考虑实施特定控制活动的效率和效果。财务报表的外部审计由大量组织实施，但它是打击舞弊最无效的措施之一。通过财务报表的外部审计检测到的舞弊案件不仅数量少，而且它减少的舞弊损失中位数和持续时间的程度在所有反舞弊控制手段中最小。因此，虽然独立审计在组织治理中发挥着至关重要的作用，但是数据表明，不应依赖它作为组织的主要反舞弊机制。

表 7　2016 年不同反舞弊控制措施降低损失的效果

控制措施	实施率	实施该控制措施的损失中位数（美元）	未实施该控制措施的损失中位数（美元）	降低率
主动数据监控分析	36.7%	92 000	200 000	54.0%
管理审查	64.7%	100 000	200 000	50.0%
热线	60.1%	100 000	200 000	50.0%
财务报表的管理认证	71.9%	104 000	205 000	49.3%
突击审计	37.8%	100 000	195 000	48.7%
专门的反舞弊部门、职能或团队	41.2%	100 000	192 000	47.9%
工作轮换/强制休假	19.4%	89 000	170 000	47.6%
财报内控的外部审计	67.6%	105 000	200 000	47.5%
管理人员反舞弊培训	51.3%	100 000	190 000	47.4%

续表

控制措施	实施率	实施该控制措施的损失中位数（美元）	未实施该控制措施的损失中位数（美元）	降低率
员工反舞弊培训	51.6%	100 000	188 000	46.8%
正式的舞弊风险评估	39.3%	100 000	187 000	46.5%
员工支持计划	56.1%	100 000	183 000	45.4%
反舞弊政策	49.6%	100 000	175 000	42.9%
内审部门	73.7%	123 000	215 000	42.8%
行为规范	81.1%	120 000	200 000	40.0%
奖励告密者	12.1%	100 000	163 000	38.7%
独立审计委员会	62.5%	114 000	180 000	36.7%
财务报表的外部审计	81.7%	150 000	175 000	14.3%

表 8　2016 年不同控制措施缩短舞弊持续时间的效果

控制措施	实施率	实施该控制的舞弊持续时间	未实施该控制的舞弊持续时间	降低率
突击审计	37.8%	12 个月	24 个月	50.0%
主动数据监控分析	36.7%	12 个月	24 个月	50.0%
专门的反舞弊部门、职能或团队	41.2%	12 个月	24 个月	50.0%
热线	60.1%	12 个月	24 个月	50.0%
正式的舞弊风险评估	39.3%	12 个月	24 个月	50.0%
管理审查	64.7%	12 个月	24 个月	50.0%
独立审计委员会	62.5%	12 个月	24 个月	50.0%
内审部门	73.7%	12 个月	24 个月	50.0%
财报内控的外部审计	67.6%	12 个月	24 个月	50.0%
财务报表的管理认证	71.9%	12 个月	24 个月	50.0%
行为规范	81.1%	13 个月	24 个月	45.8%
工作轮换/强制休假	19.4%	10 个月	18 个月	44.4%
反舞弊政策	49.6%	12 个月	21 个月	42.9%
员工反舞弊培训	51.6%	12 个月	20 个月	40.0%
管理人员反舞弊培训	51.3%	12 个月	20 个月	40.0%

续表

控制措施	实施率	实施该控制的舞弊持续时间	未实施该控制的舞弊持续时间	降低率
奖励告密者	12.1%	11个月	18个月	38.9%
财务报表的外部审计	81.7%	15个月	24个月	37.5%
员工支持计划	56.1%	12个月	18个月	33.3%

（四）基于反舞弊模型的问题分析

如图4反舞弊模型所示，通过预防、检测、调查、处理来形成反舞弊的控制机制。通常有两种最基本的有效舞弊预防活动：一是逐步创建和保持诚信及良好职业道德的组织文化，通常包括对员工进行背景调查，雇佣正派的员工，舞弊发生时适当处理舞弊行为以及惩处舞弊者。二是评估舞弊风险，建立适当的内部控制制度，进而采取更为有针对性且有效降低风险的措施，消除可能发生舞弊的各种机会。舞弊检测，除了建立举报制度以外，应采取多重主动监测手段来及时发现并制止舞弊。事后的舞弊调查通常指委托注册会计师，通过会计专业调查方法进行审查、取证，确定舞弊类型及有关责任人员、固定证据并计量损失。绝大多数受害组织对舞弊行为及舞弊者的处理包括：采取民事诉讼，追究舞弊者的刑事责任。这样舞弊者受到了惩处，其他人受到了震慑，也能预防舞弊的发生。

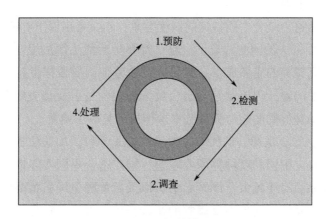

图4　反舞弊模型

综上所述，不同国家及地区识别舞弊的方法与手段、反舞弊的措施，既有相同点又存在异质性。不同的识别舞弊的方法与手段、反舞弊措施的效果不同。

不过，总的来说，反舞弊控制能有效降低舞弊造成的损失以及持续时间。许多有效的反舞弊控制措施没有得到应有的重视。企业在决定如何投入反舞弊资源时，应该考虑不同反舞弊措施的实施效率和效果。

五、结论及对策研究

本文依据 ACFE 的报告，对相关数据进行比较分析，得出以下研究结论：①舞弊给全球不同国家及地区造成巨大损失，而且舞弊造成的损失的大小与经济发展程度无关。②在三种主要的舞弊类型中，资产侵占最常见，但是造成的损失中位数却最小；财务报表舞弊最不常见但造成的损失中位数却最大；腐败案件在发生频率以及造成的损失中位数方面居中。③腐败案件发生率与经济发达程度、社会安定度呈负相关。④女性社会地位越高，男性舞弊者的占比就越低。⑤通过主动检测方法（例如监控、对账和内部控制）识别检测舞弊，损失中位数和持续时间中位数低于通过被动方法（例如被执法部门通知）检测舞弊。⑥举报是最常见的检测方法，建立多途径的舞弊举报机制尤其是匿名举报机制对组织是有好处的。⑦虽然反舞弊控制的实施率因地理区域而异，但一些控制——财务报表的外部审计、行为规范和财务报表的管理认证、内部控制，是各地区组织中最常实施的。⑧反舞弊控制的存在能减少舞弊损失、缩短舞弊持续时间。⑨许多有效的反舞弊控制措施（如主动数据监控分析、突击审计、工作轮换/强制休假制度）被忽视，而大量组织实施的独立审计减少舞弊损失和持续时间的效果最差。

针对以上结论，结合中国特殊的制度背景，本文提出以下对策建议：

（1）在全面依法治国的背景下，建立舞弊防治的法律法规，加大对舞弊的惩治力度，提高舞弊的犯罪成本。有关经济主管部门要根据世界各国各地区反舞弊实践存在的问题，因地制宜地出台反舞弊规范指引及相关配套措施，为组织提高防范、治理舞弊的能力提供基本操作指南与方法遵循。

（2）发展会计、法律、刑侦与心理学的交叉学科，加快法务会计与反舞弊教育的发展。建立中国的反舞弊职业联盟，推广适合中国实际情况的反舞弊职业资格考核体系。对于各大会计学术组织以及反舞弊组织机构要深化对舞弊问题的理论研究，总结世界各地反舞弊的实践经验，根据反舞弊实践暴露的问题开展职业教育，提高组织管理者以及普通员工对舞弊的正确认识，并支持反舞弊专业人士，帮助其提高反舞弊专业能力。

（3）对于组织来说，应学习反舞弊的知识经验，建立适当的内部控制制度，根据组织所处环境和运营特点采取更高效的手段防范与治理舞弊。例如建立主动数据监控分析制度、突击审计制度、工作轮换制度、强制休假制度等，建立举报制度并保护好举报人信息，以此来检测潜在的舞弊，而不是依赖滞后的被动的外部审计来检测舞弊。

参考文献

[1] 黄世忠，叶钦华，徐珊. 上市公司财务舞弊特征分析：基于 2007 年至 2018 年 6 月期间的财务舞弊样本 [J]. 财务与会计，2019 (10)：24-28.

[2] 李平. 我区部分国有企业内部财务舞弊现象及其审计对策 [J]. 新疆社科论坛，2007 (5)：94-96.

[3] 李平，林建飞，梁杰. 上市公司舞弊性财务报告违规特征分析 [J]. 财会通讯，2009 (11)：96-97.

[4] 李若山，金或昉，祁新娥. 对当前我国企业舞弊问题的实证调查 [J]. 审计研究，2002 (2)：17-22.

[5] 刘桂良，叶宝松，周兰. 舞弊治理：基于上市公司财务舞弊特征的分析 [J]. 财经理论与实践，2009，30 (3)：52-56.

[6] 刘元，林爱梅，单雅迪. 我国上市公司财务报告舞弊的特征和手段：基于 2008-2013 年证监会处罚公告 [J]. 财会月刊，2015 (28)：16-19.

[7] 娄权. 财务报告舞弊的四因子假说 [J]. 财会通讯，2004 (13)：63.

[8] 唐清泉，罗党论，王莉. 大股东的隧道挖掘与制衡力量：来自中国市场的经验证据 [J]. 中国会计评论，2005 (1)：63-86.

[9] 吴革，叶陈刚. 财务报告舞弊的特征指标研究：来自 A 股上市公司的经验数据 [J]. 审计研究，2008 (6)：34-41.

[10] 邢婷婷. 我国上市公司管理舞弊的特征和审计对策 [J]. 中国国际财经（中英文），2017 (15)：138.

[11] 杨文娟. 《企业内部控制基本规范》反舞弊机制构建 [J]. 财会通讯，2009 (07)：145.

[12] 曾起郁，陈建平，郑雯雯. 腐败亚文化的新特征、成因及其治理 [J]. 廉政文化研究，2019，10 (2)：42-48.

[13] 张东辉. 委托—代理关系中腐败的经济学分析 [J]. 经济问题，2002 (1)：6-8.

[14] 张蕊，陈剑洪. 基于会计视角的国企高管侵占型职务犯罪的特征分析及其防范 [J]. 当代财经，2013 (4)：113-118.

[15] 赵德武，马永强. 管理层舞弊、审计失败与审计模式重构：论治理系

统基础审计 [J]. 会计研究, 2006 (4): 16-22.

[16] 郑伟宏, 李晓, 张婷等. 上市公司财务报告舞弊与审计揭示: 基于证监会行政处罚决定书的分析 [J]. 财会通讯, 2019 (22): 19-25.

[17] 朱锦余. 国际审计报告准则的变迁及其对我国的影响 [J]. 云南财经大学学报, 2006 (3): 135-139.

[18] Bell, Timothy B, Carcello J V. A Decision Aid for Assessing the Likelihood of Fraudulent Financial Reporting [J]. Auditing A Journal of Practice & Theory, 2000, 19 (1): 169-184.

[19] BENEISH M D. Detecting GAAP Violation: Implications for Assessing Earnings Management Among Firms with Extreme Financial Performance [J]. Journal of Accounting and Public Policy, 1997, 16 (16): 271-309.

[20] BOLOGNA G J, LINDQUIST R J, Wells J T. The accountant's handbook fraud and commercial crime [M]. New York: Wiley, 1993.

[21] BOLOGNA G J, LINDQUIST R J. Fraud Auditing and Forensic Accounting: New Tools and Techniques [M]. New York: Wile, 1995.

[22] ELLIOTT R K, WILLINGHAM J J. Management Fraud – Detection and Deterrence [M]. Petrocelli Books, 1980.

[23] JOHNSON S, PORTA R L, SILANES F L D, et al. Tunneling [J]. American Economic Review, 2000, 90 (2): 22-27.

[24] TIMOTHY A J, CARL J, et al. The job satisfaction – job performance relationship: a qualitative and quantitative review. [J]. Psychological Bulletin, 2001, 127 (3): 376-407.

[25] REZAEE Z. Causes, consequences, and deterence of financial statement fraud [J]. Critical Perspectives onAccounting, 2005, 16 (3): 0-298.

[26] SVENSSON J. Eight Questions About Corruption [J]. Journal of Economic Perspectives, 2005, 19 (3): 19-42.

法务会计在防范企业财务舞弊中的应用
——以瑞幸咖啡财务舞弊事件为例

熊进光[1]　　胡思琪[2]

【内容摘要】随着证券市场的发展，企业财务舞弊问题也愈发频繁。具有会计学、审计学、证据学、法学等多学科背景的法务会计在防范企业财务舞弊的过程中能起到重要作用。本文通过分析瑞幸咖啡财务舞弊事件，结合法务会计防范财务舞弊的途径，找出法务会计在防范财务舞弊中的优势所在，能够全面、持续、多层次地调查、识别、控制舞弊行为，并且能以法庭所需要的形式呈现出来，从而使舞弊者受到相应的惩罚，提高舞弊成本，达到防范舞弊的效果。最后，提出要强化法务会计人才的培养、强化法务会计对企业内部治理结构的完善、强化法务会计对投资者权益的保护，从而使法务会计切实在防范企业财务舞弊中发挥作用。

【关键词】法务会计　财务舞弊　防范作用

一、瑞幸咖啡财务舞弊事件回顾及分析

(一) 瑞幸咖啡财务舞弊事件回顾

瑞幸咖啡自 2017 年 6 月注册成立开始，一直处于快速发展中，是从成立到 IPO 用时最短的企业，门店数量也在不断地快速扩充，截止 2019 年末已拥有 4 500 家门店。2020 年 1 月 31 日，知名做空机构浑水收到匿名报告，指出瑞幸咖啡在 2019 年第三、四季度单店单日销售量分别夸大了 69%、88%，在第三季度的广告支出上夸大了 150% 以上。

2020 年 4 月 2 日，瑞幸咖啡发布公告，声明通过内部特别委员会调查发现，2019 年二季度至四季度总计虚增销售额约 22 亿元人民币。之后瑞幸股票暴跌 85%，熔断 6 次，市值蒸发约 350 亿元。

1　熊进光，江西财经大学法学院，教授，博士生导师。
2　胡思琪，江西省武宁县人民法院任职。

（二）瑞幸咖啡财务舞弊手段分析

1. 虚增收入

（1）通过虚开单据、跳单增加收入。浑水机构通过调查发现，瑞幸咖啡通过虚开单据、跳单的方式虚构销售订单数，特别是采用跳单的方式虚增收入。调查机构无法通过每日初始和末尾的编号计算出日销售订单数，即难以确定瑞幸咖啡的实际订单数，从而给瑞幸咖啡虚增日销售订单数留下了可趁之机。

（2）通过关联方交易的方式虚增收入。瑞幸咖啡先把自有资金转给神州租车，神州租车再购买瑞幸的产品，通过这种方式构成虚假交易，从而披露符合投资者预期的财务报表，营造企业经营状况良好、现金流正常的假象。

2. 虚增成本和费用

通过虚增成本和费用的方式，与虚增收入相匹配。如果收入大幅增加而成本却不变甚至减少，则很容易引起审计师的关注。且虚增了收入后，如果没有相应的现金流作为支撑，也无法解释虚增部分收入的流动方向，所以需要通过虚增成本和费用来掩饰虚增的收入。

3. 利用虚假信息吸引投资者

利润＝收入－费用，投资者在进行投资决策时，一般最关注的就是企业利润。根据以上分析，瑞幸咖啡不仅虚增收入，同时也虚增成本和费用，那么报表上的利润也不会增加太多，不足以吸引投资者。但是需要明确的是，收入是归属于门店呈现的，而费用是集团层面的。门店的利润由收入、租金、员工工资、水电费等决定，只需要虚增收入，门店就是盈利的，而集团层面费用的增加不会影响门店的利润。所以投资者就会得到虚假信息，以为门店经营状况很好、投资价值大，遂选择瑞幸咖啡进行投资。

传统的造假方式一般是增加资产的同时增加利润，因为资产是有形的，很容易被审计查出来，比如对于银行存款、审计会函证，很容易会被发现造假。瑞幸咖啡采用的这种新型造假方式是虚增门店利润、集团层面的费用，营造整体上利润没多大变化、门店利润很高的假象，从而吸引投资者进行投资。

（三）瑞幸咖啡财务舞弊成因分析

美国 ACFE 创始人史蒂文·阿尔布雷克特提出舞弊三角理论，认为形成舞弊主要有三方面要素：压力、机会、自我合理化。[1]

1. 压力因素

瑞幸公司的压力因素主要产生于真实的财务情况难以满足投资者的预期，从

1　张苏彤：《法务会计》，首都经济贸易大学出版社 2019 年版，第 158 页。

而较难获得持续性的外部融资。瑞幸咖啡在经营前期通过各种活动、补贴、优惠券，不断压低产品价格，从而吸引消费者，获得客户流量。在拥有了一定客户量和知名度之后，再减少补贴力度，以实现获利。但在这种经营模式下，前期大力度的优惠、资本的高速扩张给融资带来巨大压力。根据瑞幸咖啡披露的财务报表信息，2018 年第二季度至第四季度的收入增幅分别高达 838%、98%、93%；但 2019 年以后，瑞幸公司业绩增长幅度放缓，第一至第三季度实际收入增长率仅分别为 3%、38%、28%。[1] 在此情况下，获得外部融资的难度增大、压力增加。

2. 机会因素

（1）内部机会因素。瑞幸咖啡的股权结构较为集中，不利于股东之间的相互监督、相互制衡。瑞幸咖啡上市后，第一大股东陆正耀持股比例高达 30.76%，前五大股东合计持股高达 81.37%。且陆正耀与其他四大股东均具有战略投资伙伴或亲属关系，导致瑞幸咖啡的股权结构集中，为通过股权优势实现对董事会和高管层的安排、控制提供了机会。

瑞幸咖啡的核心高管全部兼任公司内部董事，且三位高管全部来源于陆正耀控制下的另一家公司神州优车。这就使得大股东和管理层之间自然形成利益关系，通过舞弊相互获利，最终只有中小投资者代价惨重。

（2）外部机会因素。公司内外部信息的不对称导致法律的制约难以及时实现，监管部门难以主动、全面地对所有公司进行舞弊违法调查，更多的只能进行事后监管。外部审计机构对公司进行审计时往往需要权衡审计风险和自身利益，具有一定局限性。在瑞幸咖啡财务舞弊案中，安永会计师事务所年度审计结束后，却一直没有在其审计的财务报表上签字，就反映了其中存在的限制。

3. 自我合理化因素

瑞幸咖啡在内部管理层的控制下，大股东融资套现的行为为舞弊提供了自我合理化因素。董事长陆正耀、CEO 钱治亚、Sunying Wong 在股价高位时将股权质押及时套现，获得高额利益。在这样的内部环境下，大股东与高管层很容易达成一致意见，即通过虚增业绩诱导投资者进行投资，抬高股价，从而实现融资套现获利。

二、法务会计在防范财务舞弊中的应用

（一）法务会计产生的动因和内容

法务会计是会计专业人士综合运用会计、审计等专业知识，对财务会计事

1　王平、宋鑫：《法务会计介入公司内部治理及内外联动治理机制构想》，《财会月刊》2021 年第 11 期。

项中有关法律问题提供法律证据的会计专业服务活动。[1]

法务会计产生与发展的动因主要包括：①单纯的会计理论、实践不能适应社会经济发展法治化的需求。②新兴经济业务衍生，呈现多元化发展态势，只具有单一的会计或法律知识难以全面地解决相应问题。③审计功能弱化，随着现代社会经济愈发复杂，社会审计的难度也随之加大，而法务会计能以其多层面、多角度的调查方式，对相关问题进行全面调查。④市场经济是法治经济，而经济活动几乎都与会计、审计相关。在经济纠纷中，需要法务会计解决复杂的会计语言与法律语言之间的沟通问题。

法务会计涉及的内容广泛，其核心内容包括两个方面：调查会计，诉讼支持。

调查会计指通过对各类会计资料以及财务数据的调查与分析，获取犯罪的证据，并将有关证据以法庭能够接受的形式予以提交或陈述。调查会计通常和欺诈舞弊与经济犯罪有关，其主要业务包括：财务报表欺诈的调查；保险欺诈舞弊的调查；破产欺诈的调查；招投标欺诈的调查；钱与金融犯罪的调查；内部雇员舞弊与白领犯罪的调查等。

诉讼支持指在诉讼过程中法务会计人员协助律师或法官查明和认定相关的财务会计事实，并以专家证人的身份出庭作证、参与质证、提供其他相关专业协助的活动。诉讼支持是对正在进行或悬而未决的法律案件中具有会计性质的问题提供帮助，主要用于经济损失的量化方面，其主要业务包括：收集、审查和鉴定财务会计事实的证据；会计与审计准则遵循情况的认定；确定损失范围、损失内容和计算方法；出庭作证与质证；评估诉讼风险并参与诉讼策略的制定等。

（二）法务会计防范财务舞弊的途径

1. 事前预防舞弊发生

事前预防是减少损失最有效的方法，但是在实际的财务舞弊案例中，通过监管部门、社会审计等的力量很难做到在事前进行预防。法务会计对财务舞弊的事前预防是指运用多学科知识和技术，在调查中着重关注内部控制存在的漏洞，防止给管理层舞弊制造机会。

同时，法务会计具有诉讼支持的功能，通过损失计量，可以对公司财务舞弊行为造成的损失进行计量，形成相关诉讼证据，从而反向增加公司的舞弊成本，预防公司舞弊行为的发生。在瑞幸咖啡财务舞弊案发生之前，如果有法务

1　熊进光、杨书怀、吴红生：《法务会计原理》，复旦大学出版社 2021 年版，第 4 页。

会计介入了公司的内部治理，那么公司的董事、高管将考虑到自身的舞弊行为最终会带来巨大的损失，法务会计对公司相关损失的精准计量会让管理层更怯于进行舞弊行为，从而达到事前预防的作用。

2. 事中控制舞弊发展

在很多财务舞弊案件中，利益相关者都能察觉到财务信息的异常，但限于对专业知识的掌握，无法收集到有力的证据，不能及时指出舞弊行为。法务会计在对公司进行舞弊调查时，得益于法律、会计、审计等方面的专业性，调查思维和方式将不局限于某一方面，能够全面地展开调查，发现舞弊行为的证据。通过法务会计专业、敏锐的调查，可以尽量缩小财务舞弊的影响，相应地减少损失。

在瑞幸咖啡财务舞弊案件中，如果有法务会计人员对公司日常的经营进行调查，就能利用法学专业知识更加清晰地发现股权架构中存在一股独大的现象，同时结合会计学的理论和实践，能更敏锐地发现公司大股东融资套现的行为，准确发现舞弊证据，从而有效控制财务舞弊事件的发展。

3. 事后进行诉讼支持

如今的经济市场非常活跃，财务舞弊现象很难完全被控制。法务会计的诉讼支持功能可以帮助投资者减少损失，通过准确找到舞弊证据、提起诉讼，拥有财务、法律知识双重学科背景，可以针对财务报表中异常的项目提出疑问，从专业角度进行损失计量，在现行的法律规定下提出具有证明力的证据，指控公司的舞弊行为，从而让不法企业受到法律的制裁，维护投资者的权益。例如，美国安然公司破产后，在一起针对安然公司的集体诉讼案中，美国相关法务会计人员在起诉之前就为弗莱明联合律师事务所代理的原告起诉进行了很好的评估和预测，包括起诉中如何收集有关安然公司做假账和隐瞒真实财务信息等的证据、对方可能提出的抗辩证据以及这些证据对胜诉的影响及其后果、要求被告赔偿的具体损失数额等，为该案的起诉和受理奠定了良好基础，并且在最后取得了预期的诉讼效果。

三、法务会计在防范财务舞弊中的优越性

（一）全面性

法务会计综合了会计学、审计学、证据学、法学等多学科，在舞弊调查的过程中能够更加全面地对相关事项进行侦查。一般企业中传统的防范舞弊方式是利用职权相互制约，从而减少舞弊的可能性。但是例如瑞幸咖啡财务舞弊事件中，企业的内部控制体系实际上并没有形成相互监督关系，从而使舞弊有很

大的空间和机会。法务会计则会利用证据学和法学的知识，对企业的股权结构及其中的内部关系进行调查，对有动机进行舞弊的员工、管理层进行审核，甚至关注举报、员工生活作风等可能成为线索的信息，建立起法务会计预防系统。

相较于法务会计舞弊调查的全面性，审计在防范舞弊中就受到很大限制。审计工作的开展依赖于企业提供的信息，只要企业有舞弊的动机，就会伪造文件、数据等，误导审计师的鉴别，审计师的专业背景不及法务会计广泛，会导致对抗舞弊的专业知识和经验不够。

审计的重点是鉴定财务报表的真实性、合法性与公允性，反舞弊是其次要功能之一。而法务会计工作具体包括查验财会事实、保障法律实施两方面，所以对于防范企业财务舞弊更全面、更专业。[1]

（二）持续性

审计中常采用的是抽样方法，在这个过程中，注册会计师很可能会受主观控制，遗漏其认为不重要的风险。在瑞幸咖啡财务舞弊案件中，通过跳单的方式虚增收入，如果单纯地用抽取样本的方式进行调查，将很难得到其舞弊的证据。

法务会计的调查则是持续性的，从事前对管理层、员工进行合理的背景调查，到事中实时对经济活动、现金流进行监控，再到事后搜集舞弊行为的证据，维护投资者的权益。法务会计调查是一个持续、全面的过程，舞弊行为将难以存在，即使发生了舞弊，也将收集到充分的证据，使企业和相关人员受到该有的惩戒。

（三）多层次性

审计工作是以审计准则为准绳的，所以审计业务几乎都有固定形式的流程化开展。这也导致被审计企业能够提前预测审计师的调查内容，从而提前做好隐蔽舞弊的准备，在审计范围之外实施舞弊行为。

法务会计调查中则会根据具体情况采取不同的方式，如对管理层背景的调查、举报制度的设置等。在瑞幸咖啡财务舞弊案件中，如果法务会计对企业的五位大股东进行了背景调查，就会发现他们之间有其他战略投资伙伴或亲属关系，能更早发现其中的漏洞，切断他们利用股权优势对董事会和高管层进行控制和安排的机会。

四、强化法务会计在防范上市公司财务舞弊中应用的建议

法务会计利用综合化的专业背景在舞弊调查的过程中优势明显，结合舞弊

1　任慧芳：《浅谈我国发展法务会计的必要性》，《中国国际财经》（中英文）2017 年第 15 期。

行为、舞弊者的心理动机，运用换位思考的方式推测验证，有必要运用于防范和调查财务舞弊行为。

（一）强化法务会计人才的培养

法务会计人才的培养是当前经济、市场环境所需。法务会计的从业人员不但要具有扎实的会计理论基础和丰富的会计实践工作经验，还要掌握相关法律知识和证据规则知识。[1] 目前法务会计人才供给数量的有限性与多元化的市场需求之间存在矛盾，法务会计的人才培养需求也从多维度得以体现。

随着我国经济改革的不断深入，国际经济交往越来越频繁，经济行为中的财务舞弊越来越严重，由仅有单一知识体系的人员去处理相关案件，将导致工作难以有效开展。在瑞幸咖啡财务舞弊案件中，面对社会公众的舆论和股价崩盘的压力，最终也是在法务会计开展了内部调查程序并公布调查信息后，才及时遏止了舞弊的进一步扩大。

会计专业知识的局限性使得现代会计控制力度不足，随着全球经济一体化的迅速发展及现代金融工具的不断创新，具有控制与反映作用的会计日渐乏力。如上市公司会计信息的披露需要依照《证券法》《公司法》的相关规定进行，而不是简单地按照会计准则进行。再如会计在进行核算时遵循了相应会计原则，但计算纳税时却应按照税法规定进行，因此在披露纳税信息时应结合会计和税法两方面的规定。实践中对法务会计人才的市场需求越来越大，需要强化对法务会计人才的培养，顺应日益复杂、多元的经济市场。

（二）强化法务会计对企业内部治理结构的完善

企业内部治理和内部控制偏向于在事前和事中控制管理舞弊的发生，但经常会出现内部治理结构完善、高管合谋等情况。通过法务会计介入可以丰富企业内部治理的方式、途径，尽早发现问题。且法务会计的舞弊调查是主动、不定期开展的，对于任一可疑的舞弊线索都会进行深入调查，从而综合识别舞弊行为。

企业内部治理是指对董事会、股东大会、高管层的权力在合法的范围内进行合理配置。在企业内部治理实践中，很多企业都出现大股东以"一股独大"的优势控制董事会、管理层，从而制造舞弊的机会。应强化法务会计对企业内部治理结构的完善，借助其在舞弊调查、诉讼支持、损失计量等专业领域的优势，营造一个良好的企业运营内部治理环境，从而保护投资者的权益。

在瑞幸咖啡财务舞弊案件中，投资者及部分独立董事和董事会难以形成有

1　熊进光、杨书怀、吴红生：《法务会计原理》，复旦大学出版社 2021 年版，第 279 页。

效的相互制约、监督，因为其内部治理结构是由一股独大的股东控制的。如果授权法务会计介入相关调查，可对股权结构及董事会成员结构进行合理合法化协调、改善，完善不平衡的内部治理结构。董事会和监事会可以分别授权法务会计对彼此的舞弊行为进行调查、监督，独立董事可以针对集体舞弊事件等授权法务会计介入调查，股东大会可以对董事会、监事会和独立董事等授权法务会计介入调查和参与治理，从而及时发现舞弊行为并依法进行信息披露。

（三）强化法务会计对投资者权益的保护

上市公司财务舞弊的手段不断变化、更新，给投资者和债权人造成的损失越来越大。法务会计对财务信息保持高度的敏感性，能通过调查分析企业现金资产的流入与流出之间存在的关系、财务报表流动资金及企业的应收账款与营业收入的比率、库存周转率及库存的数量、在职人员和聘用时的背景调查等，建立全方位的监督体系。运用专业的分析方法，在企业内部控制系统不够完善、控制手段不健全、内部审计无法保证独立性的情况下，帮助投资者尽快发现可能存在的财务问题，起到事前预防的重要；审核经济交易的合法性，起到事中控制的作用，降低投资者和债权人的利益损失。

法务会计可以处理企业财务舞弊领域的整个法律程序，包括证据调查和收集、法庭辩护等，清晰客观地对外展现企业真实情况，从而全方位保证投资者的利益。

五、结语

企业的财务舞弊行为是难以被发现的、隐蔽的行为，但是财务舞弊带给企业、投资者的损害是很大的。法务会计具有丰富的会计经验，熟悉法律法规，立足于财务分析、舞弊调查、诉讼支持，能够有效防范企业的财务舞弊。通过让法务会计参与舞弊的调查、识别来提升企业的内部治理质量，可以有效防范舞弊行为的发生，收集相应证据让舞弊行为者得到惩戒，从而保护投资者的权益，提升企业竞争力，维护证券市场的稳定发展。

三名注册会计师签字能够提升财务报表信息披露质量吗?
——基于深市 2011—2020 年上市公司的数据分析

刘　辉[1]

【内容摘要】 注册会计师签字制度是保证审计质量的一项重要举措,在现代会计市场运行中,三名注册会计师签字现象逐渐增多,而公开披露的财务报告在三名注册会计师签字的情形下是否能够提供更高的信息披露质量,同时在产权性质的差异之下结论是否不同仍未可知。本文选取 2011—2020 年深市 A 股上市公司作为研究对象,考察三名注册会计师签字与信息披露质量的相关性,并以产权性质作为调节变量,探索披露质量是否有所差异。研究发现,三名注册会计师签字能够显著提高财务报表的信息披露质量,同时在国有企业中效用更为明显。

【关键词】 三名注册会计师　财务报告　信息披露质量　产权性质

一、引言

委托代理理论(Jensen & Meckling,1976)认为,企业的所有权与经营权分离,公司管理层需要定期将企业的财务状况、经营成果等重要会计信息以公开报告的形式披露给会计信息使用者,以减少财务信息的不对称程度,使各方利益相关者做出正确的经济决策。现阶段对于公司财务信息披露质量的研究主要集中于公司相关层面,如公司治理结构、财务状况或董秘特征等方面,而在上市公司的外部层面,如签字注册会计师的个人(人数)特征,是否影响公司信息披露质量以及作用机理的相关文献数量较少。

在注册会计师层面,根据 2001 年《财政部关于注册会计师在审计报告上签名盖章有关问题的通知》规定:审计报告应当有两名执业的注册会计师签名盖章并经事务所盖章方为有效。这项举措将注册会计师和审计报告质量联系起来,通过承担相应的审计责任与审计风险,以此促进注册会计师在审计业务中保持谨慎性、提高审计报告的质量、增强投资者对财务报表的信赖

程度，以便更好地做出相应的投资决策。而在审计业务执业中，出现了大量的审计师超额（三名签字审计师）配置的现象。通过 CSMAR 数据库中选取 A 股上市企业 2011—2020 年数据，在剔除金融行业企业后对三名注册会计师签字现象进行统计。统计结果参见表 1，同时，根据不同类别观察对应趋势的变化，如图 1、图 2 所示。

表 1　上市公司审计报告三名注册会计师签字情况统计

年份	上市公司数量	三名注册会计师签字企业数量	比例	国企数量及比例	
				非国企数量及比例	
2011	2167	53	2.45%	16	30.19%
				37	69.81%
2012	2374	58	2.44%	26	44.83%
				32	55.17%
2013	2402	61	2.54%	26	42.62%
				35	57.38%
2014	2510	75	2.99%	26	34.67%
				49	65.33%
2015	2686	95	3.54%	26	27.37%
				69	72.63%
2016	2964	102	3.44%	26	25.49%
				76	74.51%
2017	3331	125	3.75%	31	24.80%
				94	75.20%
2018	3407	140	4.11%	41	29.29%
				99	70.71%
2019	3578	143	4.00%	50	34.97%
				93	65.03%
2020	4013	273	6.80%	66	24.18%
				207	75.82%
合计	29432	1125	3.82%	334	29.69%
				791	70.31%

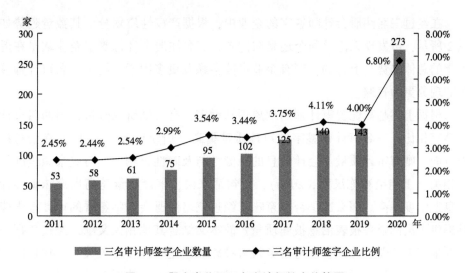

图1 A股上市公司三名审计师签字趋势图

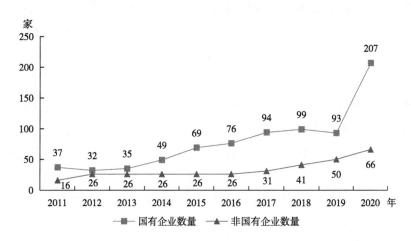

图2 A股三名注册会计师签字的各产权性质企业数量变动趋势图

根据表1与图1,我们可观察到,上市公司选择三名注册会计师签署财务报告的企业数量由2011年的53家提升至2020年的273家,在数量的变化趋势上,呈现逐年增加的态势。从上市企业总数量方面以及所占比例来看,仍大致具有相同的增长趋势,从2011年的2.45%增长至2020年的6.80%。同样可观察到,无论是在数量或比例上,2020年均出现大幅度的增加,这是由于受到新冠疫情的影响,注册会计师获取审计证据受到一定阻碍,上市公司年度报告日也相应顺延,在审计困难程度与更高质量披露的需求的影响下,促进了三名注册会计师签字情况的出现。

在经过三名注册会计师签字的企业中，根据产权性质划分，其数量趋势如图 2 所示，可发现无论是国企还是非国企，三名注册会计师签字企业数量在近十年的总体趋势是上升的，国有企业可能会顾及更多因素，使得三名审计师签字的现象更为普遍。

根据上述超额配置审计师的现象逐渐增多，有文献研究分析，与两名审计师签字相比，三名审计师签字的审计质量更高（唐凯桃等，2021）。在信息披露方面，则有审计质量与会计信息的稳健性与及时性正相关、与盈余激进度呈负相关（王艳艳和陈汉文，2006），换句话说，审计质量越高也意味着会计信息透明度越高。那么这是否也意味着经过三名注册会计师签署的审计报告能够提供更高的财务报表信息披露质量？故本文结合其他相关文献，经过数据回归验证三名注册会计师签字与财务报表披露质量是否存在相关关系。相比既有文献，本文的研究贡献如下：①三名注册会计师能够显著提高财务报表信息披露质量，探索注册会计师个人特征层面与财务报表披露质量之间的联系。②考虑相应中介变量的影响，验证结果的稳健性，探索三名注册会计师签字与财务报表信息披露质量在不同情况下是否存在差异，会产生怎样的影响。

二、文献综述

财务报表对投资者进行披露的目的是减少信息使用者与管理层之间的信息不对称，进而更好地为投资者决策提供信息。根据《上市公司治理准则》的要求，需要将企业的财务状况、治理信息、股权信息及其他重大信息通过相关渠道向相关投资者进行公布，并保证信息的准确性与及时性，那么，通过影响披露信息内容要素会对财务报表披露质量产生正面或负面的作用。

（一）财务状况影响因素

在市场竞争方面，基于竞争劣势成本效应理论（Verrechia，1983），在激烈的市场环境中，为了防止竞争对手的"搭便车"行为，造成自身处于竞争中的劣势地位，或丧失有利的谈判地位，带来竞争劣势成本，企业往往会怠于信息披露，从而降低了信息披露质量。而对于企业来说，上市目的则是能够融入更多资金进行扩大生产，改善公司的财务状况。在企业融资方面，（Diamond & Verrechia，1991）也发现公司披露相关财务信息不仅减少了信息不对称性，还可以借此吸引更多的大投资者来降低公司的资本成本，提高公司股票的流动性。因此，认为信息披露质量较高的样本公司边际股权融资成本较低（曾颖和陆正飞，2006；Richard et al.，2007）。在这两方面的理论影响下，众多学者研究了市场竞争与企业信息披露之间的关系：在产品市场竞争越激烈的情况下，公司

信息披露质量越好（任宏达和王琨，2019），产品市场竞争与公司治理机制会产生互补或替代的作用。（伊志宏等，2010）

在一些财务指标上，也会与财务报表披露质量呈现相关关系。在公司规模上，受到投资者对不同规模企业信息需求量不同的影响以及社会责任和公众监督的约束，Lev & Penman（1990）发现公司规模与信息披露质量呈正相关关系。在例如偿债能力、盈利能力等方面指标上，为了能够吸引更多的投资者进行投资，公司通常会展示优秀的持续盈利能力以及可控的财务风险，增强投资信心。Lev & Penman（1990）发现公司的信息披露情况与公司的负债比率、净资产占总资产的比率有关。同时，上市公司的财务业绩越好，其财务报告的信息披露质量越高（王茜，2008）。与之对应的是，为了掩盖公司业绩不佳的情况，信息披露选择"报喜不报忧"，或者进行盈余管理，进而降低了信息披露质量的含金量。陆建桥（1999）发现上市公司为了避免强制退市的情况出现，会在亏损年份前后进行盈余管理。由此可见，在不同的财务状况下，管理层进行信息披露的主观意愿均会受到影响，因此，财务状况与财务报告信息披露质量相关。

（二）治理与股权信息影响因素

在委托代理理论的发展与影响下，公司的所有权与经营权进行分离，企业所有者作为委托者将经营权委托给职业经理人，而代理人往往会为自身利益，利用信息不对称，做出损害所有者经济利益的行为。那么为了防止第一类代理问题的出现，所有者需要设计合理的公司结构，以便提高信息披露质量，减少信息不对称。在该理论下，有研究表明公司治理机制对企业的信息披露质量有着显著影响（伊志宏等，2010）。董事会特征作为治理信息的代表，同样对披露质量有着显著影响。陈良、张丽（2015）发现上市公司董事会规模与自愿性信息披露正相关。而为了能够保证中小股东的合理权益，独立董事作为代表为公司决策提出相应建议，在此方面有研究发现独立董事比例与信息披露质量呈正相关关系（王斌、梁欣欣，2008）。独立董事比例较高的企业，也能够对管理层的机会主义行为进行约束。在董事长兼任总经理的两职合一方面，认为董事长两职合一的企业倾向于提供更低质量的信息（Gul & Leung，2000；王斌、梁欣欣，2008）。为监督企业的管理经营行为，公司设置审计委员会进行监管，审计委员会的独立性与专业性越强以及其职责与权力落实程度越高，该上市公司信息披露质量越高（刘彬，2014）。

股权结构作为公司治理结构的基础，对信息披露质量也会产生相应影响。在股权集中度层面，股权集中度越高，控股股东对公司的控制能力越强，其信息披露质量可能更低（Schadewitz & Blevins，1998）。与之相反，崔学刚（2004）发现股权集中度与信息披露质量呈正相关关系。在产权性质方面，也存在相关差异，刘立国、杜莹（2003）发现第一大股东为国资局时，公司更可能发生财务舞弊，影响信息披露。高育清（2008）则发现如果公司国有股权高度集中，管理层会受到相应约束进而提升信息披露质量。

（三）审计与信息披露的联系

注册会计师在承接审计业务时，会进行相应初步业务活动，通过了解企业相关信息来判断是否承接业务，并在承接业务后将所了解的企业重要事项在相关审计报告中进行披露以及出具审计意见，投资者通过审计意见了解财务报表可信度并做出相应决策。因此审计对于信息披露质量会产生相应影响。宋浩灵（2019）发现关键审计事项的披露可以在一定程度上提高审计报告的信息含量，且该信息含量的增加会引起资本市场的正面反应，同时探索了事务所规模及产权性质对关键审计事项内容的影响。在审计质量方面，王艳艳、陈汉文（2006）认为更高的审计质量能够提高会计信息的透明度，特别是经过四大会计师事务所审计过的企业，其会计信息的透明度更高。黄超等（2017）也得到类似结论，认为国际四大会计师事务所的审计对公司社会责任信息的披露质量发挥了提升作用。

在注册会计师方面，作为审计业务中的最重要组成部分，需要对出具的审计报告进行签字并承担对应责任。在审计失败时需承担责任，造成高质量注册会计师声誉损失。高质量的注册会计师会更好地维持审计独立性，维护个人及事务所声誉（Malone，1993）。而无论是否为高质量的注册会计师，同一注册会计师的连续审计也会带来新的问题：管理层根据审计师习惯避重就轻进行披露，或是注册会计师难以保持其独立性等。葛锐等（2020）揭示了由于前后任注册会计师对待会计信息的态度和意见不同，注册会计师更换使得管理层报告增加了更多的信息。因此，审计师因素也是财务报表披露质量的重要一环。

三、理论分析与假设提出

财政部要求在审计报告中应当由两名具备相关业务资格的注册会计师签名盖章并经会计师事务所盖章方为有效，此规定将注册会计师与审计的财务报表联系起来，注册会计师对审计过的财务报表质量负责，以此增强财务报表使用者的信赖程度。而现实审计业务中，三名注册会计师签字的财务报告的现象越来越广泛，那么对比两名注册会计师签字的财务报表，在审计质量上是否得到提升？

审计质量的提升能够促进信息披露质量的提高，有文献发现三个审计师签字的财务报告审计质量更高，其执业经验、风险意识以及协作牵制关系等个体特征均会对审计质量产生积极影响；且在拥有三个审计师签字的审计业务中，通过审计投入增加，审计质量得到相应提升（唐凯桃等，2021）。审计质量与会计信息透明度呈现正相关的关系（王艳艳，陈汉文，2006），那么，三名注册会计师签字也能够对财务报表披露质量产生正向影响。

审计风险也会促进信息披露质量提高。由原先的两名审计师签字并承担审计失败带来的风险变为三人共同承担带来的经济利益与声誉损失风险，也会促使第三名审计师在具体审计业务中投入更多精力（唐凯桃等，2021）。同时，三名注册会计师在各自特征上，如学历背景、从业经历、擅长领域等方面会有不同侧重，在保持注册会计师独立性上会比两名注册会计师更加稳固。与两名注册会计师签字相比，三名注册会计师签字更容易发现企业潜在的风险信息，通过在审计报告中进行披露，提高审计质量，也促进了财务报表披露质量的提高。

在实际审计业务中，注册会计师要在有限的时间内获取充分的审计证据以确保审计质量，故注册会计师在制定审计计划阶段及获取审计证据时可以考虑成本效益原则。与两名注册会计师签字相比，三名注册会计师能够更好地在审计业务中充分了解企业信息，获取充分审计证据。尤其从2018年1月1日起，新审计报告准则全面实施，审计报告中增加"关键审计事项"等部分，披露审计项目相关的个性化信息，增加审计报告的信息含量，提高审计项目的透明度，也促进了财务报表信息披露质量的提升。据此提出以下假设：

H1：与两名注册会计师签字相比，经过三名注册会计师签字的财务报告具有更高的信息披露质量。

针对实际控制主体性质的不同，我国上市公司分为国有企业与非国有企业。那么在三名注册会计师签字的情形下，对于不同主体性质的企业所带来的信息披露质量的提升是否会有显著差异呢？通常认为，与非国有企业相比，国有企业具备经济与政治的双重属性，兼顾经济效益的同时也要承担更多的社会责任，同时作为国家管理单位，特别是在党的十八大以后，不仅要接受严格的国家审计，也要接受中央巡视组的工作监督，管理层盈余管理方面动机减弱，故在信息披露质量方面比非国有企业更高。杜兴强、温日光（2007）研究证明，国有企业除盈利目标外，还承担着诸多社会责任，盈余管理动机不强，其会计信息质量会更高。那么，在三名注册会计师签字的情况下，国有企业的信息披露质量的提升势必会比非国有企业显著。故提出以下假设：

H2：三名注册会计师签字的情况下，国有企业信息披露质量提升比非国有企业更加显著。

四、数据来源与模型设计

（一）数据来源与选取

本文选取 2011—2020 年度深交所上市的 A 股公司作为样本（受制于金融行业财务报表格式不同，剔除金融类企业），并剔除数据缺失样本，对所有连续变量在 1% 和 99% 分位上进行了缩尾处理。数据均来源于 CSMAR 数据库，最终处理得到 17 339 个样本观测值。

（二）指标选取与模型构建

1. 被解释变量

对于上市公司财务报表披露质量（Quality），现有文献对信息披露质量的衡量主要从权威机构颁布的信息等级评分体系、投资者对交易量信息依赖度（KV 指数，Kim&Verrecchia 于 2001 提出）、盈余管理等方面进行衡量。在信息披露质量指标的选取上，本文与曾颖（2006）和高凤莲（2015）等一致，选取权威机构颁布的信息等级评分体系进行衡量，并根据深圳证券交易所监管信息公开板块中的信息披露考评数据进行分析。深交所依据《上市公司信息披露工作考核办法》将信息披露质量水平分为 A（优秀）、B（良好）、C（及格）、D（不及格）四个等级。本文将四个等级根据 Logit 模型与 Ordered Probit 模型划分为两类指标：首先，将信息披露质量等级为良好及以上取值为 1，反之为 0。最后，则根据不及格、及格、良好、优秀的顺序分别取值为 1、2、3、4。

2. 解释变量及控制变量

主要解释变量为三名注册会计师签字情况（N3），根据《通知》规定至少由两名注册会计师签署审计报告，通过 CSMAR 数据库审计意见表文件中获得并设置为虚拟变量，剔除异常及缺失值。若审计报告显示由三名注册会计师签字，则赋值为 1，反之为 0。对于假设 2，设置产权性质（SOE）为虚拟变量，若为国有企业，赋值为 1，非国有企业则赋值为 0。

在控制变量上，根据前文文献综述中信息披露质量的影响因素，结合曾颖（2006）、林长泉等（2016）等的做法，选取如下指标：在企业特征方面，选取企业规模进行衡量；在企业财务状况方面，选取资产负债率、总资产收益率以及是否亏损来衡量企业的偿债能力与盈利能力；在治理能力与股权信息方面，选取了董事长是否兼职总经理、国有股持股情况、第一大股东持股比例、股权制衡度以及独董比例（独立性）衡量企业股权及治理状况；在审计方面，则选取审计师是否来自国际四大作为审计质量等方面的指标进行衡量，同时对年度及行业进行控制。具体变量定义如表2所示。

表2 变量定义表

变量名称		变量代码	变量定义
被解释变量	信息披露质量	*Quality*	按照深交所信息披露质量评级划分为1（不及格）、2（及格）、3（良好）、4（优秀）
		Qual	按照深交所信息披露质量评级，良好及优秀为1，其余为0
解释变量	三名注册会计师签字	N3	虚拟变量，若公司财务报告由三个注册会计师签字，则赋值为1，否则为0
调节变量	产权性质	*Soe*	虚拟变量，产权属性为国有则赋值为1，否则为0
控制变量	公司规模	*Size*	公司总资产的自然对数
	资产负债率	*Lev*	负债总额/资产总额
	总资产收益率	*Roa*	净利润/总资产规模
	是否亏损	*Loss*	虚拟变量，当年度发生亏损则赋值为1，否则为0
	两职合一	*Dual*	虚拟变量，董事长兼任总经理则赋值为1，否则为0
	国有股情况	*Glc*	虚拟变量，若公司含有国有股取值为1，否则为0
	第一大股东持股比例	*ConShare*	第一大股东持股数/公司总股数
	股权制衡度	*LnZ*	Ln（第一大股东持股比例/第二大股东持股比例）
	独立性	*Ind*	独董人数/董事会人数
	是否来自四大	*Big*4	虚拟变量，经国际四大事务所审计赋值为1，否则为0
	年度虚拟变量	*Year*	年度固定效应
	行业虚拟变量	*Industry*	行业固定效应

3. 模型构建

根据假设1，经过三名注册会计师签字的财务报表能够提供更高的信息披露质量。为了验证该假设，借助 Ordered Logistic 回归模型（1）和 Logistic 回归模型（2），通过深交所信息披露评级考察三名注册会计师签字对信息披露质量的影响。

$$OrderedLogist(P) = P(Quality = 1, 2, 3, 4) = \alpha_0 + \alpha_1 \times N_3 + \Sigma Controls + \varepsilon$$

（模型 1）

$$Logist(P) = P(Qual = 1, 0) = \beta_0 + \beta_1 \cdot N_3 + \sum Controls + \phi \quad （模型 2）$$

根据假设 2，为考察在产权性质为调节变量的情形下，三名注册会计师签字对信息披露质量的差异，参考 Bartov et al.（2021）交乘项做法，同上采用 Ordered Logistic 回归与 Logistic 回归构造模型（3）和模型（4）。

$$OrderedLogist(P) = P(Quality = 1, 2, 3, 4)$$
$$= \alpha_0 + \alpha_1 \cdot N_3 \cdot Soe + \alpha_2 \cdot N_3 \cdot (1 - Soe) + \sum Controls + \varepsilon$$

（模型 3）

$$Logist(P) = P(Qual = 1, 0) = \beta_0 + \beta_1 \cdot N_3 \cdot SOE + \beta_2 \cdot N_3 \cdot (1 - Soe) + \sum Controls + \phi$$

（模型 4）

五、回归结果

（一）描述性统计与相关性分析

表 3 描述了本文主要变量的描述性统计结果，由表 3 所知，深交所上市公司财务报表信息披露质量在四等级考核水平上，即（Quality）的平均值 3.008，中位数等级为 3（良好），其中评级在良好及以上企业占比为 82.55%，及格及以下占比 17.45%，虚拟变量（Qual）数据和（Quality）表明深市披露质量较低企业占比较少，上市公司总体信息披露质量水平较高；在三名注册会计师签字数据上（N3），其均值为 0.038 4，中位数为 0，经过三名注册会计师签字的样本量为 668，占比 3.83%，同引言中近十年经三名注册会计师签字企业占比均值相当。在产权性质上（Soe），国企样本量为 3 852，占比 22.10%，同深交所公布的国有企业占比 22% 基本保持一致。企业规模（Size）的均值 21.84；资产负债率（Lev）的均值为 39.4%，最小值为 4.62%，而最大值为 94.1%。在总资产收益率上（Roa），其均值为 3.36%，最小值为 -40.1%，最大值为 19.9%，由此可见深交所上市公司之间偿债能力与盈利能力差异较大；在是否亏损中，亏损企业样本占比 10.91%，占比较少；样本中 33.38% 的公司董事长与总经理为同一人（Dual）；含有国有股企业（Glc）占比 15.42%；样本中第一大股东占比（Conshare）均值为 32.65%，股权制衡度（lnZ）均值为 1.335；样本中独立董事占比（Ind）均值为 37.7%，经过国际四大会计师事务所审计（Big4）占2.9%，样本与实际情形基本保持一致。

表3　描述性统计

stats	N	mean	min	p50	max	sd
Quality	17 339	3.008	1	3	4	0.639
Qual	17 339	0.852	0	1	1	0.355
N3	17 339	0.038 4	0	0	1	0.192
Soe	17 339	0.221	0	0	1	0.415
Size	17 339	21.84	19.65	21.72	25.25	1.125
Lev	17 339	0.394	0.046 2	0.376	0.941	0.209
Roa	17 339	0.033 6	−0.401	0.038 8	0.199	0.077 9
Loss	17 339	0.109	0	0	1	0.311
Dual	17 339	0.334	0	0	1	0.472
Glc	17 339	0.154	0	0	1	0.361
Conshare	17 339	32.65	9.416	30.21	70.33	13.77
lnZ	17 339	1.335	0.000 3	1.153	4.24	1.003
Ind	17 339	0.377	0.333	0.364	0.571	0.053 7
Big4	17 339	0.028 8	0	0	1	0.167

表中，主要变量的 Pearson 相关性检验结果显示，N3 与 Quality、Qual 的相关系数分别为 0.019、0.025，三名注册会计师签字与信息披露质量呈显著正相关关系。表明经过三名注册会计师签字的财务报表，能够提高上市公司财务报表信息披露质量，与本文假设 1 一致，相应变量之间相关系数的绝对值基本不超过 0.5，变量之间不存在严重共线性。相关性检验结果在附录 1 中显示。

（二）回归分析

表 4 回归结果报告了模型 1-4 的回归结果，分别验证了三名注册会计师签字对于财务报表披露质量的影响以及产权性质作为中介变量情形下的多元回归结果。在表 4 的全样本回归结果中，列（1）与列（3）运用 ordered logistic 回归检验了在信息披露质量为四个等级时的结果；列（2）与列（4）则运用 logistic 回归检验信息披露质量划分为 0，1 离散变量时的回归结果。全样本回归结果表明：经过三名注册会计师签字能够显著提升财务报表的信息披露质量，其中以 logistic 回归结果最为显著，回归系数为 0.402，t 值为 2.74，并在 1% 的水平上显著。另一回归模型显著水平稍低，t 值为 2.36，在 5% 的水平上显著，两者回归结果差距较小，能够说明变量之间有显著相关关系。同时在控制变量上，两模型均证实，当规模越大、总资产收益率越高、经过国际四大会计

师事务所审计时，企业往往会披露更多的财务信息以提高信息披露质量。同时在资产负债率越高、企业发生亏损、董事长兼任总经理时，企业倾向于选择降低信息披露质量以掩盖相关不利信息。在股权集中度上，回归结果显示第一大股东持股比例越高，其信息披露质量越高。与现有文献均能够相互印证。

表 4 回归结果

	(1)	(2)	(3)	(4)
	Quality	Qual	Quality	Qual
N3	0.108 2 **	0.402 0 ***		
	(2.36)	(2.74)		
Size	0.290 2 ***	0.292 4 ***	0.289 8 ***	0.291 7 ***
	(25.36)	(10.07)	25.30)	(10.03)
Lev	−1.061 3 ***	−2.074 4 ***	−1.062 4 ***	−2.078 3 ***
	(−17.42)	(−13.21)	(−17.44)	(−13.22)
Roa	3.583 6 ***	5.203 5 ***	3.590 4 ***	5.221 0 ***
	(19.28)	(10.75)	(19.30)	(10.75)
Loss	−0.478 6 ***	1.001 0 ***	−0.477 7 ***	−0.999 8 ***
	(−11.54)	(−10.95)	(−11.51)	(−10.93)
Dual	−0.053 5 ***	−0.114 3 **	−0.052 0 ***	−0.109 4 **
	(−2.70)	(−2.18)	(−2.62)	(−2.09)
Glc	−0.006 2	0.090 0	−0.006 6	0.087 4
	(−0.24)	(1.27)	(−0.25)	(1.23)
Conshare	0.007 7 ***	0.017 1 ***	0.007 7 ***	0.017 0 ***
	(8.61)	(6.75)	(8.60)	(6.74)
lnZ	−0.016 8	−0.063 1 **	−0.017 5	−0.064 4 **
	(−1.43)	(−2.03)	(−1.49)	(−2.07)
Ind	−0.639 6 ***	−2.014 1 ***	−0.642 6 ***	−2.023 5 ***
	(−3.63)	(−4.52)	(−3.64)	(−4.54)
Big4	0.205 6 ***	0.371 4 *	0.207 0 ***	0.375 7 **
	(3.39)	(1.96)	(3.41)	(1.98)
N3_ soe			0.281 0 ***	1.167 3 ***
			(2.88)	(2.83)

续表

	(1)	(2)	(3)	(4)
	Quality	*Qual*	*Quality*	*Qual*
N3_ soe_ a			0.071 4	0.268 1*
			(1.40)	(1.72)
_ cons		−3.991 6***		−3.968 9***
		(−5.62)		(−5.59)
*cut*1	4.099 8***		4.088 3***	
	(13.73)		(13.68)	
*cut*2	5.249 6***		5.238 4***	
	(17.60)		(17.55)	
*cut*3	7.516 0***		7.505 1***	
	(24.92)		(24.87)	
N	1.7e+04	1.7e+04	1.7e+04	1.7e+04
p	.	0.000 0	.	0.000 0

注: * $p<0.1$, ** $p<0.05$, *** $p<0.01$。

列 (3) 与列 (4) 验证了国有企业与非国有企业在三名注册会计师签字的情形下披露质量的差异。其中, *N3_ Soe* 为 *N3 * SOE* 的交乘项, *N3_ Soe_ a* 为 *N3 ** (1−*Soe*)。回归结果显示, 无论是在 *ordered logistic* 回归还是在 *logistic* 回归的情形下, *N3_ Soe* 与信息披露质量 (*Quality*、*Qual*) 均有着1%显著水平的相关关系, 相关系数分别为 0.281 0 与 1.167 3, 而非国有企业 (*N3_ Soe_ a*) 与信息披露质量没有显著相关关系, 其相关系数分别为 0.071 4 与 0.268 1。对比显著性及相关系数大小, 可表明相比在深市上市的非国有企业, 国有企业在三名注册会计师签字的情形下, 更能够显著提高企业的财务报表信息披露质量。在控制变量方面, 相应变量的显著性水平与列 (1)、列 (2) 相同, 两者的回归结果分别验证了假设1与假设2成立。

(三) 稳健性检验

为了验证文章研究结论的可靠性, 拟进行如下检验: 改变样本规模、替换变量以及倾向性评分匹配 (PSM)。

首先, 观察全样本数据描述性可得知, 经过国际四大会计师事务所审计的财务报告中, 未出现三名注册会计师签字的现象, 故将经过四大会计师事务所审计财务报告的上市公司数据进行剔除, 共剔除 500 个样本数据。在不受四大会计师事务所审计的前提下，考察此上市公司样本数据中，三名注册会计师签字对财务报表披露质量的影响是否依然显著，并使用 logistic 进行回归（Qual）与（N3）及交叉变量验证假设 1 与假设 2，回归结果在附录 2 中进行展示。可观察到在剔除样本后的回归结果，结论依然显著，t 值分别为 2.75 与 2.82，均在 1% 的水平上显著，文章结论依然稳健。

其次，本文采用替换解释变量，运用事件法，以上市公司被证券监管机构因违规而被处罚的时间进行衡量企业信息披露质量，并相应设置离散变量（qual），存在违规情况时，则意味着信息披露质量较低，并取值为 0，反之取 1。运用 logistic 回归披露质量替代变量（qual）与三名注册会计师签字（N3）及相应控制变量，观察是否依然显著，回归结果在附录中展示。可发现运用事件法衡量上市公司信息披露质量与三名注册会计师签字依然存在显著正相关关系。t 值分别为 2.83 和 1.88，均较为显著，对于假设 2，国有企业相关系数仍大于非国有企业，文章结论依然稳健。

最后，为了消除组别间的干扰因素，避免选择性偏差，采用倾向性匹配得分方法，以三名注册会计师为基准，按照 1：2 的比例进行 PSM 配对，并将配对后的样本带入模型（2）与模型（4）中进行回归，结论依然显著。

六、研究结论

注册会计师签字制度作为首先在中国开展的政策，对中国资本市场起到了积极作用。为强化审计师的责任落实，改善上市公司信息披露质量，提高财务报告透明度，提振投资者信心，并为各国信息披露政策制定提供了相关借鉴。本文围绕着三名注册会计师签字这一特征与财务报表信息披露质量进行研究，运用 2011—2020 年深交所上市公司数据，发现同两名注册会计师签字相比，三名注册会计师签字能够提高财务报表信息披露质量，在考虑产权性质的条件下，发现相比非国有企业，国有企业能够更为显著提高信息披露质量。

在审计师个人特征层面，对财务报告信息披露质量的影响因素提供新的场景以进行研究。同时在注册会计师层面，对于财务报告质量的影响以及在三名注册会计师签字的情形下，相关研究仍较缺乏。本文拓展了注册会计师个体特征与信息披露质量之间关系的研究，围绕此课题，可探究如下细分课题：一是三名注册会计师所属事务所的相应特征，在根据前文中发现三名注册会计师签字的情形中，没有来自四大的情形，那么在根据中注协每年公布的《会计师事务所综合评价百家排名信息》挑选国内前十大事务所，以此为判断标准的前提，执行审计业务以及信息披露是否会有差异；二是相比两名注册会计师签字的情形，三名注册会计师签字对公司治理会产生怎样的影响，如对于公司的内部控制是否会有促进效果；三是考虑三名注册会计师的其余个人层面特征，如审计师的性别特征、学历层次等，在执行业务时，审计效率及效果等其他层面会有差异，其影响因素有待进一步考察。

参考文献

[1] 陈良，张丽. 董事会特征与自愿性信息披露：以创业板上市公司为例 [J]. 南京财经大学学报，2015（5）：57-63.

[2] 杜兴强，温日光. 公司治理与会计信息质量：一项经验研究 [J]. 财经研究，2007（1）：122-133.

[3] 高育清. 公司股权结构对会计信息质量的影响 [J]. 中国乡镇企业会计，2008，000（010）：179-180.

[4] 葛锐，刘晓颖，孙筱蔚. 审计师更换影响管理层报告信息增量了吗?：来自纵向文本相似度的证据 [J]. 审计研究，2020（4）：113-122.

[5] 黄超，王敏，常维. 国际"四大"审计提高公司社会责任信息披露质量了吗？[J]. 会计与经济研究，2017，31（5）：89-105.

[6] 林长泉，毛新述，刘凯璇. 董秘性别与信息披露质量：来自沪深A股市场的经验证据 [J]. 金融研究，2016（9）：193-206.

[7] 刘彬. 审计委员会特征对信息披露质量的影响研究：基于投资者保护视角 [J]. 审计与经济研究，2014，29（1）：39-47，94.

[8] 刘立国，杜莹. 公司治理与会计信息质量关系的实证研究 [J]. 会计研究，2003（2）：28-36，65.

[9] 陆建桥. 中国亏损上市公司盈余管理实证研究 [J]. 会计研究，1999，000（009）：25-35.

[10] 任宏达，王琨. 产品市场竞争与信息披露质量：基于上市公司年报文本分析的新证据 [J]. 会计研究，2019（3）：32-39.

[11] 宋浩灵. 关键审计事项是否为投资者提供了增量信息？[D]. 浙江财经大学，2019.

[12] 唐凯桃，刘雷，赵琳. 三个审计师签字与审计质量 [J]. 审计研究，2021（02）：92-103.

[13] 王斌，梁欣欣. 公司治理、财务状况与信息披露质量：来自深交所的经验证据 [J]. 会计研究，2008（02）：31-38，95.

[14] 王茜. 信息披露质量与公司业绩的关系研究 [J]. 财经理论与实践，

2008（05）：66-70.

[15] 王艳艳，陈汉文. 审计质量与会计信息透明度：来自中国上市公司的经验数据 [J]. 会计研究，2006（4）：9-15.

[16] 伊志宏，姜付秀，秦义虎. 产品市场竞争、公司治理与信息披露质量 [J]. 管理世界，2010（01）：133-141，161，188.

[17] 曾颖，陆正飞. 信息披露质量与股权融资成本 [J]. 经济研究，2006（2）：69-79，91.

[18] 崔学刚. 公司治理机制对公司透明度的影响：来自中国上市公司的经验数据 [J]. 会计研究，2004（8）：72-80，97.

[19] Bartov E, Marra A, Momenté F. Corporate social responsibility and the market reaction to negative events: Evidence from inadvertent and fraudulent restatement announcements [J]. The Accounting Review, 2021, 96（2）：81-106.

[20] Diamond D W, Verrecchia R E. Disclosure, liquidity, and the cost of capital [J]. The journal of Finance, 1991, 46（4）：1325-1359.

[21] Gul F A, Leung S, Srinidhi B. The effect of investment opportunity set and debt level on earnings-returns relationship and the pricing of discretionary accruals [J]. Available at SSRN 236080, 2000.

[22] Jensen M C, Meckling W H. Theory of the firm: Managerial behavior, agency costs and ownership structure [J]. Journal of financial economics, 1976, 3（4）：305-360.

[23] Lambert R, Leuz C, Verrecchia R E. Accounting information, disclosure, and the cost of capital [J]. Journal of accounting research, 2007, 45（2）：385-420.

[24] Lev B, Penman S H. Voluntary forecast disclosure, nondisclosure, and stock prices [J]. Journal of Accounting Research, 1990, 28（1）：49-76.

[25] Schadewitz H J, Blevins D R. Major determinants of interim disclosures in an emerging market [J]. American Business Review, 1998, 16（1）：41-55.

[26] Verrecchia R E. Discretionary disclosure [J]. Journal of accounting and economics, 1983, 5：179-194.

1. Pearson 相关性分析

(Stked)	Quality	Qual	N3	Soe	Size	Lev	Roa	Loss	Dual	Glc	Conshare	lnZ	Ind	Big4
Quality	1													
Qual	0.773***	1												
N3	0.019**	0.025***	1											
SOE	0.096***	0.064***	-0.021***	1										
Size	0.157***	0.052***	0.0100	0.322***	1									
Lev	-0.183***	-0.192***	0.015**	0.251***	0.478***	1								
Roa	0.407***	0.367***	0.018**	0.041***	0.005	-0.372***	1							
Loss	-0.355***	-0.355***	-0.00700	0.018**	-0.031***	0.242***	-0.697	1						
Dual	-0.028***	-0.016***	0.024***	-0.254***	-0.149***	-0.103***	0.025***	-0.008 00	1					
Glu	0.032***	0.026***	-0.013*	0.361***	0.180***	0.092***	0.008 00	-0.021***	-0.094***	1				
Conshare	0.141***	0.109***	-0.006 00	0.136***	0.092***	0.005 00	0.141***	-0.104***	0	0.043***	1			
lnZ	0.044***	0.021***	-0.005 00	0.223***	0.113***	0.122***	-0.004 00	0.005 00	-0.041***	0.041***	0.627***	1		
Ind	-0.043***	-0.049***	-0.013*	-0.083***	-0.035***	-0.016***	-0.034***	0.036***	0.127***	-0.057***	0.040***	0.023***	1	
Big4	0.080***	0.036***	-0.033***	0.089***	0.238***	0.082***	0.036***	-0.023***	-0.050***	0.032***	0.071***	0.014*	-0.021***	1

2. 稳健性检验 (1)

	(1)	(2)
	Qual	Qual
N3	0.402 8 ***	
	(2.75)	
Size	0.287 9 ***	0.287 2 ***
	(9.72)	(9.68)
Lev	−2.075 4 ***	−2.079 4 ***
	(−13.16)	(−13.17)
Roa	5.104 9 ***	5.122 2 ***
	(10.58)	(10.59)
Loss	−1.015 5 ***	−1.014 3 ***
	(−11.02)	(−11.00)
Dual	−0.125 0 **	−0.120 2 **
	(−2.37)	(−2.27)
Glc	0.087 1	0.084 4
	(1.21)	(1.18)
Conshare	0.016 7 ***	0.016 6 ***
	(6.51)	(6.49)
lnZ	−0.051 6	−0.052 9 *
	(−1.64)	(−1.68)
Ind	−2.052 0 ***	−2.061 7 ***
	(−4.56)	(−4.59)
N3_ soe		1.163 3 ***
		(2.82)
N3_ soe_ a		0.270 0 *
		(1.73)
_ cons	−4.031 3 ***	−4.007 8 ***
	(−5.51)	(−5.47)
N	1.7e+04	1.7e+04
r2_ a		
F		
p	0.000 0	0.000 0

t statistics in parentheses

* $p < 0.1$, ** $p < 0.05$, *** $p < 0.01$

3. 稳健性检验（2）

	（1）	（2）
	quality	quality
N3	0. 390 2 ***	
	(2. 83)	
Size	0. 022 6	0. 022 1
	(0. 86)	(0. 84)
Lev	− 1. 602 0 ***	− 1. 603 0 ***
	(−11. 41)	(−10. 64)
Roa	3. 294 6 ***	3. 298 5 ***
	(8. 66)	(8. 30)
Loss	− 0. 384 7 ***	− 0. 384 3 ***
	(−4. 30)	(−4. 19)
Dual	− 0. 096 4 *	− 0. 094 5 *
	(−1. 87)	(−1. 82)
Glc	− 0. 060 1	− 0. 060 9
	(−0. 88)	(−0. 89)
Conshare	0. 013 8 ***	0. 013 8 ***
	(5. 71)	(5. 54)
lnZ	− 0. 040 1	− 0. 040 6
	(−1. 28)	(−1. 29)
Ind	− 0. 223 1	− 0. 226 0
	(−0. 50)	(−0. 51)
Big4	0. 226 0	0. 227 8
	(1. 39)	(1. 36)
N3_ soe		0. 637 2 *
		(1. 88)
N3_ soe_ a		0. 337 2 **
		(2. 29)
_ cons	2. 218 7 ***	2. 230 7 ***
	(3. 16)	(3. 19)
N	1. 7e+04	1. 7e+04

续表

	(1)	(2)
	quality	quality
$r2\_a$		
F		
p	0.000 0	0.000 0

tstatistics in parentheses

* $p<0.1$, ** $p<0.05$, *** $p<0.01$

五、案例分析

法务会计对企业保险索赔维权支持的成效分析

——上海温龙化纤有限公司保险的索赔案例

林　楠[1]

【内容摘要】 商业保险合同都是格式合同，这对企业从财产投保到保险合同执行全生命周期风险控制及权益保护提出了具有挑战性的要求。本文以上海温龙化纤有限公司"9.27"空压机设备受损保险索赔案为例，论证和展示了企业应用法务会计的专业方法，事前做好资产投保风险控制设计，事后支持保险索赔维权，可以成功实现以最低付费投入取得最高赔付保障的目标。

【关键词】 法务会计　企业投保风险控制　索赔维权支持

法务会计的职能包括预防、发现、取证、损失计量和诉讼支持。这几个职能分别发挥着预防舞弊的发生、发现舞弊的征兆、获取舞弊的证据、计量损失损害和支持诉讼活动五大作用。在企业管理实践中，法务会计发挥上述职能，在企业风控实务及民事经济诉讼活动中也可以得到广泛的运用，能为企业风险控制、维权提供保障。本文以上海温龙化纤有限公司"9·27"空压机设备受损保险索赔案为例，诠释法务会计在企业风险控制中有不可替代的作用。

一、"9.27"空压机设备受损保险索赔的案例

2019年3月26日，上海温龙化纤有限公司向安信农业保险股份有限公司投保了机器损害保险。被保险人为上海温龙化纤有限公司，保险期间自2019年3月29日零时起至2020年3月28日24时止，保险标的项目为机器设备，保险金额161 222 601.88元；保险费32 244.52元。投保后，投保人已经按约缴纳了全部保险费。

2019年9月27日晚上约22：00，被保险人生产车间空压机房内，当班员工突然发现2号高压空压机有黑烟冒出，数秒之后，整个机房被黑烟笼罩，生产大部分停止，员工立即向上级汇报，车间主管第一时间赶到现场，组织人员撤离，打开门窗通风，大约半小时后浓烟逐渐变淡，之后发现2号高压空压

1　林楠，上海温龙化纤有限公司。

机已彻底烧毁。经专业机构检测，结论为空压机内部突然静电弧引燃机油，造成爆燃，瞬间产生高温、高压，造成空压机油系统和机头烧毁，瞬间爆炸造成油喷射和水管断裂，致使电机烧毁，整个空压机系统报废，无法修复。

事故发生后，被保险人即向保险人报案，并按照保险人要求提供了理赔所需资料。在事故损失理赔过程，保险人与被保险人就最终理赔金额不能达成一致，各持己见。该案进入诉讼程序，一审于 2021 年 02 月 09 日经上海市奉贤区人民法院依法判决【民事判决书（2020）沪 0120 民初 24193 号】：被告（保险人）赔付原告（被保险人）人民币 976 602.76 元。被告以一审判决违反损失补偿原则为由提起上诉，二审上海金融法院于 2021 日 8 月 17 日作出终审判决：（民事判决书（2021）沪 74 民终 704 号）：驳回上诉、维持原判。

二、保险人与被保险人理赔观点分歧

被保险人观点：被保险人认为，被保险人投保了整个生产线的机器设备，生产线上的空压机因电弧造成的损坏，属于保险责任范围，且空压机是整个保险标的上的部分机器设备，属于保险标的的部分损失，保险人（被告）的赔付应当以将该损坏空压机修复至其基本恢复受损前状态的费用金额为准，因该空压机已经无法修复，则保险人（被告）应当按照该空压机的重置价格理赔，扣减不足投保分摊额、免赔额、增值税以及残值，应赔付被保险人人民币 976 602.76 元。

保险人观点：对于保险合同关系及保险事故无异议，对理赔金额有异议。第一，根据保险条款的约定，本案涉及高压空压机出现全损，根据保险条款第 26 条第 2 款的约定，全损的按照实际价值进行赔偿，实际价值应按原折旧年限推算；第二，在确定具体赔偿金额时，还要考虑不足投保问题、免赔率问题、增值税问题以及残值问题，根据第三方公估报告，保险人同意赔付被保险人人民币 240 622.75 元。

被保险人主张赔偿金额与保险人同意赔付金额二者差额为 735 980.01 元（976 602.76-240 622.75）。

三、发挥法务会计专长，圈定企业财产风险点，筹划投保方案，控制风险

企业财产风险除运营风险以外，主要是自然灾害和意外事故。从商业保险范畴而言，对应自然灾害和意外事故的险种，在财产险中应为财产综合险和机器损害险。被保险人上海温龙化纤有限公司是一家主营生产制造高强度工业丝的企业，其财产主要有机器设备、管理工具、存货，主要风险点是生产设备——工业丝生产线，该线设备种类多，财产金额占比高，发生机损事故不可避免。为实现以"最低付费投入取得最高赔付保障"的目标，就要精细计算筹划投保方案。若要制定出最佳的投保方案，筹划此方案的人必须既懂会计财务知识，又懂法务知识，法务会计是实现该目标的最佳选择。

为实现"最低付费投入取得最高赔付保障"的目标，筹划投保要切实做到：

（一）精准选择保险险种

本案的被保险人主要风控财产是工业丝生产线，且意外事故是主要风险源。通常保险公司承保意外事故类风险业务都是在基本险的基础上附加特定险（附加险）。在以诉讼解决保险纠纷视角充分解读了财产综合险和机器损害险保险条款的基础上，选定投保财产综合险和附加机器损害险。财产综合险对自然灾害损失起到保障作用的同时，机器损害险可有效保障生产设备意外事故损失，这组搭配的险种可以满足有效控制风险的目的。

（二）准确测定日常企业实际财产价值，避免不足额投保

"最低付费投入"是指在取得最高保障的前提下向保险人支付投保企业财产的最少保险费。为达到"最高赔付保障"，避免不足额投保是关键，也就是财产的投保额尽量接近平常实际财产的价值，这样一旦出险，财产损失补偿可达到最大值。要解决好这一问题就要做好：①以被保险人投保上一月《资产负债表》为基础，向前累进 12 个月资产总值，计算月资产平均值（不扣减折旧额）；②根据月资产平均值（不扣减折旧额）与投保月前一月《资产负债表》列示的资产原值进行比对，然后对投保月资产低于月资产平均值（不扣减折旧额）的部分资产值进行加计确定全部资产保险投保金额，尽最大可能达到足额投保。

（三）分析甄别不利于被保险人的格式保险合同条款，确定投保风控点

见安信农业保险股份有限公司《机器损坏保险条款（2009）版》第二十六条，保险标的发生保险责任范围内的损失，保险人按以下方式计算赔偿：

第（一）款："部分损失以将被保险机器设备修复至其基本恢复受损前状态的费用金额为准，如残值折归被保险人，则按双方协商确定的价值，在上述费用金额中扣除"；

第（二）款："全部损失或推定全损以保险机器设备损失前的实际价值为准，如残值折归被保险人，则按双方协商确定的价值，在上述费用金额中扣除……"

以上可得出，保险标的发生保险责任范围内的损失，保险人区别"部分损

失"和"全部损失"两种情况分别计算赔偿：也就是在以重置价值投保条件下，保险财产"部分损失"按财产重置价值赔偿，保险财产"全部损失"按财产实际价值（折旧后净值）赔偿。但"全部损失"和"部分损失"对于企业财产是相对的，只是体现在保险财产清单中是否列示而已，只要在清单中列明财产名称，就可理解为独立财产"全部损失"；没有列明财产名称的某一组件或配件就可理解为"部分损失"。由此可见，上述差别只是投保时保险财产清单列示处理不同而已，但赔偿结果大相径庭，相差很大。

（四）落实投保单的特别约定，构建投保单与保险条款的法理逻辑

安信农业保险股份有限公司《机器损坏保险条款（2009）版》第二十六条（一）（二）款对被保险人构成重大利害关系。见保险人签发的保险单（保险合同），保险人对被保险人并未按《中华人民共和国民法典》和《经济合同法》的规定履行提示或说明义务。在此情况下，"构建投保单与保险条款的法理逻辑，落实投保单的特别约定"就成为控制投保程序风险和实体风险的关键所在，具体工作就体现在投保程序法律文书的落实，即实现保险人回签《投保单》、《资产负债表（财产清单）、（科目余额表）》和《投保单附件（特别约定）》等文件，上海温龙化纤有限公司法务会计在投保文件中落实了特别约定：①重置价投保；②加计确定全部资产保险金额（见附件，列示保险金额数据）；③生产线投资原值包括电缆及电气（器）设备（见附件中备注）。通过上述技术处理，构建起保险单（保险合同）和投保单及附件（财产清单）等之间的法理逻辑，即《机器损坏保险条款（2009）版》第二十六条（二）款内容在保险人与被保险人相对于同一保险标的受损构成保险责任而因"部分损失"和"全部损失"解释不一致时，对被保险人不具有法律效力，实现保险单（保险合同）条款有利于被保险人的解释。

四、应用法务会计工具，收集索赔证据

保险财产出险后理赔程序一般包括：①出险通知；②立案查勘；③公估理算；④协商理赔；⑤纠纷调处（一般采用诉讼解决）。依据上述程序全过程，被保险人应该在出险后第一时间通知保险人，保险人立案后及时派查勘人员或委托第三方保险公估公司进行现场勘查，做好勘查记录，收集理赔单证，初步理算保险财产损失，征求被保险人索赔意见，保险人与被保险人若理赔意见一致即达成理赔结果，若理赔意见不一致即进入纠纷调处或诉讼解决。从被保险人的视角，应把理赔结果定位为不确定的事项来处置，理赔全过程坚持在维权立场上开展各项专业工作，主要有：

（一）收集固定勘查事故现场证据

事故现场证据一般包括：保险人或第三方公估公司勘验人身份证明或法定委托手续，事故现场照片，保险财产损失记录、照片、视频；勘验人勘验工作过程记录、双方交流微信记录、照片、视频。被保险人为了做到收证固证全面、简洁、合法有效，必须发挥被保险人内部法务会计人员作用，做到查勘全程协助，收证该细的细，该简的简，做到有的放矢。

（二）梳理索赔单证，发掘构建索赔证据链

索赔单证一般包括：出险通知书；报案记录（报案回执短信）；损失清单、事故经过或证明文件；检测报告；采购（维修）合同和发票及付款单据；企业出险前一个月和投保月的资产负债表；企业出险前一个月和投保月的资产余额表；出险前一个月和投保月的企业财产清单；保险财产明细账及有关会计凭证；财产保险单；投保单及附件；被保险人营业执照。在梳理索赔单证时，要结合保险条款和事故现场的勘验证据，按照法理逻辑收集组织必要的索赔单证，去除不必要的单证，形成简明扼要的索赔证据链，（见上海温龙化纤有限公司"9·27"空压机设备受损索赔案附案证据）。

五、审查公估报告，理算损失补偿

《保险事故公估报告》一般是保险人单方面委托第三方公估公司对保险事故做出客观、公正的勘查、理算，建议保险人赔付保险金额的报告。理论上讲，公估公司发表的公估意见应该合法、合规、客观、公正，但在实际操作层面，公估公司是接受保险人单方面委托，由保险人付费，对于被保险人而言，难免产生疑虑，不可不信，但也不能全信，对《公估报告》进行法理及理算审查是必要的。

以上海温龙化纤有限公司"9.27"空压机设备受损案《公估报告》（见附件）为例，该公估结论是：

第一，本次事故，因空压机内部突然静电弧引燃空压机机油，造成燃爆，致使空压机受损，此次事故属本保单保险责任；

第二，本案定损金额为 1 043 072.21 元；

第三，本案建议赔付金额为 240 622.75 元。

被保险人对该《公估报告》公估结论的责任定性、定损金额无异议，但不同意其建议的理算赔付金额。理由有：

（1）《公估报告》采用了《机器损坏保险条款（2009）版》第二十六条（二）款内容，有勃于法理，显失诚信公平。

一是没有正确界定本案空压机损坏属于机器设备的"全部损失"还是"部分损失"，实际空压机是机器设备生产线的组成部分，空压机的全损只是机器设备生产线的部分损失，认定以"全部损失"来理算赔付金额是错误的。

二是《公估报告》采用了《机器损坏保险条款（2009）版》第二十六条（二）款内容，该条款对被保险人构成重大利害关系，按《中华人民共和国民法典》和《经济合同法》规定应该履行提示或说明义务，但实际上保险人没有履行义务。

三是《机器损坏保险条款（2009）版》第二十六条的（一）款与（二）款的内容在"部分损失"和"全部损失"条件下，实际保险财产损失理赔存在被保险人在重置价值下理算可能获利或实际价值下理算不公平的矛盾；且条款设计自身存在逻辑缺陷，有违《保险法》原理。

（2）正确理算赔付金额。

保险财产空压机损失金额（重置价值）人民币 1 178 290.65 元，扣除海关进口增值税 129 236.14 元、设备安装配件增值税 5 982.30 元，实际损失金额人民币 1 043 072.21 元。保险人与被保险人双方对该实际损失金额无异议，本文就不再赘述（见《公估报告》损失金额估算）。

本案赔付金额应为：按《保险合同》的约定，在实际损失金额人民币 1 043 072.21 元的基础上，扣除残值、不足投保分摊额、免赔额后的净额。

赔付金额＝实际损失金额 1 043 072.21 元－

残值 5 000 元（保险人与被保险人协商确定）－

不足投保分摊额 10 069.30 元 [（1 043 072.21 元－5 000 元）×（1－99.03%）]－

免赔额 51 400.14 元 [（1 043 072.21 元－5 000 元－10 069.30 元）×5%]

＝976 602.77 元（人民币）。

六、法务会计为律师提供强大的诉讼支持

保险人与被保险人对上海温龙化纤有限公司"9.27"空压机设备受损索赔案理赔观点分歧严重，在双方无法协商一致下，通过诉讼解决此案成为必然。诉讼解决一般离不开律师，但律师不可能了解企业具体运作及该案的全过程，不可能了解一般公认的企业会计准则及会计核算，对保险投保、勘查、理算业务也不熟悉。而法务会计在这一方面有着得天独厚的优势。

上述法务会计为企业维权构建了"9.27"空压机设备受损索赔案投保单与保险条款的法理逻辑为律师提供了诉讼的坚实基础，同时收集固定的勘查事故现场证据、梳理索赔单证、发掘构建的索赔证据链、提供《公估报告》审查意见和损失补偿理算，为诉讼提供了法理证据支持。可见，法务会计为企业最终

取得该案胜诉起到了不可替代的作用。

综上所述,法务会计在企业风险控制中,发挥预防、发现、取证、损失计量和诉讼支持的职能,完全可以抵御来自企业内部或外部的风险,维护企业的合法权益,保证企业持续经营。本文案例证明了法务会计为企业在涉及民事经济纠纷时提供了有效支持;从执业发展的视角说明法务会计在企业有广泛的需求,也是法务会计未来可期拓展的方向。

参考文献

[1]《民法典》《经济合同法》《商业保险法》.

[2] 张苏彤.法务会计 [M].2版.北京:首都经济贸易大学出版社,2019.